AD aquadocumenta Verlag GmbH,
Am Menkebach 41, D-4800 Bielefeld 11,
West-Germany

Gesamtgestaltung:
Michael Prasuhn, BDG, 4800 Bielefeld 1

Druck: Werbedruck Zünkler,
D-4800 Bielefeld 11
1. Auflage, 1988
1–10 000
ISBN 3-925916-06-7

Dieses Buch widme ich mit Dankbarkeit meiner Familie. Sie hat es mir nicht nur ermöglicht, dieses Buch zu schreiben, sondern auch Verständnis dafür aufgebracht, daß unser Grundstück zum großen Teil unter Wasser gesetzt werden konnte und aus den gepflegten Rasenflächen Naturwiesen wurden.
Darüber hinaus gilt mein Dank auch meinen Freunden Kaspar Horst, Horst Kipper und Michael Prasuhn sowie Dr. Rudolf König, die mich – jeder auf seine Weise – bei meinem Vorhaben bestärkt haben.

Peter Beck

Der Optimale Gartenteich

Leben am und im Wasser
Anleitung für Bau und Pflege

AQUA
DOCUMENTA

2.1

1.

Vorwort

Gartenteiche erleben in unseren Tagen einen auffälligen Boom. Man spricht von derzeit nahezu zwei Millionen Gartenteichen in der Bundesrepublik. Und dieser Trend hält noch an. Industrie, Gartenbau- und Zoofachhandel haben sich auf die Nachfrage in diesem Freizeitbereich voll eingestellt. Selbst dem Zoo- bzw. Gartenfachhandel kaum verwandte Handelszweige wie Baumärkte usw. möchten sich aus diesem Kuchen auch ohne Fachwissen ordentliche Stücke herausreißen.

Was sind die Ursachen für die Besinnung auf ein Stück Wasserbiotop in den eigenen vier Zäunen des Gartens? Ist es der Wunsch vieler Mitbürger, sich ein Stück Natur für den eigenen Einflußbereich zu retten? Ist es eventuell das schlechte Gewissen, für die der Natur angetane Vergewaltigung, die Vernichtung von Pflanzen und Tieren ein bißchen Wiedergutmachung zu leisten? Oder ist es schlicht der Wunsch, am Abend aus der oft sterilen Stadtlandschaft in das Refugium einer naturnahen Umgebung zu flüchten?

Doch hier tauchen gleich wieder neue, schwerwiegende Fragen auf. Gelingt denn die gute Absicht, den bedrängten Tieren und Pflanzen in diesen künstlichen Gartenbiotopen etwas Gutes tun zu wollen, überhaupt? Oder wird hier nicht letztlich doch nur neues Unheil angerichtet? Können die eingebrachten Tiere, Fische und Pflanzen in dem im Garten geschaffenen Kunstbiotop gefahrlos existieren? Auch bei strenger Kälte? Und an heißen Tagen? Oder wird hier nicht für viele Lebewesen ein neues Martyrium vorgezeichnet?

Deshalb sollte für den Erbauer solcher Kunstbiotope Wissen über Leben, Lebensweise und vieles mehr erforderlich sein, wenn das Vorhaben gelingen soll. Wenn Mensch, Tier und Pflanze gleichsam Nutznießer dieser Idyllen sein sollen.

Mit anderen Worten: Die gute Absicht darf nicht als leichtsinniges Unterfangen begonnen werden. Mit blindem Draufosbauen geht schnell einiges in die Hose. Am Anfang sollten die gute Information und sinnvolle Planung stehen. Es sollte geprüft werden, welche Möglichkeiten gegeben sind, auf dem ins Auge gefaßten Grundstück Pflanzen- und Tierbiotope anzulegen. Wie könnten sie aussehen? Welche Pflanzen und Tiere sind hier optimal unterzubringen? Für welche Tiere und Pflanzen ist er schließlich groß genug, um als Grundlage für reichhaltige Lebensgemeinschaften zu dienen. Zuweilen ist aber auch Bescheidung am Platze.

Wird der Wunsch nach einem Gartenteich auf diese Weise gut vorbereitet und schließlich realisiert, könnte das Unterfangen »Gartenteich« gelingen. Mehr noch: Die Aufgabe des Menschen, mit seinen eigenen bescheidenen Möglichkeiten an der geschundenen Natur etwas gutzumachen, könnte mit viel Freude an vielen Tieren und Pflanzen gedankt werden.

Dupla und aquadocumenta-Verlag wollen mit diesem Buch helfen und richtige und wertvolle Informationen liefern. Als Autor wurde Peter Paul Beck als guter Freund des Hauses gebeten, dieses Buch zu schreiben. Denn hier kommt kein reiner Theoretiker zu Wort, sondern ein erfahrener Praktiker, der in seinem Garten vorbildliche Lösungen realisiert hat, lebenstüchtige und wunderschöne Gartenteichbiotope geschaffen hat. Wer Peter Beck besucht, ist überrascht und fasziniert. Kaum einer verläßt ihn ohne den Wunsch, ähnliches (wenn möglich) zu Hause auch zu bauen. Unendlich viele Pflanzen und Tiere haben hier eine artgerechte Heimat gefunden, und unendlich viele Tiere finden sich von selbst hier ein.

Mit Sachverstand hat Peter Beck Passendes zusammengetragen, aber auch auf vieles verzichtet, was nicht hineingehört. Peter Beck praktiziert und beschreibt in diesem Buch den artgerechten Gartenteich.

Aus diesem Grunde stellen wir ganz bewußt den Autor als Lehrmeister für viele Gartenteich-Aspiranten vor, die gut beraten sind, wenn sie seinen Anregungen und Anleitungen in diesem Buch folgen.

Ich wünsche deshalb sowohl den Lesern als auch Peter Beck viel Erfolg im Bemühen, etwas wiedergutzumachen, was andernorts an Unheil den Tieren und Pflanzen in aller Welt geschieht und noch geschehen wird.

Bielefeld, 31. März 1988   Kaspar Horst

Inhalt

Inhalt

Inhalt

Einleitung

Man möchte es kaum glauben, was Hans Fechner (Professor, Kunstmaler und Vizepräsident des deutschen Anglerbundes) schon im Jahre 1908 im Vorwort zu einem Fischkalender veröffentlicht hat:

Vorwort

Von dem ehemaligen Fischreichtum unserer deutschen Flüsse und Seen ist gar wenig übriggeblieben. Viele, viele Millionen von Werten sind dadurch dem Volkswohlstande entzogen worden, daß die ehemals so fischreichen Gewässer, z. B. durch Anlagen von Fabriken, deren Abwässer für die Fische schädlich waren, verdorben und entvölkert worden sind.

1

Diese Zeilen könnten auch heute niedergeschrieben worden sein. Seit dem Zeitpunkt dieser Veröffentlichung ist zwar sehr viel Wasser die Bäche und Flüsse hinabgeflossen, aber geändert – hin zum »Positiven« – hat sich leider nichts. Im Gegenteil: Der Zustand unserer Natur und Umwelt hat sich geradezu dramatisch verschlechtert. Getreu der biblischen Aufforderung »Macht euch die Erde untertan« sind wir dieser »Einladung« mit kaum zu glaubender Ignoranz und mit nicht mehr vorstellbaren Folgen nachgekommen. So wurden z. B. während der letzten vierzig Jahre durch Überbauung, landwirtschaftliche Nutzung, Flurbereinigung, Flußbegradigung, Trockenlegen von Mooren und anderen Feuchtgebieten, durch das systematische

Zuschütten von Klein- und Kleinstgewässern sowie mit der Einleitung von Schadstoffen aus Industrie und Haushalten ca. 85 % der ursprünglich vorhandenen Kleingewässer völlig zerstört, geschädigt oder zum Absterben verurteilt. Es muß leider davon ausgegangen werden, daß mit dem stetig fließenden Strom von Asphalt und Beton, durch Pestizide und wachsende Müllberge sowie durch Grundwasserschwund weitere 10 % innerhalb der nächsten 5 Jahre zerstört werden. Die Folgen für die Pflanzen- und Tierwelt liegen auf der Hand: Immer mehr Arten müssen auf die »Rote Liste« – der vom Aussterben bedrohten Arten – gesetzt werden. Das Resultat aus dem Zusammenbruch ganzer Ökosysteme ist für uns äußerst bedrohlich. Neben schwerwiegenden Klima- und Umweltveränderungen ist das für uns wichtigste Lebensmittel – das Wasser – am meisten gefährdet. Nur 2 % des Leitungswassers werden als Lebensmittel genutzt. Die »restlichen« 98 % dienen Reinigungszwecken. Der Ruf nach dem Gesetzgeber verhallt ungehört im Sumpf der Durchführungsbestimmungen. In eine stetige Fließbewegung kann dieser Zustand nur durch die Initiative eines jeden von uns gebracht werden. Dem Schutz der Umwelt und dem Artenschutz dient am besten das »Praktizieren« vor der eigenen Tür. Das In-den-Schutz-stellen *noch* intakter Areale und ökologischer Nischen kann nur *eine* Maßnahme sein. Eine weitere sinnvolle Maßnahme ist das Schützen und Schaffen von Biotopen aus *Menschenhand*. Die notwendige Rückbesinnung wird noch unterstützt durch den uns eigenen Wunsch nach einem Stück gesunder Natur vor der eigenen Haustür. Unsere Kinder lernen am besten mit den von uns überlassenen »Resten« umzugehen, wenn wir sie erleben lassen, welch beglückendes Gefühl es ist, mit der Natur direkten Kontakt zu haben und erfolgreich Pflanzen und Tiere zu pflegen und zu vermehren sowie das pulsierende Leben im Wasser zu bestaunen.

---

1 Kaum sind die Wunden, die der Mensch der Natur durch Kiesabbau geschlagen hat, verheilt, folgt schon die zweite Katastrophe: der Biotop aus zweiter Hand wird mit Müll verfüllt.

1.1.

Der Mensch am Wasser einst und heute

Im Urelement Wasser begann alles Leben. Es ist die Quelle, aus der alle schöpfen. Sowohl stetige Verdunstung und Niederschlag als auch die Wasseraufnahme und -abgabe durch die lebenden Organismen unseres Planeten bedingen den Stoffkreislauf in unserer Natur. Seit Menschengedenken kennen wir das Wasser als unser wichtigstes Lebensmittel. Stets haben sich Menschen in Wassernähe aufgehalten. Nur dort, wo es Wasser gab, fanden sich pflanzliche und tierische Nahrung in ausreichender Menge. Wasser war und ist vielen Menschen auch noch heute heilig. Selbst Kriege wurden um den Besitz von Wasser geführt. Von jeher spielt das nasse Element in unserem Dasein auch eine mystische Rolle. Es wird noch heute als Segen und im Katastrophenfall als Fluch empfunden. In vielen Religionen, Kulturen und alten Überlieferungen spielt das Wasser eine tragende Rolle. Auf Bildern, in unzähligen Gedichten und Liedern finden wir das köstliche Naß bei allen Völkern wieder.

Klimatische Gegebenheiten haben den Menschen gezwungen, Wasservorratswirtschaft zu betreiben. Uralte Zisternen, Leitungen und andere vielgestaltige Reservoire zeugen allerorts davon. Es führt uns sichtbar durch alle Höhen und Tiefen großer Kulturen. Ein gutes Beispiel ist die Wasserwirtschaft auf Sri Lanka. Schon vor 2500 Jahren wurden Tausende von Tanks – auch Vevas genannt – erbaut. Meist zu dreien hintereinander hat man sie mit unterschiedlichem Niveau errichtet und miteinander verbunden. Die Nutzung der einzelnen Tanks als Trinkwasserreservoir, zur Bewässerung der Reisfelder, als Viehtränke sowie zur Entnahme von Waschwasser ist bis heute noch immer festen Regeln unterworfen.

Zur Bewässerung der Nutzgärten, in denen Gemüse und Heilpflanzen angebaut wurden, konnte man meistens auf Regenwasser, natürliches Oberflächenwasser oder Wasser aus artesischen Brunnen zurückgreifen. In Altägypten, Persien, China, Japan, im antiken Griechenland oder im alten Rom – überall schätzte man schöne Gärten, in denen Wasser das belebende Element war. Gärten mit kunstvollen Brunnen, Bachläufen, Wasserfällen, Kanälen und Teichen, die Wohlhabende, Fürsten und Könige erbauen und pflegen ließen, haben auch bei uns älteste Tradition. Damals wie heute erkannte man den praktischen, ästhetischen und natürlich auch den repräsentativen Wert dieser herrlichen Anlagen. Die einfache Bevölkerung mußte sich mit den mancherorts heute noch anzutreffenden Dorfteichen bescheiden. Während der Renaissance und des Barock wurden große formvollendete Prachtgärten – in denen brausende Fontänen, grandiose Kaskaden, bizarre Wasserspiele oder zierliche, leise rauschende Brünnlein eine beherrschende Rolle spielten – geschaffen.

In diesen Werken offenbarte sich der geniale Einfallsreichtum der damaligen Gartengestalter. Mitte des 18. Jahrhunderts rührte sich in England eine Gegenbewegung, die den heute wiederentdeckten Naturgarten (mit einheimischen Elementen) zum Ziel hatte.

Wenn es um die Gartengestaltung geht, darf man die wundervollen japanischen Gärten nicht vergessen. Sie zeigen am deutlichsten, wie man mit den Strukturelementen *Wasser* und *Stein*, selbst auf kleinstem Raum, die herrlichsten Landschaften nachgestalten kann.

Bedauerlicherweise wurde im Verlauf der Zeit die Gartengestaltung immer mehr durch die sich verändernde Gartennutzung geprägt. Die fortschreitende Industrialisierung, verbunden mit einer großen Landflucht, und das ungebremste Wachstum der Städte haben dazu geführt, daß jeder verfügbare Meter Boden zugebaut wurde, ohne Rücksicht auf das *Grün* um uns herum. Der Wunsch und die Sehnsucht nach einem Stück Natur am Wasser wird vielen von uns jedes Wochenende – vor allem aber im Urlaub – klar wenn es ganze Völkerscharen an das Wasser zieht, um Erholung vom tristen Grau der Betonwüsten zu finden. Gartenbesitzer haben es da wesentlich einfacher: Sie brauchen ihren Garten nur zu einer Oase mit sattem Grün und plätscherndem Wasser umzuwandeln.

---

1 Der wasserbautechnisch berühmte künstliche See Sri Lankas, der Minneriya-Tank in der Nähe von Polonnaruwa, ist das bekannteste Beispiel für die hohe Kunst der Wasserbauwirtschaft der Ceylonesen von Alters her.

1

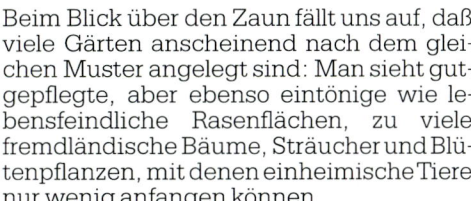

1.2.
Vorhandenes nutzen

Beim Blick über den Zaun fällt uns auf, daß viele Gärten anscheinend nach dem gleichen Muster angelegt sind: Man sieht gutgepflegte, aber ebenso eintönige wie lebensfeindliche Rasenflächen, zu viele fremdländische Bäume, Sträucher und Blütenpflanzen, mit denen einheimische Tiere nur wenig anfangen können.

Dadurch wirkt der Garten nicht nur gleichförmig und langweilig, sondern auch leblos und tierarm. Im Gespräch mit interessierten Gartenbesitzern erfährt man sehr schnell, daß zwar der Wunsch nach etwas »Grünem« vor der Tür erfüllt ist, aber zufrieden ist man nicht. Der Grundstein für die Unzufriedenheit wird schon häufig bei der Neuanlage des Gartens gelegt. Man nimmt sich nicht genug Zeit und schenkt auch dem Vorhandenen bei der Haus- und Gartenplanung – beides sollte man immer gemeinsam planen – viel zuwenig Beachtung. Bei der Planung unseres optimalen Gartenteiches wollen wir diesen Fehler erst gar nicht begehen. Zuerst ermitteln wir, was an »Gewachsenem« vorhanden ist. Bei genauerem Hinsehen entdeckt man sowohl auf unbebauten als auch auf bereits genutzten Flächen so manche erhaltenswerte, vor allem aber gut wachsende Pflanzengesellschaft. Das gleiche gilt für schon bestehende Hecken, Bäume und Sträucher, vor allem aber für die kleinen, oft unscheinbaren Blütenpflanzen und Gräser. Wenn man die Pflanzen nicht alle kennt, so lohnt der Versuch, sie mit einem guten Bestimmungsbuch zu identifizieren. Wir bewahren die Pflanzen (vor allem aber junge Bäume) vor dem baubedingten Kahlschlag, indem wir sie verpflanzen. Bei Bäumen sollten Sie einen Fachmann (Gärtner) zu Rate ziehen, da sie oft schlecht wieder anwachsen. Die Monate März/April und Oktober/November eignen sich für Verpflanzungen am besten.

Sollte es einmal unvermeidbar sein, einen oder mehrere alte Bäume zu entfernen, so lassen sich die Stämme, Äste und auch die Wurzelstubben sehr gut für die Gestaltung der Teichumgebung nutzen. Ein Haufen aus Reisig und Astwerk dient so manchem Tier als Unterschlupf und Nistplatz. Das gleiche gilt für Steine jeder Größe, die beim

1 Selbst ein so herrliches Schloß wie Nymphenburg in München gewinnt durch seine Teichanlagen.
2 Auch heute haben Dorfteiche noch ihren Reiz.
3 Japangarten im Hause Dupla.

11

Aushub immer anfallen. Weiter stellen wir fest, welche Bodenverhältnisse vorliegen. Die meisten Pflanzen stellen bestimmte Anforderungen an den Boden (z. B. pH 6,5 bis 7,5 usw.). Wenig bewachsene, trockene Flächen lassen auf durchlässigen Sand- oder Kiesboden schließen. Wo noch saftig grüne Blumenwiesen zu finden sind, stoßen wir oft auf einen feuchten, das Wasser zurückhaltenden Untergrund (Lehmboden). Birken, Weiden und Erlen sind wie Moose, manche Seggen und Binsen gute Anzeigerpflanzen: wo sie wachsen, ist es meist feucht und moorig. Brennesseln und Giersch wiederum wachsen bevorzugt auf stickstoffhaltigen Böden. Problemböden sind für Nutzgärten (den Gemüseanbau) oft ungeeignet. Das gleiche gilt für Grundstücke in Hanglage, für solche mit großen Niveauunterschieden, feuchten Senken, trockenen Sand-, Kieshügeln und Wällen. Solche Gegebenheiten lassen sich aber hervorragend zur Gestaltung reizvoller Minilandschaften und für die Anlage eines Gartenteiches nutzen. Mit etwas Fingerspitzengefühl für die Natur schaffen wir es, mit dem Vorhandenen sehr schnell ein

»Mehr« an Leben aufzubauen. Zum Schluß unserer Betrachtungen stellen wir noch fest, ob und wie wir vorhandenes Wasser in unsere Pläne mit einbeziehen können. Oberflächenwasser – ein wasserführender Bach oder Graben – ist für unsere Zwecke ideal, aber leider zu selten vorhanden. Die Nutzung des Grundwassers scheitert häufig an den geologischen oder wasserrechtlichen Fakten. Deshalb lohnt es sich, das meist reichlich fließende Regenwasser zu verwenden, indem man die Regenrinne anzapft und das aufgefangene Wasser aufbereitet (s. S. 44). Das Regenwasser ist nicht nur billig, man kann es, wie im Kapitel 6.5.2. auf Seite 144, beschrieben, sehr lange im Kreislauf des Gartens halten. Man spart Geld und entlastet die Kanalisation.

1 Ein ideales Gelände für einen Gartenteich.
2 Regenwasser wird bei diesem Beispiel durch einen Wiesengraben biologisch aufbereitet.

1.3.

Der Lebensraum aus Menschenhand – ein Kompromiß oder mehr?

Jeder Gartenbesitzer, Landwirt, aber auch die Kommunen haben – wie wir bereits festgestellt haben – die Möglichkeit, ungenutzte, ebenso sterile wie langweilige Flächen (die ein vielfältiges Leben nahezu ausschließen) in einen lebens- und erlebensreichen Wassergarten zu verwandeln. Das gelingt um so leichter, je besser man sich informiert und je mehr man sein Ziel – das ganze so *naturnah* wie möglich zu gestalten – vor Augen hat. Wir lernen sehr schnell, daß kurzgeschorene Rasenflächen und »exotische« Pflanzen niemals die Grundlage für die Nahrungskette einheimischer Tiere (z. B. Vögel und Insekten) sein können. Die Schönheit der Blätter und Blüten der Exoten reicht nicht aus. Deshalb bringen wir so viel wie möglich an einheimischem Bewuchs ein. Hecken könnten z. B. aus Heckenrosen, Hainbuchen, Sand- und Weißdorn bestehen.

In den vegetationsreichen Jahreszeiten sollte immer etwas blühen, um als Insektenweide zu wirken. Allzu ebene Flächen können wir mit dem Erdreich des Teichaushubes oder durch das Anhäufen von Erde und Steinen nicht nur auflockern, wir schaffen damit auch einen natürlichen Lebensraum, der vielen Lebewesen Windschutz, Unterschlupf und wichtige Deckung bietet. Eine oder mehrere Wasserstellen runden das Ganze noch ab. Wenn auf Pestizide und Kunstdünger verzichtet wird, stellen sich sehr schnell neue und auch gesunde Lebensgemeinschaften ein. So wird aus einem ursprünglichen Kompromiß der Natur gegenüber sehr schnell mehr!

1.4.

Es spricht noch mehr für einen Gartenteich

Die *Idee* des Gartenteiches verdient es, noch *mehr* verbreitet zu werden – sie drängt sich buchstäblich auf. Angesichts der Wichtigkeit von Feuchtbiotopen sollten wir deshalb unsere Freunde und Bekannten, vor allem aber unsere Nachbarn, mit einbeziehen. Die Neuanlage oder die Veränderung einer bereits bestehenden Anlage bringt dem kreativen Bastler das längst gesuchte Betätigungsfeld. Für viele ist ein Teich auch der Ort, an dem es sich herrlich entspannen und träumen läßt. An einer solchen Oase lassen sich viele Geschehnisse, die sich täglich im Teich abspielen, aus der nächsten Nähe beobachten, die uns sonst verborgen bleiben. Es kann sich kaum jemand dem Farben- und Formenreichtum einer Teichanlage entziehen. Dem Fischfreund ist das Gewässer Beobachtungs- und Experimentierfeld zugleich. Das gilt auch für einen Schulteich.

Für Tiere ist der Teich aber weit mehr: Lebensraum, Rückzugsgebiet, Brut- und Rastplatz, Versteck, Nahrungs- und Trinkwasserquelle – ein Überlebensort schlechthin!

Der klimatische Wert eines Gewässers für Mensch und Tier ist ebenfalls nicht zu unterschätzen.

1

1 Am Schulteich lernen Kinder praxisnah, mit der Natur richtig umzugehen.

2.

Gestalterische und umweltgeprägte Möglichkeiten

Wenn Sie noch unsicher sind und Zweifel haben, ob es möglich ist, auch Ihr Grundstück mit einer Teichanlage zu bereichern, so können die folgenden Zeilen sicher helfen, die richtige Entscheidung zu treffen. Es gibt viele Möglichkeiten, unter denen Sie wählen können.

1

2.1.

Der Waldteich

Sicher wäre es falsch, wenn jemand – nur um einem Trend zu folgen – wertvolle Gartensubstanz (z. B. alten Baumbestand) zugunsten eines Gartenteiches zerstören würde. In diesem Fall drängt sich als Lösung der Bau eines *Waldteiches* geradezu auf. Ebenfalls wenn das eigene Grundstück von einem angrenzenden Wald stark beschattet wird. Im Schatten alter Bäume

bleibt das Wasser kühl, was schattenliebenden Pflanzen wie Farnen, Waldseggen, Schwertlilien und der Wasserfeder zugute kommt. So ein Waldteich ist der Lebensraum für Grasfrösche, Kröten, Molche, Wasserkäfer und andere Insekten. Einheimische Kleinfische wie Moderlieschen, Elritzen und Grundeln fühlen sich in diesem Milieu ebenfalls sehr wohl.

---

1 Ein Waldteich ist der Lebensraum für alle, die es kühler lieben.

14

2.2.

Der Kiesgrubenteich

Auf hügeligen Grundstücken mit steinigem Untergrund und magerem Natursandboden (ehemalige Schotter- oder Heidefläche) läßt sich ein *Kiesgrubenteich* anlegen. Eingebettet in eine Trockenwiese mit vielgestaltigen Ufern aus großen Steinen und Wurzeln, wirkt dieser Teichtyp recht »urig« und reizvoll. An einem solchen nachgebildeten »Pioniergewässer« finden sich gerne Kreuz- und Geburtshelferkröten zum Ablaichen ein, aber auch Unken, Laub- und Teichfrösche sowie Molche fühlen sich hier wohl. Eine Vielzahl von Pflanzen wie Rohrkolben, Binsen, Froschlöffel und viele Schwimmblattarten (Laichkräuter) gedeihen in einem derartigen Teich.

2.3.

Der Moorteich

Bei feuchtem Boden (ehemalige Flußaue, Feuchtwiese, Moorboden), der nur eine angepaßte Gartenbepflanzung zuläßt, kann man einen *Moorteich* mit torfigem Ufer und der dazu passenden Pflanzengesellschaft anlegen. Dieser Teichtyp paßt gut als Ergänzung zu einem Heidegarten oder in Gärten, die auf ehemaligem Moorgelände oder in Moornähe liegen. Wenn man großes Glück hat und natürliche Biotope in der Nähe sind, stellen sich vielleicht sogar die seltenen Moorfrösche oder -eidechsen ein. Weit häufiger besuchen flugfähige Käfer und Libellen das torfige Gewässer. Die Tiere und Pflanzen dieses Lebensraumes sind an ihre Umwelt mit dem sauren Wasser (pH 4–5,5) und an große Temperaturschwankungen hervorragend angepaßt. Fauna und Flora natürlicher Moorlandschaften sind durch den industriellen Torfabbau und die Trockenlegung stark bedroht. Mit düngerfreiem Torf schaffen wir einen Lebensraum, in dem vieles gedeiht und sich vermehrt, was in der Natur gefährdet oder schon so gut wie verschwunden ist. Auch Moorpflanzen werden heutzutage von Gartenbaubetrieben erfolgreich vermehrt. So gehören z. B. die Moorheide, Wollgräser, Moosbeere, der Sumpfporst oder Gagel-

1

2

3

1 *Ein Kiesgrubenteich läßt sich sehr leicht gestalten.*
2 *Moorteiche werden in der Natur durch übermäßigen Torfabbau mehr und mehr gefährdet.*
3 *Durch den Torfabbau verschwinden ganze Lebensgemeinschaften auf Nimmerwiedersehen, wenn sie nicht in einem künstlichen Moorbiotop erhalten werden.*

15

strauch zum Angebot des Fachhandels. Selbst die vom Aussterben bedrohten Sonnentauarten lassen sich erfolgreich nachzüchten und so erhalten. Diese Gründe sollten den Torfverbrauch – der für diesen Zweck eine annehmbare Ausnahme darstellt – rechtfertigen. Man kann zum Bau den handelsüblichen Ballentorf verwenden, wenn er keine Düngerzusätze enthält. Bevor man ihn in den Pflanzteil einbringt, muß der Torf gut durchnäßt werden. Der Tiefwasserteil bleibt selbstverständlich substratfrei. Das Teichprofil muß man so anlegen, daß der Torf nicht in den Tiefenbereich abrutscht (mit Steinen läßt sich dies gut bewerkstelligen). Außerdem müssen die Ufer so gestaltet sein, daß der Regen nichts Kalkhaltiges einschwemmen kann. Mit bizarren Holzstücken (Stubben) erhält die Moorlandschaft erst ihren richtigen Pfiff. Es versteht sich von selbst, daß der Moorteich nur mit Regenwasser auf- und nachgefüllt werden darf, weil kalkhaltiges Wasser den *kalkmeidenden* Moorpflanzen schadet. Noch ein Tip: Keimlinge von Birken, Weiden und Gräsern sind regelmäßig aus dem künstlichen Moor zu entfernen, da sie die Verlandung fördern.

Ein Moorteich ist sicher nicht jedermanns Sache. Für den interessierten und sachkundigen Naturfreund, der schon über einige Erfahrung mit der Pflege nicht alltäglicher Pflanzen verfügt, ist dieser Teichtyp eine durchaus empfehlenswerte Gestaltungsmöglichkeit.

2.4.
Der Naturteich

Die bisher beschriebenen Teichtypen kommen natürlichen Teichen am nächsten. Eine weitere empfehlenswerte Möglichkeit besteht darin, den angelegten Teich mit einheimischen Pflanzen gezielt zu besetzen und dann geduldig abzuwarten, wie sich der Teich von selbst weiterentwickelt. Als Beispiel kann wiederum ein natürliches Gewässer der Umgebung dienen. Wenn der angelegte Teich dann noch in einer Umgebung eingebettet liegt, die man als Wildgarten ansehen kann, so steigen die Chancen um ein Vielfaches, daß sich – in unserem *Naturteich* aus Menschenhand – stabile Lebensgemeinschaften aufbauen, gedeihen und überleben.

2.5.
Der Zierfischteich

Weit häufiger, weil auch am leichtesten zu gestalten, wird der sogenannte *Zierfischteich* gebaut, weil dieser Teichtyp als relativ problemlos gilt und überall anzulegen ist. Eine wesentliche Voraussetzung für die Zierfischpflege ist die Teichtiefe von mindestens einem Meter und das Verhältnis zwischen Wassermenge und Fischbesatz (s. Seite 94). Bei der Pflege von Fischen muß man sich darüber hinaus noch im klaren sein, daß einige Fische kleinere Artgenossen, Kleintiere und Pflanzen trotz bester Fütterung zum »Fressen« gern haben. Außerdem wühlen manche Fischarten gerne im Bodengrund nach Freßbarem und wirbeln dabei Schlamm auf. Das Ergebnis ist dann ein trübes Teichwasser, in dem kein Fisch mehr sichtbar ist.

2.6.
Der Mischbiotop

Aus diesen Gründen ist der Bau eines sogenannten *Mischbiotopes* wärmstens zu empfehlen. Dazu wird der Teich in eine dicht und artenreich bepflanzte Zone, in der sich alles Leben weitgehend ungestört entfalten kann, und in eine pflanzen- und substratfreie Zone, in der sich die Fische nach Herzenslust – ohne Schaden anzurichten – tummeln können, unterteilt. Man trennt diese Bereiche am einfachsten mit einer Natursteinmauer oder mit einem feinmaschigen Netz ab. Um einen Zierfischteich (auch um ältere Anlagen) kann man weitere, völlig andersartig gestaltete Teichelemente gruppieren. Der eigenen Kreativität und den Gestaltungsmöglichkeiten sind kaum baulich bedingte Grenzen gesetzt.

Der ökologische Wert einer Teichanlage hängt weniger von seiner Art und Gestalt ab, als vielmehr von der Größe, der Umgebung, vor allem aber von der Bepflanzung und Gestaltung des gesamten Teichbereiches. Dazu zählen die Fläche, die *vor* dem Gewässer liegt, die Ufer, der Teichrand, die Sumpf- und alle anderen Wasserzonen.

1 Der Naturteich entwickelt sich selbst, die Pflege beschränkt sich auf das Auslichten der Pflanzen.
2 Im Zierfischteich ist für genügend Wassertiefe zu sorgen (auch in kleineren Anlagen).
3 Der Mischbiotop ist bei der Pflege von großen, stark gründelnden Fischen zu empfehlen (Kois).

1

2

3

2.7.
Vermeidbarer Ärger

Das oft benutzte Zitat »Wo viel Licht ist, da ist auch viel Schatten« betrifft nicht nur das tägliche Leben, sondern auch Gartenteichbesitzer. Dem Fachhandel werden von enttäuschten Teichbesitzern immer wieder dieselben Fragen gestellt, und auch Problemlösungen erwartet. In der Reihenfolge beliebig austauschbar, spricht man folgende Ärgernisse an: übermäßige Veralgung, wasserbedingte Ausfälle an Fischen und Pflanzen, Fischkrankheiten, Geruchsbelästigung, Mückenplage, Behälterbruch, Wasserschwund, Verlandung, Sicherheitsprobleme für Mensch und Tier am Teich, Frostschäden; sie alle sind nichterfüllte Erwartungen. Schnell wird klar, daß manchmal die Vorstellungen einfach zu hoch angesetzt waren. Häufig wird dabei übersehen, daß so ein Stück Natur aus Menschenhand auch natürlichen Einflüssen unterliegt. So sind wetterbedingte Abläufe von uns kaum zu beeinflussen. Denken wir nur einmal an die sich verändernden Sauerstoffverhältnisse im Wasser bei lang anhaltender Hitze oder bei großer Kälte. Die Frage, ob man *überhaupt* etwas vermeiden oder verändern kann, darf dagegen mit einem klaren Ja beantwortet werden. Denn Gefahren, die man kennt, kann man entweder gänzlich bannen oder zumindest abschwächen. Dieses Buch hilft Fehler bereits bei der Planung zu vermeiden, Probleme zu erkennen und zu lösen. Es gibt nachvollziehbare Ratschläge, damit der optimale Gartenteich entstehen kann.

2.8.
Warum ein optimaler Gartenteich?

Während der letzten fünf Jahre wurden von mir die Erfahrungen, welche Teichbesitzer, Zoofachhändler, Wasserpflanzengärtner und Hersteller von Teichzubehör rund um den Wassergarten gemacht hatten, gesammelt und ausgewertet. Die positiven sowie negativen Eindrücke und Erlebnisse habe ich beim Bau bzw. Betrieb meiner drei eigenen Teiche und bei der Beratung von Gartenbesitzern anwenden und verfolgen können. Dabei entstanden auch die Bilddokumente dieses Buches. In dieser Zeit wurden auf dem Betriebsgelände von Dupla mehrere Teichanlagen nach japanischem Muster geschaffen. Horst Kipper und Kaspar Horst sowie Techniker von Dupla erarbeiteten an dem speziell zu Experimentierzwecken errichteten 20 000 l großen überdachten Tropenteich ebenfalls Lösungen für den optimalen Gartenteich. Dabei entstanden für den Gartenteich und das ganze System die 10 Erfolgspunkte. Sie sollen dem Leser helfen, die katastrophalen Folgen zu verhindern, die für ganze Lebensgemeinschaften entstehen können, wenn unzufriedene Gartenbesitzer ihre Teiche aufgeben und wieder zuschütten. Weiter sollen sie dazu beitragen, daß der geschätzte Leser sein gesetztes Ziel, einen optimalen Gartenteich zu schaffen, erreichen kann. Als Autor dieses Buches bin ich mir natürlich bewußt, daß Gartenteiche vielen naturbedingten Gesetzmäßigkeiten, z. B. Wetter und Klima, unterliegen. So können wir auf extrem trockene oder regenreiche Sommer oder strenge Winter nur mit unseren Erfahrungen reagieren.

Die 10 Erfolgspunkte erheben deshalb weder den Anspruch des Absoluten noch den des Endgültigen. Sie sind als Leitfaden für den machbaren Erfolg zu sehen.

1 Kontrollen aller Parameter sicherten die Erkenntnisse an künstlichen Teichbiotopen.

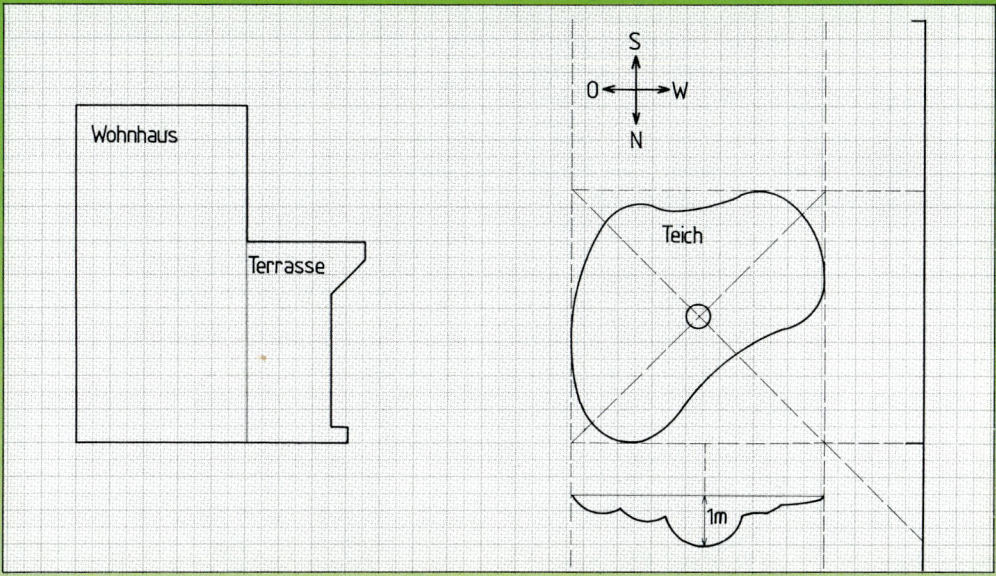

3.1.
Umfeld und Nachbarn

Bevor wir nun wild entschlossen zum Spaten greifen oder den Schaufelbagger bestellen, gilt es noch einiges zu beachten. Beginnen wir mit dem Umfeld, der weiteren und näheren Umgebung Ihres Gartens. Sollten Sie das Glück haben, ein naturnahes Grundstück zu besitzen, so dürfen Sie schon bald nach der Fertigstellung des Teiches reichen »Zulauf« erwarten. Großstadtgärten dagegen profitieren meistens noch von Anlagen der Nachbarn und dem geringen Austausch aus überstrapazierten Parkanlagen. Grenzt Ihr Grundstück an ein baumreiches Nachbargrundstück, so sollte man sowohl den einfallenden Schatten als auch den Laubfall und die Wurzellängen der Bäume bei der Planung berücksichtigen. Werden von den Nachbarn Gülle (besonders bei landwirtschaftlicher Bodennutzung), Kunstdünger oder Pestizide ausgebracht, so kann dies für Ihre Teichanlage unliebsame Folgen haben. Wasser und Wind machen auch vor Zäunen nicht halt. Wohlgemeinte Appelle an die Vernunft unserer Grundstücksnachbarn fruchten lei-

der nicht immer. Mit einer dichten Naturhecke (deren Anpflanzung dem Nachbarrecht entsprechen muß) können wir uns vor der gröbsten »Luftfracht« schützen. Eine Mischhecke (aus verschiedenen Pflanzen) dient außerdem als Sicht- und Windschutz. Vor unerwünschten Einschwemmungen – besonders nach starken Regenfällen – kann ein Wall, der mit Folienresten noch abgeschottet ist, dienen. Solche Baumaßnahmen sind auch angebracht, wenn Ihr Grundstück an einer stark befahrenen Straße liegt. Bevor man mit dem Teichbau beginnt, empfiehlt es sich, den oder die Nachbarn zu informieren. Noch besser ist es, sie wenn möglich mit einzubeziehen. Bei einem Gespräch schwindet die natürliche Angst der Nachbarn vor dem Wasser, das ja auf ihr Grundstück fließen könnte, ebenso wie die Angst vor Geruchsbelästigung, Mückenplage und Samenflug. Dabei sollte man nicht vergessen, daß so ziemlich alles, was uns erfreut, dem Nachbarn zum Verdruß werden kann. Denken wir nur an die Abneigung, die manche Menschen bestimmten Tieren entgegenbringen. Es soll auch schon vorgekommen sein, daß der nachbarliche Frieden durch lautes Froschgequake anhaltend gestört wurde.

3.1.1.
Klima

Wetter und Klima haben einen großen Einfluß auf jede Landschaft. Sie prägen u. a. auch den Charakter der Grünflächen. Die unterschiedlichen klimatischen Verhältnisse machen es *unmöglich,* daß jede Pflanze überall gedeiht. Manche Landschaften zwingen den Gärtner zu einer individuellen Gartengestaltung. Betrachten wir einmal die unterschiedlichen Pflanzen der Alpenregion, der Rheinauen oder die der küstennahen Landschaften, so wird uns schnell klar, daß wir unseren Garten am besten mit Arten bepflanzen, die auch in unserer nächsten Umgebung gut gedeihen. Das gilt vermehrt auch für die Teich- und Teichrandbepflanzung. Ein Gespräch mit Freunden, Nachbarn oder mit ortsansässigen Gärtnern über dieses Thema hilft, größere Enttäuschungen zu vermeiden. Das Kleinklima unserer Gärten kann auch von Grundstück zu Grundstück schwanken. In Gebäude- und Mauernähe treten sowohl im Sommer als auch im Winter nicht unerhebliche Temperaturschwankungen auf. Aufgestaute Hitze und lang andauernder Schatten werden nur von wenigen Pflanzen verkraftet. Im Winter können sich Vertiefungen zu ausgesprochenen Frostlöchern entwickeln. Früh blühende Pflanzen leiden darunter genauso wie Zierfische und Amphibien, die zu lange unter einer dicken Eisschicht auf Tauwetter warten müssen. Weil die »Sonnenkinder« unter den Pflanzen nicht an vollbeschatteten Plätzen (unter Bäumen und Mauern) gedeihen und andere Pflanzen wie z. B. viele Farne wiederum keine pralle Sonne vertragen, ist die Sonneneinstrahlung (auch der Sonnenstand) besonders zu beachten. Der Sonnenstand – im Wechsel der Jahreszeiten – spielt bei der Anlage eines Teiches und bei der Gartenbepflanzung eine große Rolle. Unsere einheimischen Arten sind an die bei uns vorherrschenden Bedingungen zwar mannigfach angepaßt (z. B. Blattform und -struktur), unter extremen Verhältnissen leiden sie jedoch erheblich. Das gleiche gilt für den Wind. Er beeinflußt im hohen Maße auch das bodennahe Klima. Viele Pflanzen leiden unter starken ungebremsten Böen sehr. Sie knicken nicht nur um, sondern sie werden leicht durch das Austrocknen des Bodens geschädigt. Im Herbst, beim Laubfall, kann der Wind sein wildes Spiel mit den Blättern und im Winter mit dem Schnee treiben und Senken, wie sie im Teichbereich häufig zu finden sind, zuwehen. Aber auch der Wind hat seine guten Seiten. Er fördert die Luftzirkulation in der Teichmulde und sorgt dabei für ein bewegtes Oberflächenwasser und fördert den wichtigen Gasaustausch im Teich (je größer die Wasserfläche, desto besser). Bei der Vermehrung vieler Pflanzen übernimmt der Wind die Bestäubung und den Samentransport. So wirkt er auch arterhaltend. Man sollte deshalb dem Thema »Wind« bei der Gartenbepflanzung unbedingt Rechnung tragen.

1 *Je tiefer die Teichsenke, um so länger hält sich im Frühjahr das Eis.*

3.1.2.
Bodenbeschaffenheit

Ein weiterer wichtiger Punkt bei der Planung eines Wassergartens ist die Zusammensetzung des Gartenbodens. Eine Probe des Mutterbodens und der darunter liegenden Schichten gibt uns Auskunft, welche Pflanzen voraussichtlich problemlos wachsen werden und für welche Arten wir den Boden teilweise verändern oder ganz austauschen müssen. Bestimmte Pflanzen gedeihen nur auf sauren oder alkalischen, mageren oder fetten sowie sandigen bzw. humosen Böden. Am besten bespricht man dieses Problem bereits bei der Erstellung eines Bepflanzungsplanes mit einem Fachmann. Die Verweildauer des Wassers im Wurzelbereich wird ebenfalls von der Bodenbeschaffenheit beeinflußt. Ebenso hängt es von der Beschaffenheit des Bodens ab, ob er sich schnell erwärmt und damit das Wachstum im zeitigen Frühjahr fördert oder ob er infolge seiner Dichte lange kalt bleibt und somit das Pflanzenwachstum verzögert. Damit Sie vor unerwünschten Überraschungen verschont bleiben, empfehle ich Ihnen: Prüfen Sie in jedem Fall genau, ob auf Ihrem Grundstück jemals Bauschutt, Beton- oder Eisenreste bzw. Sperrmüll vergraben wurde. Zu spät erkannt, können solche »Funde« die Freude am Teichbau nachhaltig verderben. Wo die Bodenbeschaffenheit (Untergrund) dies nicht zuläßt, kann man den Teich auch im *Hochbau* anlegen.

3.1.3.
Grundwasser

Leider können wir heutzutage das Grundwasser nur noch in seltenen Fällen für die Gartenbewässerung nutzen. Zu stark ist in vielen Gebieten der Grundwasserspiegel während der letzten Jahre gefallen. In Gegenden, wo das Grundwasser noch leicht erreichbar ist, spart man mit einem teichnahen Brunnen viel Wasserkosten. Die Neuanlage jeglicher Brunnen – auch Handpumpen zählen dazu – ist genehmigungspflichtig. Weiter ist zu beachten, daß in hochwassergefährdeten Gegenden jahres-

zeitlich starke Schwankungen des Wasserspiegels auftreten können. Dies kann leicht zum Überfluten oder zum Aufschwimmen von Fertigteichen und anderen Teichböden führen. Mit einer entsprechend großen Steinlast kann man aber das Schlimmste verhindern. Soll das Grundwasser für den Teichbetrieb genutzt werden, so empfiehlt es sich, auf alle Fälle das Wasser auf seine Tauglichkeit als Teichwasser zu überprüfen (s. S. 113 ff. Analytik).

3.1.4.
Gesetzliche Bestimmungen und Haftungsfragen

Obwohl der Bau und die Pflege von Feuchtbiotopen und somit auch von Gartenteichen von öffentlichem Interesse sind und von den meisten Menschen sehr positiv bewertet werden, muß man doch einige Gesetze und Vorschriften beachten. Noch vor Baubeginn sollten Sie sich erkundigen, welche Genehmigungen einzuholen sind, denn: Wenn Teichanlagen einen direkten Anschluß (Zu- und/oder Ablauf) an ein Oberflächengewässer (z. B. natürlichen Bach) oder an das Grundwasser haben, muß dies wasserrechtlich genehmigt werden. Das gleiche gilt, wenn eine Grundfläche über 30 m² um mehr als 3 Meter vertieft, ein bereits bestehendes Kleingewässer beseitigt oder ein Nutzfischteich geschaffen werden soll. Solche Anlagen können auch ganz untersagt werden, wenn Ortssatzungen (z. B. Bebauungspläne) dies ganz oder für bestimmte Bereiche verbieten.

- In einigen Bundesländern können Teichanlagen ab 50 m² Grundfläche und einer Tiefe von über einem Meter bereits *anzeigepflichtig* sein.
- Leider gibt es dafür keine bundeseinheitlichen Regelungen.
- Merke: Die Meldepflicht entfällt, wenn man nur einige Zentimeter unter dem kritischen Maß bleibt!
- Genaue Auskünfte erteilen im Zweifelsfall die örtlichen Baubehörden, Landschaftspflegebehörden, Bezirks- und Landratsämter.

- Andererseits werden Großanlagen, die der Schaffung und Erhaltung von Feuchtbiotopen dienen, in einigen Bundesländern besonders gefördert und bezuschußt.
- Für den Bau und Betrieb von Gartenteichen gilt in der Regel das sogenannte *Nachbarrecht*. Darin werden die nachbarrechtlichen Fragen nach Grenzabständen, Einfriedungen, Fenster- und Lichtrecht sowie Wasserfragen (Traufenwasser) geregelt. So sagt uns z. B. der § 27 im schleswig-holsteinischen Nachbarrecht: Der Eigentümer und der Nutzungsberechtigte eines Grundstückes dürfen auf dem Untergrund ihres Grundstückes nicht in einer Weise einwirken, daß der Grundwasserspiegel steigt oder sinkt oder die physikalische, chemische oder biologische Beschaffenheit des Grundwassers verändert wird, wenn dadurch die Benutzung eines anderen Grundstückes erheblich beeinträchtigt wird, usw., usw. Darüber hinaus versteht es sich von selbst, daß man beim Betrieb eines Teiches vermeiden will, daß Wasser aus der Teichanlage in das Nachbargrundstück fließen kann.
- Zusammengefaßt sind die Anforderungen an den Gartenteichbesitzer so auszulegen, daß solche Sicherungsmaßnahmen – wie es so schön im Amtsdeutsch heißt – getroffen werden, daß dem Nachbarn keinerlei Schäden durch den Betrieb eines Teiches entstehen. Andere Baumaßnahmen wie Wälle, Senken und Baumanpflanzungen unterliegen ebenfalls dem Nachbarrecht der jeweiligen Bundesländer.
Das »NACHBARRECHT« Ihres Bundeslandes können Sie in Buchform in jeder guten Buchhandlung erwerben.

Der Schutz unserer einheimischen Tiere und Pflanzen wird durch das Bundesnaturschutzgesetz vom 10. 12. 1986, das am 1. 1. 1987 in Kraft trat, geregelt.

Dieses Gesetz verbietet es, daß z. B. Lurche und Kriechtiere eingesammelt und in den Gartenteichen ausgesetzt werden. Ebenso ist jegliches »Raubsammeln« geschützter Pflanzen – darunter fallen viele der beliebten Teich- und Uferpflanzen – verboten.

Bereits vor dem Bau eines Gartenteiches empfiehlt es sich, eine Haftpflichtversicherung abzuschließen. Die Haftpflichtversicherung schließt in der Regel die Gefahren, die von dem vom Versicherungsnehmer genutzten Einfamilienhaus und deren Anlagen ausgehen, ein. Das bedeutet, daß die berechtigten Ansprüche vom Versicherungsträger befriedigt und unberechtigte Ansprüche abgewehrt werden. So die Auskunft der angesprochenen Versicherung. Wer auf Nummer Sicher gehen will, der sollte sich bei seinem Versicherungsvertreter Rat holen. Für Schäden, die beim Betrieb elektrischer Geräte im und am Teich entstehen, haftet immer derjenige, der die Installationsarbeiten durchgeführt hat. Die Geräte selbst unterliegen bei ordnungsgemäßer Installation der Produkthaftpflicht des Herstellers, sofern dieser seinen Sitz in der Bundesrepublik hat. Der beste Schutz vor jeglichem Ärger ist die gründliche Information und die optimale Ausführung aller Teichbaumaßnahmen (s. S. 19).

3.2.
Der beste Platz für einen Teich

Der Frage, welches der beste Platz für unseren optimalen Gartenteich ist, sollten wir unsere ganze Aufmerksamkeit schenken. Es gibt kaum ein Grundstück, in dem sich überhaupt kein Platz für einen Teich finden läßt. Nötigenfalls wird ein schlecht oder wenig genutzter Gartenteil umgestaltet. Selbst in schwierigsten Lagen (z. B. schattig, dichter Baumbestand, Hanglage oder mooriger Boden) kann man die umweltgeprägten Möglichkeiten für seine Zwecke nutzen (s. S. 14).

Den idealen Platz für unsere vorgesehene Teichanlage wählen wir nach folgenden Gesichtspunkten und Prüfsteinen aus:

- Ideal ist eine Stelle, die während der Hauptvegetationszeit (Frühjahr/Sommer) 6–8 Stunden im Sonnenlicht liegt. Dies ist nötig, weil viele Pflanzen, u. a. Seerosen, ausgesprochene Sonnenkinder sind. Weiter sollte im Idealfall während der heißen Mittagszeit für 2–3 Stunden der Platz im Halb- oder Vollschatten liegen, damit sich unser Kleingewässer nicht zu sehr erwärmt und Sauerstoffmangel vermieden wird.

- Fehlt jeglicher Schatten, so kann man immer geeignete Bäume und Sträucher (z. B. Eiben oder Wacholder) als Schattenspender pflanzen.
- Um den Licht- und Schattenverlauf beobachten zu können, legt man mittels Schnur, Holzpflöcken, Gartenschlauch oder auch mit Steinen die zukünftige Form auf den vorgesehenen Platz. Die ermittelte Schattenlänge und -breite tragen wir auf unserem Plan (am Ende des Buches) ein.
- Der Teichrand sollte von *flachwurzelnden* Bäumen und Sträuchern, wie Birken, Erlen, Pappeln, Hainbuchen, Weiden, Kiefern und Liguster, mindestens *fünf* Meter entfernt sein. Die Wurzeln von Essigbäumen sind für unseren Gartenteich äußerst gefährlich; sie vermögen sogar feste Mauern zu durchdringen. »Wasserbauer«, aber auch Gartenbesitzer können davon ein Lied singen.
- Sollten weit ausladende Äste in den unmittelbaren Teichbereich hineinragen, braucht herbstliches Fallaub nicht zu einem Problem zu werden, wenn man es mit einen aufgespannten Netz auffängt.

- Das gleiche gilt auch für Laub von Bäumen, die in der Hauptwindrichtung stehen – man erkennt die Hauptwindrichtung an ihrer Neigung (Bäume neigen sich meistens zur windabgewandten Seite hin).
- Ein Platz, der in Teilbereichen windgeschützt ist, ist deshalb ideal, weil viele Pflanzen (mit dünnen Stielen) unter starkem Wind leiden und umknicken.
- Auf brettebenem Gelände plant man deshalb einen Windschutz ein (lebende Mischhecke) oder verwendet den Teichaushub zur Anlage eines Windschutzwalles, der am besten auf der Nordostseite liegt.
- Wir richten unser Auge auch darauf, daß sich der Teich harmonisch in das Gesamtbild des Gartens einfügt.
- Ein geeigneter Wasser- und Stromanschluß ist in Teichnähe sehr angenehm, aber keine zwingende Notwendigkeit.
- Es versteht sich von selbst, daß weder Strom-, Telefon- oder Fernsehkabel über baut werden dürfen.
- Um das reiche Leben im und am Wasser gut beobachten zu können, spielt unser *Verhalten* in Teichnähe eine weit größere Rolle als die Lage des Gewässers. Es ist erstaunlich, wie schnell sich Tiere an unsere Anwesenheit (z. B. in Terrassennähe) gewöhnen. Frösche können z. B. ihre Fluchtdistanz schon nach wenigen Tagen verringern (besonders wenn man sich ihnen ohne Hast und allmählich nähert), und nach ein, zwei Wochen bleiben sie auf ihrem angestammten Platz sitzen.

---

1 *Licht und Schatten sowie Baum- und Hausabstände beeinflussen den Teich und müssen deshalb bei der Planung berücksichtigt werden.*

● Die Frage, ob Sie den Teich terrassennah, in Fensternähe oder an einem vielbenutzten Sitzplatz anlegen sollen oder an einem abgelegenen, ruhigen, aber störungsfreien Platz, richtet sich zuerst nach den Örtlichkeiten, nach dem zur Verfügung stehenden Platz und nach Ihrem eigenen Geschmack. Vor allem aber auch nach Ihren individuellen Ziel- und Zweckvorstellungen. Innerhalb dieser Grenzen sollten Sie auch Ihren Gartenteich planen.

3.3.

Teichform

Das gleiche gilt auch für die Form und Gestalt der Teichanlage. Egal, ob rund, eckig, nieren-, T- oder L-förmig, streng geometrisch oder wild geschwungen, es läßt sich jede gestalterische Idee verwirklichen. Die zur Verfügung stehenden Teichbaumaterialien machen es möglich. Lediglich bei Fertigteichen ist man an die vorgegebene Form gebunden.

3.4.
Planspiele und Einmessen

Wenn wir den besten Platz für unsere Teichanlage ausgewählt haben, planen wir sofort weiter. Die Form und Lage des Teiches wird möglichst maßstabgerecht auf unserem Musterplan eingezeichnet. Mit den Abmessungen der anderen Bauvorhaben, z. B. Teichumgebung, Bachverlauf, Wasserfall, Überwinterungsschacht, Brücke, Sicker-, Klär- und Moorbeet, und auch den Abmessungen und Standorten des Wasserzu- und Ablaufes sowie der elektrischen Leitungen verfährt man ebenso. Damit für die Gestaltung der unmittelbaren Teichumgebung genügend Platz bleibt, gehen wir mit dem zur Verfügung stehenden Platz recht großzügig um. Wir messen grundsätzlich von der Grundstücksgrenze aus.

1

Für das Ausmessen rechteckiger Teiche benötigen wir etwas Schnur, eine Meßlatte (eine Dachlatte tut's auch) und einen großen Winkel. Wir messen von der Grundstücksgrenze in zwei Schritten (Länge und Breite) und legen so den Grundriß fest. Damit der Teich auch rechtwinkelig wird, basteln wir uns mit Latten einen festen Winkel. Für das Abmessen runder Teiche wird in den vorgesehenen Mittelpunkt des Teiches ein Pflock geschlagen, an diesen die Schnur gebunden (die Schnurlänge ist der halbe Radius) und mit dem Schnurende der Teichrand festgelegt und mit Spatenstichen exakt ausgestochen. Bei vielgestaltigen Teichen fixiert man die größte Länge und Breite der Anlage und mißt wiederum von den Grundstücksgrenzen aus. Soll ein Teich sehr groß sein (über 80 m²), und liegt welliges Gelände vor, so empfiehlt es sich, ein »Nivelliergerät« auszuleihen und damit den Teich einzumessen. Sehr sorgfältig muß man auch Teiche planen, die auf unebenen Flächen und Hanglagen liegen. Maßstabgetreue Querschnittzeichnungen mit dem vorgesehenen Neigungswinkel der Böschung lassen auch solche Bauvorhaben gut gelingen.

Schon in der Planungsphase sollte man

sich Gedanken machen, wo das anfallende Erdreich abgelagert werden kann. Man kann es natürlich abfahren lassen oder, weit zweckmäßiger, zur Gestaltung der Ufer, für den Bau des Wasserfalles oder für die Anlage von Windschutzwällen bzw. Hügeln (Alpinum) verwenden. Damit man sich nicht zweimal abrackern muß, zeichnet man den Ablagerungsplatz gleich mit auf den Plan ein. Weiter empfiehlt es sich, schon rechtzeitig die Plätze zu bestimmen, auf denen Steine, Wurzeln und alle anderen Baumaterialien gelagert werden, die man beim Teichbau benötigt.

3.5.
Eigene Fähigkeiten und Fertigkeiten

»Do it yourself« – das ist nicht nur eine Aufforderung, sondern auch eine ernst zu nehmende Herausforderung. Obwohl die meisten Teichanlagen in Eigenleistung erstellt werden, sollte man doch nicht verschweigen, daß der Bau einer solchen Anlage nicht nur Freude bereitet, sondern auch mühsam ist und häufig auch zeitaufwendig sein kann. Dabei spielen die Größe, die Bodenbeschaffenheit und natürlich auch das Wetter eine große Rolle. Nehmen wir

1 Auch für Kinder ist es stets ein großes Vergnügen, beim Bau des Gartenteiches mitzuhelfen.

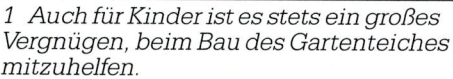

25

einmal an, Sie wünschen sich einen Teich mit einer Oberfläche von 4 × 4 m und einer durchschnittlichen Tiefe von 50 cm, so sind allein für den Aushub ca. 9 m³ Erdreich zu bewegen. Hinzu kommen noch die Erdarbeiten bei der Gestaltung der Teichumgebung und Wege. Wenn dann noch größere Steine und Wurzeln von Hand zu bewegen sind, so benötigt man doch einige Kraft und Ausdauer, um das begonnene Werk erfolgreich zu beenden.

Auf keinen Fall sollte man eine Teichanlage unter Zeitdruck erstellen. Schnell können längere Regenperioden jeden Zeitplan durcheinanderbringen und ein sauberes Arbeiten unmöglich machen. Im Idealfall wird das zukünftige Teichbett schon beim Hausbau mit ausgehoben. Es gibt auch die Möglichkeit, sich für die Erdarbeiten einen kleinen Schaufelbagger – wie er beim Kanalbau verwendet wird – auszuleihen. Ob man Betonarbeiten, die beim Wegebau (z. B. Platten in ein Betonbett verlegen) oder beim Bau von Stützmauern (bei Hangteichen), Seiten- bzw. Stützschwellen an Mauern und Hochteichen anfallen, vom Fachmann erstellen läßt oder selbst durchführt, richtet sich ausschließlich nach den eigenen Fähigkeiten und Fertigkeiten. Dabei ist auch noch zu bedenken, daß Beton meist unverrückbare Tatsachen schafft (dies gilt besonders für Betonteiche).

Als Alleinbauender kommt man mit Sicherheit beim Einlegen des Teichbodens gehörig ins »Schwitzen«. Wohl dem, dem sich handwerklich geschickte oder gar teichbauerfahrene Mitarbeiter anbieten. Läßt man, aus welchen Gründen auch immer, den Teich anlegen, empfiehlt es sich, auf die Einhaltung der 10 Erfolgspunkte des optimalen Gartenteiches zu bestehen. Alle anderen Arbeiten, vor allem aber das Gestalten und Bepflanzen des Teiches sowie der Teichumgebung, können ohne fremde Hilfe mit der eigenen Kreativität beendet werden. An dieser Stelle sei aber noch einmal darauf hingewiesen, das *alle* elektrischen Installationsarbeiten – wie das Verlegen der Kabel und das Bereitstellen eines wasserdichten Stromanschlusses – von einem autorisierten Fachmann durchgeführt werden müssen.

3.6.
Kleine Tümpel, große Teiche und die optimalen Maße

Schon in kleinsten Behältern lassen sich »Miniteiche anlegen« – so kann man es häufig lesen. Ob es sinnvoll ist, wasserdichte Gefäße aller Art wie alte Fässer, Tröge, Eternit- und Plastikschalen, selbst ausgediente Badewannen werden empfohlen, als Wasserstelle zu reaktivieren, das sei dahingestellt. Sie eignen sich gut für Übervorsichtige, die erproben wollen, ob und wie Teichpflanzen wachsen. Außerdem sehen solche Gefäße, wenn man die mit einigen Teich- oder Sumpfpflanzen bestückt, auf Veranda oder Balkon recht hübsch aus.

Mit einem gut funktionierenden Gartenteich haben solche »Notbehelfe« aber nichts zu tun. Reiche Lebensgemeinschaften entwickeln sich in diesen Gefäßen nie, und die Gefahr, daß Mücken darin züchten, ist sehr groß. Selbst als Vogeltränke sind sie nur wenig geeignet, da sich das Wasser darin zu schnell erwärmt und verdirbt. Die Vögel bzw. Kleinsäuger können außerdem leicht ertrinken, weil die Ränder zu steil abfallen und der Wasserspiegel zu weit unten ist. Damit die Behälter im Winter nicht einfrieren und dann platzen, muß man sie entleeren, wobei eine Menge von Kleinlebewesen zerstört werden.

Die gleiche Problematik kann sich natürlich auch bei den käuflichen Fertigteichen, deren Oberfläche 1–3 m² aufweist und deren größte Tiefe nur 40–50 cm beträgt, zeigen. Der sachkundige Naturfreund könnte jetzt bemerken, daß man auch in der freien Feldflur – wenn auch schon selten genug – die oft nur wenige Quadratmeter großen »Himmelsteiche« (dies sind Tümpel, die sich im Frühjahr nach der Schneeschmelze bilden) oder andere periodisch wasserführende Teiche mit einer zwar spezialisierten, aber doch artenreichen Kleinlebewelt findet.

Diese Himmelsteiche bestehen meistens schon viele Jahre (auch Jahrzehnte), und die darin vom Frühjahr bis zum Frühsommer oft massenhaft auftretenden urtümlichen Kleinkrebse der Gattung *Branchipus* (Kiemenfüße), die *Daphnien* (Wasserflöhe) oder *Cyclops* (Hüpferlinge) entwickeln sich

1

aus Dauereiern, denen weder eine mehrmonatige (bei den Kiemenfüßen bis zu 15 Jahren) Trockenheit noch eine lange Frostperiode etwas anhaben können.

Andere Kleinlebewesen wie Rädertierchen, Würmer, aber auch Kleinkrebse können im feuchten Schlamm überdauern und werden erst durch das Schmelz- und Regenwasser wieder aktiv. Es ist äußerst schwierig, wenn nicht gar unmöglich, einen solchen Kleinbiotop, der sich in vielen Jahren oder Jahrzehnten gebildet hat, in einen Garten herkömmlicher Art zu verpflanzen. Die Chancen, reichhaltige Lebensgemeinschaften mit den dazugehörenden Nahrungsketten in unseren Gärten anzusiedeln, steigen mit jedem Quadratmeter Wasseroberfläche und mit jedem Zentimeter Wassertiefe.

3.6.1.
Die Mindestgröße

Die Empfehlung lautet für unseren optimalen Gartenteich deshalb: Bauen Sie die Teichanlage so groß wie nur möglich – mit einer Mindestgröße der Oberfläche von 12 Quadratmetern und einer Tiefe von einem Meter. Mögen Ihnen diese Maße als zu hoch gegriffen erscheinen, so möchte ich doch bemerken, daß eine Teichanlage eine langjährige Bereicherung Ihrer Umgebung ist und die Erfolgschancen mit der Größe der Anlage stehen und fallen. Die Vorteile:

- Große Teiche verfügen über bessere Wasserstabilität.
- Eine große Wassermenge (bei genügender Teichtiefe) unterliegt geringeren Temperaturschwankungen.
- Dadurch bleiben die Sauerstoffwerte des Wassers wesentlich höher und stabiler.
- Große Teiche verfügen über eine größere Selbstreinigungskraft.
- Der angestrebte Gleichgewichtszustand zwischen Nahrungsproduzenten und -reduzenten ist besser herzustellen.
- Das Nebeneinander einer reichhaltigen Tier- und Pflanzengesellschaft läuft problemloser ab.
- Es sind weniger regulierende »Eingriffe« notwendig.
- Große Anlagen sind leichter, besser und optisch schöner zu gestalten und sie wirken naturnäher.
- Die Proportionen von Wasserteil zur Sumpf- und Uferzone (je ein Drittel) passen besser zueinander.
- Eine artenreiche, dichte Bepflanzung ist im großen Teich gut möglich.
- Die Zierfischhaltung in Teichen unter 80 cm Tiefe wird sowohl im Sommer, wenn sich das Teichwasser zu stark erwärmt (s. Seite 65 O_2), als auch in strengen Wintern, wenn flache und kleine Teiche bis zum Grund durchfrieren, erschwert.
- Die Besatzdichte ist ebenfalls von der Teichgröße abhängig. Denken wir nur daran, daß einige Fische recht groß werden können (z. B. Kois).

1 Miniteiche sind leider nicht winterstabil.

27

4.
Wer die Wahl hat . . .

Als die schönste Teichanlage kann die gelten, der man es kaum ansieht, daß sie
»künstlich« angelegt wurde. Unsere Ziel-
vorstellung von einer Wasserlandschaft lautet: so »naturnah« wie möglich. Am einfachsten ist diese Wunschvorstellung zu erfüllen, wenn man eine bereits vorhandene
(evtl. sogar schon verfüllte) Mulde wieder
renaturieren kann. Häufig fehlt dazu aber
das nötige oberflächennahe Grundwasser.
Verdichtete und wasserstauende Boden-
schichten (Lehm und Ton) kann man ebenfalls gut nutzen. In der Regel müssen wir
aber auf käufliche »Dichtungsmaterialien«
zurückgreifen.

---

1 *Ein Folienteich eignet sich am besten*
für den optimalen Gartenteich.

4.1.
Ungeeignete Materialien

4.1.1.
Beton

Beton (Dorf- und Feuerlöschteiche) war lange Zeit die einzige Möglichkeit, einen Gartenteich abzudichten. Heutzutage wird auf Beton als Baumaterial immer mehr verzichtet. Die Gründe dafür leuchten ein. Der Arbeitsaufwand ist ebensohoch wie die Kosten. Die Haltbarkeit ist bei der mangelnden Elastizität – vor allem bei strengem Frost – doch recht eingeschränkt. Trotz eingearbeiteter Eisenarmierung kann es immer wieder zu Frostrissen kommen. Besonders dann, wenn sich der Boden verändert (senkt). Zudem sind räumliche Veränderungen nur noch mit einem Preßlufthammer zu bewerkstelligen.

4.1.2.
Betonringe

Betonringe sind als Baumaterial ebenfalls ungeeignet, da man sie nur äußerst selten und mit großem Aufwand dicht bekommt. Durch die steilen Wände werden sie zu Tierfallen und halten auch keinem größeren Eisdruck stand.

4.1.3.
Dachpappe

Dachpappe als Dichtungsmaterial zu empfehlen, ist nicht nur gefährlich – Dachpappe bricht leicht und kann giftig wirken (Bitumen). Bei der Verarbeitung entstehen gesundheitsschädigende Dämpfe.

4.2.
Geeignete (empfohlene) Materialien

4.2.1.
Lehm und Ton als Dichtmaterial

Für den Befürworter natürlicher Baustoffe gibt es im Fachhandel Teichbauelemente aus reinem Ton (in Ziegelform). Mit diesen Tonziegeln kann jede Teichform modelliert werden. Auf die Naturtonschicht (sie beträgt ca. 10 cm) kommt noch eine 10–15 cm dicke Kiesschicht, um das Ausschwemmen von Bodengrund und das Austrocknen der Uferbereiche zu verhindern. Tiefwurzelnde Pflanzen wie Rohrkolben und Schilf sollte man bei dieser Bauweise aus Sicherheitsgründen in Pflanzkörbe setzen. Tonteiche dürfen auch nicht im Einflußbereich von Baumwurzeln liegen (empfohlener Abstand 5–7 Meter).

4.2.2.
Fertigteiche – Vor- und Nachteile

Fertigteiche aus thermoplastischen Kunststoffen oder glasfaserverstärktem Polyester – letztere lassen sich auch vom Laien reparieren – gibt es in vielen Formen und Variationen. Als Pluspunkte erweisen sich:

● Die lange Lebensdauer (bei sachgemäßer Behandlung) der Fertigteiche.

● Sie lassen sich leicht verlegen (auch von einem Platz zum anderen), und man kann – da sie relativ leicht sind – sogar mit ihnen umziehen.

● Mit Fertigteichen lassen sich bestehende Anlagen sehr schnell erweitern.

● Im Fachhandel gibt es auch zusammensetzbare Teichelemente als Bausatz. An das Hauptelement kann man beliebig viele Ergänzungselemente anfügen, bis die gewünschte Form und Größe erreicht ist.

- Die genannten Materialien sind UV-beständig und unempfindlich gegen Stein- und Wurzeldruck.
- Baut man sie richtig ein, eignen sich solche Fertigteiche gut beim »Hochbau« auf Terrassen, Atrium- und Dachgärten. Voraussetzung ist natürlich, daß der Behälter sich nicht verformen kann.
- Diese Becken sind formbeständig, aber auch noch so flexibel, daß sie Druck und Veränderungen an den Seiten und am Boden – ohne zu bersten – auffangen können.
- Die kleineren Modelle eignen sich hervorragend als Kinderspielplatz und Planschbecken (mit einer Matsch-Sandfüllung sind sie bei Kindern sehr beliebt).
- Man kann aus diesen Materialien auch fertig geformte Kaskaden und Wasserfälle bekommen. Sie lassen sich nicht nur gut einbauen, sie sind auch absolut dicht (auf Kapillarsperre achten!).

Fertigteiche sind aber auch mit einigen Nachteilen belastet, die erwähnt werden müssen:
- Die Abmessungen und Formen sind doch recht starr und auch begrenzt (Transportproblem).
- Dem individuellen Geschmack sind sehr »enge« Gestaltungsgrenzen gesetzt.
- Problematisch kann auch die geringe Tiefe von durchschnittlich 60 Zentimetern werden. Fertigteiche mit 80 cm Tiefe sind schon besser geeignet.
- Zu steile, tiefgezogene Behälter mit geringem Durchmesser lassen keine ausreichende Wasserzirkulation mehr zu.
- Maschinell gepreßte Teichschalen weisen oft unnatürliche und steile Abstufungen auf. Dabei muß man dann auf ausreichend große Sumpfzonen – wenn auch schweren Herzens – verzichten.
- Darüber hinaus können die zu steilen Wände, wenn der Wasserstand sinkt, zu Todesfallen für vielerlei Tiere werden. (Die vielgepriesenen »Igelbretter« sind leider nur ein Behelf, denn sie können nicht verhindern, daß Kleintiere – sind sie erst in Panik geraten – am rettenden Brett einfach vorbei oder untendurch schwimmen.) Selbst erwachsene Frösche haben große Mühe, nach dem Ablaichen den Behälter wieder zu verlassen. Frisch umgewandelten kleinen Fröschen ist es aber nur in den seltensten Fällen möglich, die »Steilwand« zu erklimmen, um die feuchte Falle problemlos verlassen zu können. Laubfröschen mag das noch eher gelingen, aber diese Frösche laichen lieber in großen, der Natur ähnlichen Anlagen. Selbst Regenwürmer ertrinken in großer Zahl und belasten – wenn sie sich zersetzen – die ohnehin geringe Wassermenge.

4.2.3.
Glasfaserverstärkter Polyesterteich

Der *Selbstbau* – handgeformt – aus glasfaserverstärktem Polyester ermöglicht dem Bastler eine große Formenkreativität.
- Vorteilhaft ist der Selbstbau, wenn unebener, schwer zu bearbeitender Bodengrund vorliegt oder Inseln und vielgestaltige Ufer mit Landzungen und Buchten geplant sind.
- Die Haltbarkeit ist bei sachgemäßer Verarbeitung (Einhaltung der Bauanleitung) wie bei den Fertigteichen aus dem gleichen Material sehr gut.
- Das Fertigen per Hand erfordert gute Fachkenntnisse und sorgfältiges Arbeiten, und man sollte die nicht unerhebliche Mühe keinesfalls außer acht lassen.
- Der Zeitaufwand beim Bau von Polyesterteichen ist sehr hoch. Außerdem kann man mit Polyesterharz nur im Sommer (wenn es genügend warm ist) an trockenen Tagen arbeiten.
- Auf eine ausführliche Bauanleitung muß leider verzichtet werden, da diese den vorgegebenen Rahmen dieses Buches sprengen würde.

Der hohe Materialpreis und der große Arbeitsaufwand sind beim Selbstbau von glasfaserverstärkten Polyesterteichen zu berücksichtigen. Sie machen es notwendig, nach weiteren geeigneten Materialien Ausschau zu halten.

4.2.4.
Teichfolien

Besonders gut für unseren Zweck sind *Teichfolien* geeignet. Alle anderen Folien

wie Plastikplanen, Baufolien und ähnliche sind ungeeignet, da sie weder UV-beständig, trittfest noch geschmeidig und dauerhaft sind. Sie werden sehr schnell brüchig, spröde und reißen. Zwei Folientypen (Teichfolien) bieten sich dagegen als ideale Lösung an:

4.2.5.
ECB-Folie

Die *ECB*-(Ethylencopolymerisat-Bitumen-) Folie hält stärksten physikalischen und chemischen Belastungen stand. Die 1–2 mm starke Folie wird z. B. als Sperrschicht (zum Schutz vor Grundwasser) in Mülldeponien und beim Bau von kleineren Wasserreservoiren (Wasserrückhaltebecken) und Nutzfischteichen verwendet. Diese Folie zeichnet eine große Haltbarkeit und Langlebigkeit aus.

Leider weist dieser Folientyp auch einige »gewichtige« Nachteile auf.

● So ist es kaum möglich, die *schwere* Folie im Alleingang zu verlegen.
● Einzelne Bahnen kann man ohne fremde und vor allem fachkundige Hilfe kaum im Do-it-yourself-Verfahren zusammenschweißen.
● Es empfiehlt sich, die Bahnen in jedem Fall nach dem gewünschten Maß zusammenschweißen zu lassen.
● Außerdem sind ECB-Folien nicht billig.
● Hier muß jeder selbst entscheiden, ob das Teichbaubudget ausreicht, um den zwar berechtigten, aber doch ins Gewicht fallenden Preis bezahlen zu können.

1 Folien lassen sich gut miteinander verbinden und halten großem Druck (Steinlasten) stand.

4.2.6.

PVC-Folie

Wesentlich preisgünstiger und ebenso gut geeignet sind die *PVC*-(Polyvinylchlorid-) Folien, die zur Zeit am häufigsten beim Bau von Gartenteichen Verwendung finden. Sie schneiden im Preis-Nutzen-Vergleich mit all den anderen Möglichkeiten am besten ab. Ihre Vorteile:

● Gute PVC-Teichfolien sind sehr haltbar.
● Sie bleiben ohne Gewalteinwirkung jahrelang formbeständig und vor allem dicht.
● Mit diesem außerordentlich elastischen Material läßt sich jede beliebige Teichform gestalten.
● Es gelingt mühelos, Ufer- und Randzonen sowie vielgestaltige Inseln und Buchten zu modellieren.
● An Mauern und Holz (ohne folienfeindlichen Anstrich) lassen sich Teichfolien mit PVC-beschichteten Schienen oder einem verstärkten Nagelrand gut befestigen.
● Wenn die Folie einmal beschädigt wird, kann sie auch vom Ungeübten selbst repariert werden (siehe S. 130).
● Dunkle Folienfarben (Schwarz oder Dunkelgrau) sind noch am unauffälligsten. Andere Farben stören meistens das ästhetische Empfinden des Betrachters.
● Wenn der Untergrund dunkel ist, entstehen reizvolle Spiegelbilder auf der Wasseroberfläche.
● Vorteilhaft ist es, wenn die Folie auf der Wasserseite etwas Struktur aufweist. Das aufliegende Dekorationsmaterial sowie organische Substanzen haften besser, und die Folie setzt schneller »Patina« an – sie wirkt dadurch recht natürlich.
● Im Fachhandel gibt es fertig verschweißte Teichfolien mit den unterschiedlichsten Maßen zu kaufen.
● Sollte keine der angebotenen Folienmaße Ihren Vorstellungen entsprechen, können Sie sich vom Händler die Folie nach Ihren Angaben auch anfertigen lassen.
● Weiter besteht die Möglichkeit, Rollenware zu kaufen, diese selbst zuzuschneiden und zu verschweißen (siehe S. 38).

● Ob sich die Mühe und der Aufwand wirklich lohnen, die Preisersparnis gegenüber der Fertigfolie groß genug ist, um die Nachteile (Mühe, Zeit und *Garantieverlust*) aufzuwiegen, können nur Sie selbst entscheiden.
● Immerhin geben solide Folienhersteller auf die Dichte (auch der Naht) eine Garantie von 5 bis 10 Jahren. Unter diese Garantie fallen alle Mängel, die auf Material- oder Fabrikationsfehlern beruhen! Hieb- und Stichfestigkeit garantiert kein Hersteller. Eine unsachgemäße Behandlung der Folie (beim Einbau und Teichbetrieb) führt ebenfalls zum Haftungsausschluß.
● Für die Beurteilung der Haltbarkeit einer Folie spielt nicht nur die Qualität des Materials eine Rolle, sondern auch die Folienstärke.
● Für unseren »optimalen Gartenteich« kommt deshalb nur eine Folienstärke von 1 mm in Frage. Wenn diese 1-mm-Folie noch zusätzlich doubliert ist (zwei PVC-Folien von 0,5 mm Stärke wurden bei der Herstellung fest miteinander verschweißt), können wir mit noch mehr Haltbarkeit und Sicherheit rechnen.

Sie sehen selbst: Folienkauf ist Vertrauenssache und will deshalb auch gut überdacht sein!

Entscheidungshilfen beim Folienkauf:
● Gute Fachgeschäfte verkaufen *Markenfolien* und das Schutzvlies mit *GARANTIESCHEIN!*
● Lassen Sie sich außerdem bestätigen, daß die Folie UV- und temperaturbeständig, hitze- und kältefest, umweltfreundlich (chemisch einwandfrei), druck- und wurzelfest ist und keine »Recycling-Materialien« (geschmolzene Folienreste) enthält.

Sicherheit für Mensch und Tier

Nicht nur auf Erwachsene, auch auf Kinder übt *Wasser* in der Regel eine geradezu magische Anziehungskraft aus. Wenn sich in einem Gewässer auch noch Fische tummeln, sind alle Verbote und Ermahnungen, am Teich ja vorsichtig zu sein, allzuschnell vergessen.

Es versteht sich von selbst, daß man Teiche, die direkt an Terrassen oder an andere vielbenutzte Aufenthaltsorte anschließen, richtig sichert (Geländer, Gitter- oder Drahtzaun).

Ein »Fehltritt« am Teichrand endet für Erwachsene gewöhnlich mit dem Schrecken und nassen Füßen. Für Kleinkinder, die noch nicht schwimmen können, kann ein Ausrutscher in den Teich schon weit schlimmere Folgen haben. Es müssen nicht immer die eigenen Kinder sein (die kennen sich aus), die im Winter in das Eis einbrechen oder im Sommer in das Wasser fallen. Unsere kleinen Besucher sind besonders gefährdet, weil sie naturgemäß sehr neugierig und mit den örtlichen Gegebenheiten nicht vertraut sind. Will man mit dem Teichbau nicht warten, bis der Nachwuchs groß und vernünftig genug ist oder schwimmen kann, so empfiehlt es sich, die Teichanlage »kindersicher« zu machen!

● Vorteilhaft ist es, wenn man die Ufer-, Sumpf- und Randzone flach (10–20 cm) und großflächig (1–2 m) baut. Eingebrachte Steine, Wurzelstücke und ein dichter Pflanzengürtel stellen Hindernisse dar, die äußerst ungern überstiegen bzw. durchwatet werden.

1 Wenn Kleinkinder im Haus sind, kann man den Teich zur Sicherheit bis nahe an die Oberfläche mit Steinen auslegen.

● Unauffällig im dichten Röhricht versteckt, kann ein großmaschiger Gitterzaun den Zugang zur Tiefwasserzone versperren.

● Bei weiträumig umzäunten Teichanlagen besteht immer die Gefahr, daß der Zaun überklettert wird und sich die Kinder dabei auch noch verletzen.

● Es empfiehlt sich auch, den Tiefwasserteil zusätzlich mit einem 10 cm unter der Wasseroberfläche angebrachten und in der Mitte abgestützten (und seitlich gut verankerten) Baustahlgitter (Armierungsmatte) zu sichern. Das Gitter versieht man am besten mit einem neutralen, wasserfesten, vor allem ungiftigen Schutzanstrich. Ein solches Sicherheitsgitter fällt kaum auf, weil die Blätter und Blüten der Teichpflanzen (auch Seerosen) problemlos hindurchwachsen können.

● Es gibt auch Netze zu kaufen, die sich ebenfalls eignen, wenn man sie auf Spannung halten kann.

● Eine weitere Möglichkeit, Kinder zu schützen, besteht darin, auf Zierfische vorerst zu verzichten und die Tiefwasserzone bis nahe an die Oberfläche mit Steinen zu verfüllen, bis die kritische Zeit überstanden ist. Zwischen die Steine kann man reichbepflanzte Körbe setzen und damit den optischen Eindruck wahren.

Das Interesse am »elterlichen« Gartenteich läßt außerdem merklich nach, wenn sich die Kleinen an ihrem eigenen flachen Schüsselteich mit integrierter Matschzone (Sand-Wasser-Gemisch) ungehemmt vergnügen können.

Ebenso wichtig wie der Schutz vor dem Ertrinken ist es, darauf zu achten, daß alle erreichbaren elektrischen Anschlüsse unter Verschluß gehalten werden (am besten verschließbar). Sonst benutzen womöglich Diebe den Anschluß, um elektrisch betriebene Einbruchwerkzeuge anzuschließen.

● Auch der eigene Schutz darf nicht zu kurz kommen. Es empfiehlt sich, Außenanschlüsse mit einem sogenannten Fehlerstromschutzschalter (FI-Schalter) abzusichern. Bei einem Gerätedefekt (Kabelriß) wird die Stromzufuhr sofort unterbrochen.

5.1.
Auch Haustiere lieben das Wasser

Von unseren vierbeinigen Freunden wissen wir, daß sie den Teich gerne aufsuchen. Sei es darum, um daraus zu trinken oder gar zu baden. Verschiedene Hunderassen (Labrador, Neufundländer, Retriever und Landseer) sind geradezu versessen auf ein kühles Bad im Gartenteich. Sie werden jede Gelegenheit nutzen, um im Teich zu schwimmen. Aber diese Rassen lernen schnell (auch wenn es gegen ihr Naturell ist), daß sie im Teich nichts zu suchen haben. Die Pflanzen und die Folie könnten darunter leiden.

● Hunde und Katzen, selbst das Geflügel werden in einem Teich mit flachem Ufer nicht ertrinken.

Es ist aber besser, einen elektrischen Weidezaun, der in der richtigen Höhe angebracht ist, zu installieren, um unerwünschte Besucher aller Art fernzuhalten.

● Leider ist es schon vorgekommen, daß Tiere, vor allem Hunde, nach dem Genuß von Teichwasser, das durch faulenden Bodengrund verdorben war, an Botulismus (bakterielle Vergiftung) erkrankten. Die Tiere zeigen bei einer Infektion Lähmungserscheinungen und knicken beim Gehen ganz auffällig ein. Deshalb müssen wir auf die Wasserqualität achten und auf jeglichen Bodengrund am besten verzichten.

5.2.
Gefahrenquelle Wasserstelle

Jetzt müssen wir noch dafür sorgen, daß alle anderen Teichgäste gefahrlos das köstliche Naß aus unserem Teich nutzen können.

● Flache Ufer sind besonders tierfreundlich. In flachen und mit Steinen ausgelegten Buchten trinken und baden die Vögel »katzensicher«.

1

- Viele Steine und Wurzeln bieten im Teich Verstecke und gute Deckung für die Wasserbewohner.
- Lassen sich Steilufer nicht vermeiden, sollte man mit Korkeichenstücken (aus dem Zoofachhandel) gut schwimmende Ausstiegsmöglichkeiten schaffen. Der Abstand zwischen den Stücken sollte nie mehr als 50 cm betragen. Eingehängte Baumstrünke und Moorkienwurzeln können ebenfalls als Rettungsinsel dienen.
- Wenn für die Teichumrandung Steinplatten vorgesehen sind, dann dürfen diese nicht zu weit über den Wasserspiegel hinausragen, weil ein Aussteigen sonst nicht mehr möglich ist.
- Als Naturfreunde sorgen wir auch dafür, daß im Teich und in Teichnähe frostsichere Überwinterungsmöglichkeiten vorhanden sind (s. S. 49).
- Von einigen Teich- und Gartenpflanzen wissen wir, daß sie giftig sind (z. B. Sumpfcalla, Wasserschierling, Seidelbast und Eiben, um nur einige zu nennen). Alle Giftpflanzen aufzuzählen ist an dieser Stelle leider nicht möglich. Deshalb verweise ich auf die Aufzählung auf der Seite 165 und die Spezialliteratur. Der Grad der Giftigkeit und der Gefahr hängt vom Gifttyp und der Giftkonzentration ab. So ist bei manchen Arten die ganze Pflanze giftig, bei anderen sind es nur Pflanzenteile oder die Früchte. Manche dieser Gewächse dienen auch zur Herstellung von Heilmitteln, z. B. der bekannte Fingerhut (*Digitalis purpurea* und *grandiflora*), so daß sie sowohl giftig als auch heilend wirken können.

Kleinkinder und junge Hunde, manchmal auch Jungkatzen »testen« alles mit dem Mund. Besonders farbige Beeren (Früchte) haben es ihnen angetan. Deshalb sollte man diesen Gefahren die nötige Aufmerksamkeit schenken. Ob man solche Pflanzen in den Garten bzw. Teich einbringt oder nicht, hängt von den Umständen ab, wie man mit diesen umgeht bzw. wohin man sie pflanzt und ob sie von Kindern und Haustieren zu erreichen sind. Das Wissen um die Giftigkeit von Pflanzen hilft Ihnen hoffentlich, sich und andere zu schützen.

1 Auch die häufig vorkommenden Lupinen sollten so gepflanzt werden, daß sie außer Reichweite von Kindern stehen.

6.

Vor dem ersten Spatenstich

Man kann einen Gartenteich während des ganzen Jahres hindurch bauen. Bereits im Frühjahr, wenn der Boden frostfrei und einigermaßen trocken geworden ist, kann man damit beginnen. Ab diesem Zeitpunkt ist das Angebot an Teichpflanzen besonders groß. Ab Oktober, wenn die Pflanzen verblüht sind und welken, kann man den Teich bis auf die Bepflanzung fertigstellen – die Bepflanzung wird dann bis zum folgenden Frühjahr verschoben.

1

6.1.1.

Was man alles braucht

Bevor man beginnt, legt man die Arbeitsgeräte zurecht. Nichts ist ärgerlicher, als

bei einer begonnenen Arbeit feststellen zu müssen, daß ein wichtiges Arbeitsutensil

1 Einen Teich kann man bis in den Herbst hinein bauen, die Bepflanzung wird bis zum Frühjahr verschoben.

fehlt. Deshalb stellen wir folgende Materialien bereit:
- eine Wasserwaage (Schlauchwaage)
- 10–20 Meter Schnur
- ein Maßband
- mehrere Dachlatten (Richtlatten). Wieviel man braucht, richtet sich nach der Teichgröße
- Holzpflöcke nach Bedarf
- entsprechend langen Gartenschlauch mit Nebeldüse
- Gießkanne
- ein Brett, das 30–40 cm breit ist und mindestens 5 cm dick ist
- Arbeitshandschuhe
- kleine Mülltonne (für Fundsachen)
- Picke
- Spaten (Schaufel)
- Rechen
- eine Handsäge
- Erdsieb
- Schubkarre
- einen großen Meißel
- Werkzeugkasten (gut ausgestattet)
- Weiter empfiehlt es sich, ein genügend langes Elektrokabel bereitzulegen.

Nun kann man mit dem endgültigen Einmessen beginnen.

6.1.2.
Umrisse abstecken

Mit unterschiedlich langen Pflöcken steckt man dann die Umrisse aller vorgesehenen Zonen ab. Die langen Stöcke sind für den Tiefenbereich vorgesehen. Am besten wird vom Betrachter aus mit einer schmalen Zone begonnen, in die niedrig wachsende Pflanzen kommen sollen. Anschließend an diesen Bereich folgt die Schwimmblatt- oder Flachwasserzone, der dann die Tiefenzone folgt. Der hintere Teil und die Seiten werden so gestaltet, daß sie breiter als der vordere Teil sind, um den Blick auf das Wasser nicht zu versperren und eine gute Tiefenwirkung zu erzielen.

Da Sie die Grube ca. 10–20 cm größer ausheben müssen, legen Sie dieses Maß mit geraden Spatenstichen fest.

Weitere Bauvorhaben (Wasserfall, Graben, div. Beete, Sickergrube und Überwinterungsschacht) sollte man ebenfalls auf die gleiche Weise fixieren.

6.1.3.
Wieviel Folie braucht man?

Spätestens zu diesem Zeitpunkt stellt sich die Frage nach dem genauen Folienbedarf. Während der Planungsphase läßt sich der genaue Folienbedarf – rein rechnerisch – noch nicht so einfach ermitteln. Erschwert können die Berechnungen noch werden, wenn die Teichform sehr vielfältig ist oder während des Ausschachtens neue Ideen ein Abweichen vom ursprünglichen Plan erfordern.

Als Orientierungshilfe gibt es auch eine brauchbare Faustregel:

Man verlängert das angestrebte Längen- und Breitenmaß der *Teichoberfläche* um 2 × 50 cm für den Rand und addiert dazu das doppelte Tiefenmaß (Maß der tiefsten Stelle).

Dann steht auch noch genügend Folie zur Verfügung, um die Randzone richtig zu gestalten.

Dazu ein Beispiel:

erwünschte Oberflächenlänge	5 m
erwünschte Teichtiefe 1 m × 2 =	2 m
für den Rand 50 cm × 2 =	1 m
benötigte *Folienlänge*:	8 m

erwünschte Oberflächenbreite	4 m
erwünschte Teichtiefe 1 m × 2 =	2 m
für den Rand 50 cm × 2 =	1 m
notwendige Folienbreite:	7 m

Mit den Maßen dieser Faustregel kommt man aber nicht aus, wenn einzelne Bereiche der Gesamtanlage (Ufer, Wasserfall und Graben) miteinander verbunden (verschweißt) werden oder wenn eine besondere Randgestaltung nötig ist. Es ist ohne Zweifel sicherer, wenn man erst nach dem Ausschachten (endgültige Größe) mit einer Schnur und einem Metermaß die genauen Abmessungen ermittelt. Dazu mißt man von einem Ende über *alle* Abstufungen bis zum gegenüberliegenden Rand. Die Schnur muß dabei auf dem Boden aufliegen. Zu den ermittelten Werten zählt man noch den Folienbedarf der Randgestaltung.

6.1.4.
Folien kleben

Wenn Sie vorhaben, die Folienbahnen selbst zu verschweißen, sollten Sie sich vor dem Kauf des Schweißmittels beim Fachhändler fachkundig machen. Beim Zusammenschweißen von Folien kann man auf diesen fachlichen Rat nicht verzichten, denn schon der kleinste Fehler hat unangenehme Folgen. Um mit einem Heißluftgerät richtig umgehen zu können, muß man auch einige Übung haben. Deshalb werden die meisten Folien mit einem Spezial-Folienkleber oder im sogenannten Kaltschweißverfahren (mit Quellschweißmittel) fest miteinander verbunden. Man benötigt dazu nur wenig Material:
- einen 5–7 cm breiten (ungeleimten) Pinsel
- zwei glatte Bretter oder Platten
- zwei Zwingen, einen Sandsack oder mehrere schwere und glatte Steine, aber ein Plastikbeutel – mit Sand gefüllt und fest verschlossen – tut's auch
- einen Tapetenroller
- dann noch eine Schutzbrille (wichtig!) und Arbeitshandschuhe.

Wie bei allen Arbeiten mit brennbaren, explosiven und gesundheitsgefährdenden Stoffen sollte man (auch beim Verschweißen von Folien) im Freien arbeiten und dabei nicht rauchen (der Kleber ist feuergefährlich). Wichtig ist auch, daß man die Gebrauchs- und Arbeitsanleitung genau beachtet. Im Normalfall wird wie folgt verfahren:
- Auf einer glatten Unterlage (Brett oder Arbeitsplatte) werden die zu verschweißenden Bahnen (gut erwärmt) so nebeneinander gerollt, daß sich beide Bahnen um ca. 5 Zentimeter überlappen.
- Die zu verschweißenden Flächen müssen sauber und vor allem fettfrei sowie trocken sein.
- Der Schweißvorgang sollte bei Temperaturen von + 15° C erfolgen.
- Das Schweißmittel streicht man mit dem Pinsel satt und klebeflächendeckend zwischen die Bahnen.
- Die obere Bahn wird dann sofort fest angedrückt. Wichtig ist, daß sich zwischen den Bahnen keine Luftblasen bilden.

- Anschließend muß man die Schweißnaht noch mit dem Tapetenroller nachwalzen und mit dem Sandsack beschweren.
- Die einzelnen Bahnen sollten in einem Arbeitsgang ohne Unterbrechung zusammengeschweißt werden.
- Schweißmittelreste gehören in den Sondermüll und nicht in den Abfalleimer!

Um ganz sicher zu gehen, daß beim Verschweißen keine fehlerhaften Stellen bleiben, wird die oben liegende Naht noch mit einem PVC-Flüssigkleber zusätzlich versiegelt. Wenn nach der Teichfertigstellung etwas Folie übersteht, so kann man sie abschneiden. Die Abschnitte sollte man aber aufheben, damit, wenn es einmal zu einer Beschädigung der Folie kommt, sauberes Flickmaterial vorhanden ist.

Sollten Teiche, Gräben, ein Bach oder Wasserfall nachträglich miteinander verbunden werden, so muß die Folie, die der Witterung ausgesetzt war, besonders gut an den Klebestellen vorgereinigt werden, damit eine dauerhafte, vor allem aber eine dichte Naht entsteht.

6.2.
Ausschachten und Sandbett

Wenn nun alles gut vorbereitet ist und das Wetter mitspielt, kann endlich mit dem Ausschachten der Teichanlage begonnen werden. Zuerst ist der gesamte »Bauplatz« von Steinen und anderen störenden Dingen gründlich zu säubern. Anschließend sticht man die vorhandene Deckschicht (Rasen) mit einem Spaten zu rechteckigen Platten aus. Will man – was immer zu empfehlen ist – die mannigfaltigen Möglichkeiten nutzen, die Teichufer mit einem blüten- und artenreichen Pflanzengürtel zu verschönern, so wird die abzuhebende Fläche um einen weiteren Meter erweitert. Mit dem abgehobenen Boden kann man andere Rasenflächen ausbessern oder einen Wall anlegen bzw. kahle Stellen begrünen. Sollen sie verrotten, läßt man sie antrocknen und legt sie mit der Grasnarbe aneinander oder nach unten an dem vorgesehenen Platz ab. Die nächste Schicht besteht meistens aus Humus, der jedem Gartenfreund

1

sehr willkommen ist. Diese Erdschicht karrt man sofort an den dafür vorgesehenen Platz oder lagert sie – möglichst weit von der Teichgrube und vom folgenden Aushub getrennt – bis zur endgültigen Verwendung. Empfehlenswert ist es, den Humus mit einer Plane abzudecken, damit er nicht, vom Regen aufgeweicht, in unsere Baugrube zurückfließen kann. Ist der Rasen und der darunter liegende Mutterboden restlos abgetragen, so richten sich die weiteren Schritte nach den Teichbaumaterialien.

6.2.1.
Fertigteiche

Beim Einbau eines *Fertigteiches* schachtet man bis zu den unterschiedlichen Beckentiefen aus. Dabei ist es erforderlich, daß während des Ausschachtens die einzelnen Tiefenbereiche mit dem Zollstock immer

1 Das sorgfältige Ausschachten beginnt von der Mitte aus. Das anfallende Material wird für weitere Baumaßnahmen ausgesiebt.

wieder eingemessen werden, da man sich mit dem »Augenmaß« zu leicht verschätzt. Je vielgestaltiger die Teichschale ausfällt, um so großzügiger muß ausgeschachtet werden. Ist der Untergrund stein- und wurzelfrei, so genügt ein Sandbett von 10 cm. Andernfalls muß die Stärke des Sandbettes 15–20 cm betragen, um Schäden an den Wandungen völlig auszuschließen. Am tiefsten Punkt der Teichgrube angelangt, wird der Boden nochmals gesäubert, geglättet und festgestampft. Alsdann erhält der Teich ein Bett aus einer 5–10 cm dicken Feinsandschicht, die leicht angefeuchtet und dann festgestampft wird. Anschließend setzt man den Fertigteich in das so vorbereitete »Bett«. Dann vergewissert man sich, ob der Fertigteich exakt ausgerichtet ist und absolut waagerecht aufliegt. Die dazu benötigte Wasserwaage bleibt gut fixiert auf dem Beckenrand liegen, damit man während der weiteren Bauarbeiten sofort sehen kann, wenn sich Niveauveränderungen ergeben. Während die Zwischenräume zwischen der Teichschale und der -grube mit mäßig angefeuchtetem Feinsand Schicht für Schicht aufgefüllt und gleichzeitig verdichtet werden, füllt man das Becken bis zur jeweiligen *Arbeitshöhe* mit Wasser auf. So stellt man sicher, daß es zu keinerlei Verwindungen und Verformungen der Beckenwandungen kommt.

6.2.2.
Folienteiche

Die Ausschachtungsarbeiten für einen *Folienteich* führt man mit dem Bau der Tiefenzone fort. Von der vorgesehenen Mitte der Tiefenzone schachtet man nun bis zum Niveau der Seichtwasserzone aus. An dieser Stelle angelangt, wird die waagerechte Fläche der Seichtwasserzone bis zur Grenze der Flachwasserzone fertiggestellt. Während dieser Arbeit läßt sich schon erkennen, ob und um wieviel eventuell tiefer gegraben werden muß, um mit einem 5–10 cm dicken Sandbett die Teichfolie vor Wurzeln oder spitzen Steinen zu schützen, denn die Folie wird ja vom Wasser mit großem Druck an den Untergrund gepreßt. Den beim Ausschachten anfallenden Aushub wirft man am besten durch ein oder mehrere Siebe, um eine möglichst gute Trennung von Steinen und Sand zu erhalten. Die ausgesiebten Steine und der Sand eignen sich gut für weitere Baumaßnahmen. Die großen Steine dienen zur Ufer- oder Randgestaltung, Kiesel werden als Untergrund für Trittplatten oder als Belag für einen Bach oder Wasserfall benötigt, und der reine Sand kann als Sandbett verwendet werden.

Bei der endgültigen Fertigstellung des Tiefenbereiches wird der Böschungswinkel auf etwa 45° eingestellt (dabei fällt die Böschung auf 50 cm Länge auf einen halben Meter ab). Wem dieser Winkel noch zu steil erscheint, der möge bedenken, daß der Tiefenbereich »substratfrei« bleiben soll. Die Seerosen und andere Teichpflanzen setzen wir in Pflanzkörbe (s. S. 51). Geraten die Wände zu steil oder zu eng, dies ist oft bei zu kleinen Teichen zu beobachten, so kann das Teichwasser in diesem Bereich nicht richtig zirkulieren. Dadurch wird der Gasaustausch des Wassers stark beeinträchtigt. Die Folgen sind absehbar: Es entsteht ein äußerst ungünstiges Milieu für alle Teichbewohner. Im Tiefwasserbereich des Teiches halten sich im Winter bevorzugt die Fische auf. Wie alles Leben sind auch sie auf gute Sauerstoffverhältnisse angewiesen. Außerdem sammeln sich an der tiefsten Stelle des Teiches erhebliche Mengen von Blättern, Pflanzenteilen, Mulm und Schlick an, für deren Umwandlungsprozeß ebenfalls viel Sauerstoff (O_2)

vorhanden sein muß (s. S. 118). Um den Teich problemlos säubern (absaugen) oder auch entleeren zu können, wird an der tiefsten Stelle eine zusätzliche, schüsselförmige Mulde angelegt. Hat man diesen wichtigen Bauabschnitt zur Zufriedenheit fertiggestellt, geht man daran, den Seicht- und Flachwasserbereich in seine endgültige Form zu bringen. Ab der Tiefenzone hält man die Böschungswinkel der Pflanzterrassen so flach wie möglich. Bei der »Kullerprobe« dürfen feuchte Sandpartikel nicht mehr nach unten rieseln. Man legt die Pflanzterrassen in unterschiedlicher Form, Tiefe und Breite an. Dabei ist zu bedenken, daß es diese Bereiche sind, die den optischen Eindruck der Teichanlage bestimmen. Stellen Sie schon zu diesem Zeitpunkt sicher, daß nach der Fertigstellung, wenn die Pflanzen ihre volle Wuchshöhe erreicht haben, ein guter Einblick auf die Uferflächen bleibt. Weiter berücksichtigen wir die unterschiedlichen Wurzeltiefen, Standort- und Platzansprüche der Pflanzen. Weil wir die meisten, vor allem aber die stark wuchernden Arten in Pflanzkörbe setzen wollen, müssen wir die unterschiedlichen Korbhöhen mit einplanen. Das Wasser muß so tief sein, daß die Körbe nicht aus dem Wasser ragen. In dieser Bauphase, in der die Teichanlage Formen annimmt, ist es noch möglich, weitere gestalterische Elemente zu verwirklichen – so z. B. Inseln, Buchten oder Landzungen –, sie geben dem Teich erst den richtigen Pfiff. Nun zahlt es sich aus, daß der Teich großzügig geplant wurde. Wenn die Anlage groß genug ist (etwa 40 m²), kann man auch eine Insel anlegen. Dabei geht natürlich einiges an Wasserfläche verloren, und optisch kann eine Insel den Teich auch kleiner wirken lassen. Es gibt aber auch noch andere Möglichkeiten, wenn alles fertig ist und noch »etwas« fehlt, mit fertig geformten Elementen (aus dem Fachhandel) diese Idee zu verwirklichen.

6.2.3.
Nachmessen

Im Überschwang der Vorfreude darf man aber nicht vergessen, nachzumessen, ob die Teichränder auch waagerecht liegen. Dazu verwenden wir eine Wasser- oder Schlauchwaage. Eine Schlauchwaage ist

40

1

2

1 Wurzeln können der Folie gefährlich werden. Mindestens 10 cm vor der Teichfolie müssen sie mit einem schrägen Spatenstich oder einer Säge gekappt werden.
2 Nach dem Einlegen des Schutzvlieses und der Folie muß nachgemessen werden, ob die Teichränder waagerecht liegen.

besonders bei vielgestaltigen Formen zu empfehlen. Man kann sie sich leicht selber basteln. Dazu besorgt man sich aus dem Zoofachgeschäft einen durchsichtigen Schlauch (Filterschlauch). Die Schlauchlänge soll einen Meter länger als der vom Teichrand zu Teichrand gemessene Boden der Teichgrube sein. Auf die Enden steckt man ein passendes Rohr von 10 cm Länge oder einen dünneren Schlauch. Dann füllt man den Schlauch mit Wasser, legt ihn zusammen mit einer Hilfsperson in die Teichgrube und mißt von Ufer zu Ufer. Der Wasserstand im Schlauch zeigt dabei jeden noch so geringen Niveauunterschied an. Zu diesem Zeitpunkt läßt sich dieser kritische Bereich noch problemlos verändern. Später, wenn die Folie bereits im Teich und das Wasser eingefüllt ist, können notwendige Korrekturen einige Mühe machen.

Nur dort, wo der Wasserüberlauf geplant ist, kann der Teichrand einige Zentimeter tiefer liegen. Erst dann, wenn der Teich fertig ist und die Uferbereiche ihre endgültige Form erhalten, wird das Profil so erhöht, daß keinerlei Einschwemmungen mehr möglich sind. Man muß auch vermeiden, daß die Teichufer zu hoch liegen, damit keine klimatischen Störungen (Kälteloch) auftreten oder die Folie bei starken Regenfällen unterspült wird. Wichtig ist es, nach Abschluß der Grobarbeiten den gesamten Teichgrund und alle Wandungen gut zu glätten, nochmals festzustampfen und alles, was der Folie schaden könnte (spitze Steine und Wurzeln), restlos zu entfernen.

6.2.4.
Sandbett

Wenn der Untergrund allzu steinig und uneben ist, muß eine dicke Feinsandschicht (10–20 cm) die Folie schützen. Für normalen glatten Boden reicht eine solche Schicht von 5–10 cm Stärke bereits aus. Je glatter und fester das »Teichbett« präpariert ist, um so länger hält die Folie. Wenn Wurzeln in den Teich ragen, müssen sie etwa 10–20 cm von der Teichwandung entfernt freigelegt und abgetrennt werden.

6.2.5.
Folien schützen

Wer ganz sicher gehen und Risiken ausschalten will, der kann die Folie wirksam schützen. Im Fachhandel sind Sicherheitsunterlagen – sogenannte Teichvliese – erhältlich, die folgende Eigenschaften aufweisen:

– Sie sind extrem widerstandsfähig.
– Jeglicher Stein- und Wurzeldruck wird abgefangen.
– Das Vlies paßt sich nahezu jedem Untergrund an.
– Nässe, Frost und Temperaturschwankungen werden problemlos ertragen.
– Sie isolieren, sind verrottungsfest und umweltfreundlich und lassen sich in jede Form dehnen und ziehen.
– Die Folie wird auch vor Stoffen, die im Bodensubstrat enthalten sind, geschützt. Übrigens dürfen Folien nicht auf bitumenhaltigen Materialien (Dachpappe) aufliegen. Wenn die Bahnen ordnungsgemäß verlegt sind, so ist auch ein möglicher »Nagerfraß« ausgeschlossen.

Wieviel Vlies benötigt wird, läßt sich mühelos errechnen, indem man die ausgeschachtete Mulde kreuz und quer ausmißt. Andere Schutzmaßnahmen wie das Unterlegen von Jutesäcken, Kunststoff- und Drahtgittern oder das Untermischen von Haaren in das Teichbett haben sich nicht bewährt.

6.3.
Die Teichfolie richtig verlegen

Wenn das Teichbett endlich fix und fertig ist, sollte die Folie sofort ausgelegt werden, damit nicht noch zu guter Letzt ein überraschender Regenguß unser Werk verwüstet. Damit sich die Teichfolie leicht und problemlos in die Teichgrube einlegen läßt, wird sie erwärmt. Entweder lagert man sie an einem warmen Platz (an der Heizung oder im Heizungskeller) oder man legt sie für kurze Zeit ausgebreitet in die Sonne (nur ganz kurz, sonst verbrennt der Rasen darunter), damit sie weich und geschmeidig wird. Man kann die Folie vor dem Einlegen auch mit einem Fön anwärmen. Sind genügend Helfer vorhanden, so wird die Folie an den Ecken und Rändern gut festgehalten, über die ausgeschachtete Grube gehoben und ganz langsam und vorsichtig abgesenkt. Im Alleingang ist dies schon viel schwerer, denn das Gewicht einer 20 qm großen Folie beträgt immerhin ca. 25 kg. Am besten breitet die Einzelperson sie völlig aus und faltet sie wieder so zusam-

men, daß sie von der Teichmitte aus nach außen hin wieder aufgefaltet werden kann. Trotz größter Sorgfalt beim Einlegen lassen sich die zahlreichen Falten nur teilweise mit den Händen wieder wegdrücken. Es besteht aber keinerlei Anlaß zur Sorge, denn die verbleibenden Falten beeinträchtigen weder die Optik noch die Haltbarkeit unseres Teichbodens. Weitaus wichtiger ist es, darauf zu achten, daß die Folie mindestens 30–50 cm über den Rand der Teichgrube hinausragt, damit nach dem Füllen des Teiches – bei dem die Folie immer noch etwas nach innen rutscht – noch genügend Folie vorhanden ist, um den Rand richtig zu sichern bzw. so naturnah wie möglich zu gestalten. Bis dahin wird der Überstand mit einigen Steinen beschwert.

6.4.
Teiche in Hanglagen

Um die Gartenteichidee in einem Garten mit Hanglage verwirklichen zu können, muß sich der Teichfreund recht intensiv

1 Mit mehreren Helfern läßt sich eine vorgewärmte Folie leicht in das Teichbett absenken.
2 Teiche in Hanglage muß man besonders sorgfältig anlegen. Das Netz auf diesem Foto schützt vor Laubfall und kann als Schutz für Mensch und Tier eingesetzt werden.

mit den Örtlichkeiten auseinandersetzen. Spontane, wenig durchdachte Baumaßnahmen können doch einige Risiken nach sich ziehen. Wird aber alles gut durchdacht und geplant, so ergeben sich gerade auf Hanggrundstücken besonders attraktive und reizvolle Gestaltungsmöglichkeiten. Wie man problemlos baut, richtet sich nach dem vorhandenen Platz, dem Neigungswinkel des Grundstückes und den geologischen Verhältnissen (Untergrundbeschaffenheit). In jedem Fall sollte aus Sicherheitsgründen der Wasserspiegel des Teiches auf dem Niveau der *niedrigsten* Stelle des vorgesehenen Bauplatzes liegen. Aufschüttungen, und seien sie noch so verdichtet, können auf Dauer dem ständigen Wasserdruck nicht standhalten. Im günstigsten Fall senkt sich der Boden nur geringfügig. Auch Naturböden unterliegen einer ständigen Veränderung.

Der Hangseite schenken wir unsere besondere Aufmerksamkeit. Wenn die Gefahr besteht, daß zuviel ungebremstes Wasser von oben kommt, legen wir vor dem hangseitigen Ufer einen Dränagegraben an, der verhindern soll, daß der Teich unterspült wird oder unerwünschte Substanzen eingeschwemmt werden. Große Findlinge und Natursteinmauern (gut im Erdreich verankern!) schützen den Teich zusätzlich durch ihre wasserbrechende Wirkung. Außerdem lassen sie den Teich noch viel natürlicher aussehen. Wenn die Bodenverhältnisse dies zulassen, reizt der Gedanke, in Hanglagen mehrere Kleingewässer »untereinander« zu bauen und sie mit einem Wasserfall miteinander zu verbinden. Das natürliche Gefälle läßt sich sowohl beim

Bau eines Wasserfalles als auch beim Betrieb eines Baches besonders gut nutzen. Den »Hochbau« mit Balken oder alten Eisenbahnschwellen (die mit einem äußerst giftigen Anstrich versehen sind) kann ich nicht empfehlen, da die Gefahr, daß das Holz – und sei es noch so gut imprägniert – unter der ständigen Feuchtigkeit leidet, groß ist. Beim Bau eines Teiches in Hanglage muß aus naheliegenden Gründen das besondere Augenmerk auf die Qualität des Teichbodens, auf eine makellose Bauausführung und auf jegliches zu- und ablaufendes Wasser gerichtet werden, damit die Freude am Teich auf Dauer »ungetrübt« bleibt.

6.5.
Weitere Baumaßnahmen

6.5.1.
Der Wasserüberlauf

Die Frage, ob ein Gartenteich mit einem Wasserüberlauf versehen sein muß oder ob man auf einen solchen verzichten kann, ist pauschal nicht zu beantworten. Die Antwort richtet sich nach der Konzeption des Gartenbesitzers und wie er das Wasser nutzen will. Sie wird auch von den örtlichen bzw. natürlichen Gegebenheiten (Bodenbeschaffenheit) bestimmt. Es gibt Gärten mit sehr wasserdurchlässigen Böden. Da genügt es schon, das überlaufende Wasser – wenn es jemals dazu kommen sollte – in eine bestimmte Richtung zu dirigieren, um es versickern zu lassen. Dazu muß der Teichrand an der dafür vorgesehenen Stelle nur um einige Zentimeter abgesenkt und etwas Folie angeklebt werden. Man kann diese Klebestelle anschließend mit Geröll bedecken (s. S. 38). Auch ist darauf zu achten, daß die Folie vom überlaufenden Wasser nicht unterspült wird. Liegen schwere, verdichtete, also wasserundurchlässige Böden vor, so ist es besser, das Wasser gezielt abzuleiten. Sowohl beim Fertig- als auch beim Folienteich läßt sich ein fest zu montierendes Überlaufrohr (auch nachträglich) anbringen. In den oberen Teil der Wandung wird, wenn nötig, ein entsprechend großes Loch geschnitten. Durch die-

ses wird das mit zwei gegenständigen Manschetten versehene Rohr (gelochtes Knie) gesteckt und mit einem Kaltschweißmittel oder Silikon sorgfältig verklebt. (Mit einer Regentonne kann man übrigens genauso verfahren.) Ein Sieb vor dem Ablauf verhindert, daß Tiere in den Ablauf geraten. Im Sanitärhandel gibt es geeignete Fertigteile, die für unsere Zwecke geeignet sind. In einer Zeit, in der Wasser immer kostbarer wird, sollten wir es, bevor es endgültig im »Untergrund« verschwindet, besser nutzen. Läßt man es z. B. über ein verzweigtes Rohrsystem (PVC-Rohre, die angebohrt sind) an den Stellen versickern, an denen man häufig sprengen muß, so bleibt das Wasser sehr lange im Kontakt mit dem Wurzelsystem der Pflanzen. Das Restwasser kann dann immer noch das Grundwasser anreichern. Darüber hinaus läßt sich überlaufendes Wasser auch ganz gezielt zum Bewässern eines Sumpf- oder Moorbeetes oder – wenn der Boden dies zuläßt – als Wasserversorgung für eine Feuchtwiese verwenden. Eine weitere ebenso sinnvolle wie nützliche Möglichkeit besteht darin, jeglichen Wasserab- und -zulauf in ein geschlossenes Wasserversorgungssystem mit einzubeziehen (siehe Zeichnung S. 45).

6.5.2.
Der Wasserkreislauf

Auf teures, kostbares Trinkwasser kann dabei soweit wie möglich verzichtet werden. Genutzt wird das reichlich fließende Regenwasser. Nur während langer Trockenperioden müssen Fehlmengen (Verdunstungsverluste) mit Leitungswasser ergänzt werden. Dazu benötigen wir eine oder mehrere hintereinander angeordnete Regenauffangbehälter (Regentonnen aus Kunststoff), in denen das Regenwasser aus der PVC-Dachrinne aufgefangen wird. Jede Dachrinne läßt sich mit einem sogenannten Regenwasserfänger anzapfen. Leider ist auch das Regenwasser schon mit

1 Schematische Darstellung, wie das Regenwasser mit Dupla-Carbon gereinigt werden kann.
2 Dupla-Carbon.
3 Mit dem Schwimmschalter werden Niveauunterschiede ausgeglichen.

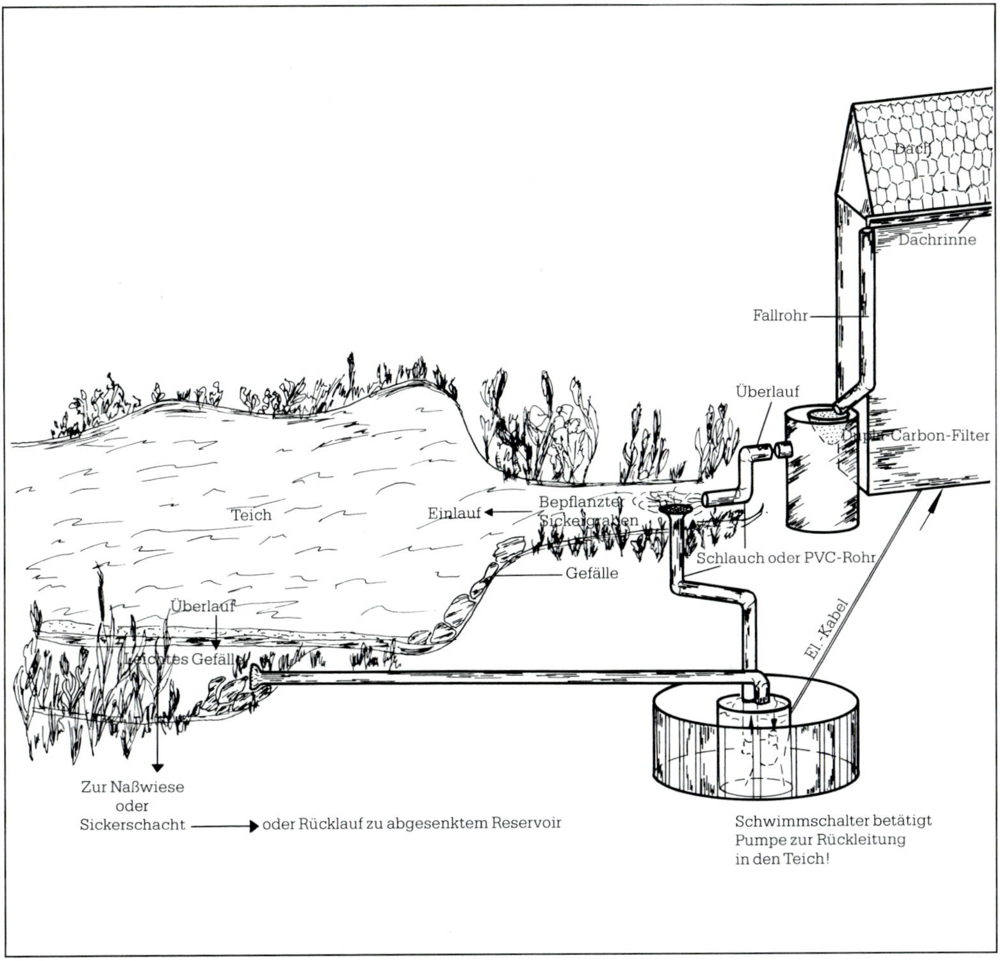

Dach

Dachrinne

Fallrohr

Überlauf

Dupla-Carbon-Filter

Teich

Einlauf

Bepflanzter
Sickergraben

Schlauch oder PVC-Rohr

Gefälle

Überlauf

El.-Kabel

Leichtes Gefälle

Zur Naßwiese
oder
Sickerschacht → oder Rücklauf zu abgesenktem Reservoir

Schwimmschalter betätigt
Pumpe zur Rückleitung
in den Teich!

1

2

3

45

schädlichen Stoffen aus der Luft angereichert. Aus diesem Grund wird unmittelbar nach dem Traufenauslauf ein Regenwasserfilter, der mit der Dupla-Carbon-Kohle bestückt ist, vorgeschaltet, um die Schadstoffe weitgehend zu entfernen. Dieser Filter wurde mit bestem Erfolg erprobt. Selbst empfindliche Kaltwasserfische können in dem so gereinigten, aber auch mit Duplagan aufbereiteten Wasser gut gedeihen. Das vorgereinigte Wasser läuft dann über einen Bachlauf, Wiesengraben oder über ein dicht bepflanztes Klärbeet in den Teich zurück.

Mit dem überlaufenden Wasser kann man ähnlich verfahren: Man leitet es über einen weiteren Graben oder ein Klärbeet, in dem es eine neuerliche Reinigung durch die Pflanzen und Bakterien erfährt, zurück in ein Reservoir. Mit einem Dupla-Schwimmschalter, der jeglichen Niveauunterschied ausgleicht, und einer leistungsstarken Pumpe gelingt es mühelos, den Kreislauf zu schließen. Das Wasserreservoir ist außerdem mit einem Notüberlauf ausgestattet, der in das Versickerungssiel führt.

6.5.3.
Sickerschacht

Ein Sickerschacht oder Versickerungssiel sollte möglichst weit von jeglichem Mauerwerk entfernt sein, um Feuchteschäden zu vermeiden. Die Größe richtet sich nach der Teichgröße. Eine Grube von ca. 1 m³, wird mit großen Feldsteinen ausgelegt und reicht für die häufigsten Teichgrößen aus. Weit häufiger als mit einem »Zuviel« an Wasser werden wir mit der Tatsache konfrontiert, daß der Wasserspiegel unseres Teiches zu schnell absinkt.

6.5.4.
Wasserverlust

Die Ursache ist in den seltensten Fällen eine undichte Folie. Vielmehr ist es die natürliche Verdunstung, die den Wasserspiegel sehr schnell – an heißen Tagen können es

sogar einige Zentimeter sein – absinken läßt. Mit weiteren Wasserverlusten ist zu rechnen, wenn der Teichrand ohne ausreichende Sperrmaßnahmen übergangslos mit dem Ufer in Verbindung steht. Durch die Saugwirkung (Kapillarwirkung) von Pflanzen, Wurzeln, Dekorationsmaterial, aber auch über das Erdreich wird dem Teich ununterbrochen Wasser entzogen.

Die Wasserverluste muß man ausgleichen, und der »kalte Guß« à la Kneipp aus dem Gartenschlauch oder dem Wasserhahn ist die Regel. Schon viele Teichbesitzer haben sich gewundert, daß es nach dieser Maßnahme zu Ausfällen unter den Fischen gekommen ist und auch die Pflanzen auf den Kälteschock negativ (mit Wachstumsstillstand) reagiert haben.

Aus diesem Grund sollte das Wasser aus der Leitung, mit Regenwasser aus der Tonne verschnitten, immer langsam, am besten über einen schwach fließenden Graben oder einen kleinen Bachlauf, dem Teich zugeführt werden. Ideal ist es, den Wasserzulauf über den Dupla-Schwimmer so zu regeln, daß nur kleine Mengen (Verdunstungsverlust) zugeleitet oder auch ausgetauscht werden. Damit ist sichergestellt, daß es zu keinem Temperaturschock mit den bekannten Problemen kommt.

6.5.5.
Graben, Bachlauf und Klärbeet

Auf großen Grundstücken lassen sich als nützliche Bereicherung auch Gräben oder ein Bachlauf anlegen. Es versteht sich von selbst, daß Sie die Uferränder ebenso wie die des Teiches sorgfältig abschotten, um die Gefahr des Versickerns von Wasser auszuschließen. Die beste Filterwirkung erzielt man, wenn das Klärbeet bzw. der Bach mit einer zehn Zentimeter dicken Geröllschicht (Körnung 0,5–5 cm) bedeckt und reichlich bepflanzt ist.

Um diesen ebenso reizenden wie nützlichen Gedanken in die Tat umzusetzen, sind je nach Umfang des Vorhabens noch einige Kubikmeter Erdreich zu bewegen. Das Grabenprofil des *Sickergrabens* (Feuchtwiesengraben) können wir am Teichauslauf breit gefächert und flach halten.

Im weiteren Verlauf senken wir das Niveau um einige Zentimeter ab, um am Ende mit einer schüsselförmigen Sickermulde abzuschließen. Der *Bachlauf* sollte vom Beginn bis zu seinem Ende ein Gefälle von 3–5 cm pro Meter aufweisen. Die Tiefe könnte an einigen Stellen 30–40 cm betragen. Auf Grundstücken in Hanglage läßt sich, wie schon erläutert, das natürliche Gefälle nutzen. Wenn der Bachlauf als biologischer Filter dienen soll, darf das Wasser nicht zu schnell fließen. Sie können die Fließgeschwindigkeit aber jederzeit verändern, indem Sie in das Bachbett verschieden große Feldsteine legen und die Ufer vielseitig mit Verengungen und tieferen Schüsseln ge-

---

1 Auch einen Sickerschacht kann man hübsch mit Steinen und Pflanzen gestalten.
2 Sumpf- und Wasserpflanzen wirken als Filter in Graben, Bachlauf und Klärbeet.

stalten. Auch gezielt plazierte Pflanzkörbe verändern die Fließrichtung und bremsen den Wasserschwall. Bei der Pflege von Zierfischen besteht die Möglichkeit, das Wasser über ein *Klärbeet* zu leiten, um es zu reinigen. Das Klärbeet vermag dies besser als jeder Filter. Die Größe (Volumen) richtet sich nach dem Verschmutzungsgrad und der zu filternden Wassermenge. Normalerweise reichen Klärbeete, die ein Fünftel der Teichfläche ausmachen, aus, um das Wasser klar und im guten Zustand zu halten. Betrieben wird diese Anlage mit einer Pumpe, die das Teichwasser in das Klärbeet pumpt, von wo es aus eigener Kraft zurück in den Teich fließt. Sowohl der Bachlauf als auch das Klärbeet können mit Teichfolie abgedichtet werden. Zum klärenden Nutzen kommt auch noch die optische Wirkung der üppig wachsenden und lebhaft blühenden Pflanzen.

1

6.5.6.
Der Wasserfall

Dem besonderen Reiz, den plätscherndes und sprudelndes Wasser auf uns Menschen ausübt, können sich nur wenige entziehen. Aus diesem Grund wünschen sich auch so viele einen Wasserfall zu ihrem Teich. Dieser erhöht nicht nur den dekorativen Wert der Anlage, sondern bringt auch noch vielerlei Nutzen:

● Das Wasser, das sich in den Kaskaden verwirbelt, reichert sich dabei mit Sauerstoff an, bevor es wieder in den Teich zurückstürzt.

● In der Umgebung von sprudelndem Wasser verändert sich das Kleinklima so positiv, daß selbst empfindliche Pflanzen dort besser gedeihen.

● Der Wasserfall als zusätzliche Trink- und Badestelle wird von Vögeln und anderen Kleintieren begeistert aufgenommen.

Im Fachhandel gibt es fertig gegossene und unterschiedlich geformte Wasserfallelemente (auch im Steckverfahren). Der Einbau ist auch nachträglich zu bewerkstelligen. Ob fertig gekauft oder selbst gebaut, in beiden Fällen muß man darauf achten, daß sich das »Bett« des Wasserfalles weder durch Bodenveränderungen (natürliche Verrottung) noch durch ein Unterspü-

len verändern kann. Es lohnt sich wirklich, den Boden extrem fest zu stampfen bzw. zu verdichten. Außerdem stützt man den Hügel, auf dem die Anlage ruht, mit einer schrägen Feldsteinmauer ab. Beim Einbau achten wir auf das richtige Gefälle. Es soll auf einen Meter etwa 2–5 cm betragen, damit das Wasser möglichst über alle Stufen und kleinen Kolke gleichmäßig verteilt fließt. Ist das Gefälle zu steil angesetzt, bringt auch die stärkste Pumpe nur ein schnell laufendes Rinnsal zustande. Der wasserführende Teil muß darüber hinaus absolut »seitendicht« sein, und die letzte Kaskade darf nicht zu hoch über dem Teich liegen, damit das Teichwasser nicht zu sehr mit aufgewirbelten Schwebeteilchen belastet wird (Strudelwirkung).

Den Wasserfall kann man mit dem Teich wasserdicht verbinden. Entweder klemmt man die beiden Folienteile zwischen zwei Steinplatten (dabei muß der Folienrand des Wasserfalles den Teichrand mindestens um zwanzig Zentimeter überlappen), oder man klebt sie mit einem Kaltschweißmittel

---

1 Wasserfälle haben mehrere Effekte: sie sind besonders reizvoll, reichern das Wasser mit Sauerstoff an und erhöhen die Luftfeuchtigkeit in der näheren Umgebung.

sorgfältig zusammen. Als dauerhafte Unterlage eignen sich zwei 0,5 cm dicke Styroporplatten (zwei dünne Platten halten besser als eine dicke), als Auflage verwenden wir eine Natursteinplatte, die etwa 10 cm in den Teich hineinragt. Als Belag eignet sich für den Wasserfall sauber gereinigter Kies. Die Randzone lockert man mit einigen unterschiedlich großen Steinen etwas auf. Dabei sollte man soviel Kunststoff oder Folie verdecken wie möglich, damit das Ganze nicht kitschig, sondern natürlich wirkt.

6.5.7.
Leistungsstarke Pumpen

Zum Betrieb des Wasserfalles, Baches oder Grabens benötigt man eine *leistungsstarke* Pumpe. Der richtige Ansprechpartner für den Pumpenkauf ist der Zoofachhändler. Es lohnt sich, mit ihm über alle technischen Daten – besonders die Förderleistung und -höhe, aber auch über den Stromverbrauch der Pumpe – zu sprechen und die angebotenen Systeme gut miteinander zu vergleichen. Eine gute Pumpe, z. B. Duplaturbo, muß ca. 1200 Liter Wasser pro Stunde mühelos schaffen bei einer Steighöhe von 2,5 m. Dabei darf der Stromverbrauch nicht über 30 Watt liegen. Achten Sie beim Pumpenkauf auch darauf, daß *alle* Sicherheitsvorschriften erfüllt sind (auch das Kabel muß mindestens 10 Meter lang und wasserdicht vergossen sein). Damit weder der Wasserfall noch die Pumpe zu schnell verschlammen, verwendet man ein Fördersystem, bei dem ein Filter *vor* der Pumpe den Schmutz abfängt. Den Förderschlauch stecken Sie am besten in ein PVC-Rohr, damit der Schlauch weder geknickt noch gequetscht werden kann. Das PVC-Rohr (Wasserleitungsrohr) findet – gut abgedeckt – im Hügel seinen Platz. Mit einer Schlauchschale – wie sie die Aquarianer verwenden – wird der Wasserauslauf so gebogen, daß der Wasserstrahl richtig auftrifft.

1 Unter großen Holzstubben wird der Überwinterungsschacht in Teichnähe angelegt.

6.5.8.
Überwinterungsschacht

Damit Kleintiere wie z. B. Kröten und Molche den Winter gut überstehen und sich auch tagsüber verstecken können, bauen wir in Teichnähe einen Überwinterungsschacht. Dazu wird ein schräger Schacht von 1 m Tiefe und einem Durchmesser von 50 Zentimetern ausgehoben. Dort hinein kommen dann trockenes Laub und kreuz und quer gelegte Hölzer. Den Abschluß bilden unterschiedlich große Steine, die so zu schichten sind, daß tennisballgroße Zwischenräume als Einstieg bleiben. Ein hübsch bepflanzter Wurzelstock verdeckt den Schacht und schützt den Eingang vor unerwünschten Gästen.

1

6.5.9.
Probelauf – ja oder nein?

Wenn Sie sicher sind, daß die Folie während des Bauens nicht gelitten hat, erübrigt sich ein Probelauf. Es genügt völlig, wenn Sie sich vergewissern, daß nach dem Füllen kein *starker* Wasserverlust aufgetreten ist. Häufig gibt es einen natürlichen Wasserschwund, der auf die Wasseraufnahme des Pflanz- und Dekorationsmaterials zurückzuführen ist. Bis zur endgültigen Fertigstellung kann man einige Tage abwarten, ohne daß man gleich den ganzen Teich aus einer Überreaktion heraus wieder entleert.

Der optimale Bodengrund

1

7.1.

Falscher Bodengrund – schlimme Folgen

Der größte Feind des Gartenteiches ist ein ungeeignetes Pflanzsubstrat (auch Bodengrund genannt). Der oft gegebene Rat, den Teichboden mit einer mehr oder weniger dicken Schicht »Mutterboden« – der häufig genug überdüngt ist – zu bedecken, führt

früher oder später in die Katastrophe. Bei der Frage nach dem *richtigen* Bodengrund muß man Vorsicht walten lassen, denn auch noch andere, ebenso abenteuerlich anmutende »Empfehlungen«, wie Kuhdung, Kompost, Hornspäne, Blutmehl, Erde oder feinen Bausand mit Torf oder Lehm zu mischen, zeitigen *alle* das gleiche Er-

1 Die richtige Bodengrundmischung ist ein Garant für gesunde Teiche und guten Pflanzenwuchs.

50

gebnis mit den bekannten schlimmen Folgen.

- Es wachsen nicht nur die Pflanzen (am Anfang), sondern auch die ungeliebten *Algen.*
- Sie überziehen alles mit schleimigen oder fädigen Polstern und unterdrücken jegliche Pflanzen.
- Im eutrophen (überdüngten) Wasser schaffen es die Wasserpflanzen nicht, das »Zuviel« an Nährstoffen aufzunehmen. Es vermehren sich die einzellige Alge *Chlamydomonas* und die vielzellige *Volvox* explosionsartig, ebenso wie die als »Entengrütze« bekannten Wasserlinsen *Lemnaceae.*
- Aus dem ehemals klaren Teichwasser wird eine graugrüne, lichtundurchlässige Brühe.
- Den Unterwasserpflanzen wird somit das Licht entzogen. Sie können nicht mehr assimilieren – also auch keinen Sauerstoff (O_2) produzieren. Sie sterben mit den Algen, die zu Boden sinken und sich dort als Faulschlamm ablagern.
- Gleichzeitig werden auch die Nährstoffe nicht mehr verbraucht, sie werden vielmehr wieder freigesetzt und fördern das weitere Algenwachstum, bis der Teich den »grünen« Tod stirbt.
- Für den Abbau organischer Substanzen, die sowohl durch die Eigendüngung (z. B. durch absterbende Pflanzen und andere Lebewesen) als auch durch Einschwemmungen (Laub, Mähgut, Würmer sowie durch Fischfutter und -kot) immer mehr zunehmen, benötigen die Kleinlebewesen und aerobe Bakterien Sauerstoff, der in dem überlasteten Wasser immer mehr abnimmt. Wenn im Bodengrund keine Wasserzirkulation mehr stattfindet, weil zusammengepreßter Mutterboden, Torf oder Feinsand dies verhindern, entsteht zusätzlich Fäulnis. Optisch ist dies an der schwarzbraunen Färbung von Steinen (an der Unterseite) zu erkennen. Dem Boden entweichen dicke Blasen von giftigem *Sumpfgas* (Methangas und Schwefelwasserstoff) –, das stark nach faulen Eiern riecht.
- In der Folge kommt es zu akutem Sauerstoffmangel, dem der gesamte *Abbau* erliegt – das Wasser kippt endgültig um! Es gibt nun nichts mehr zu retten, was bleibt, ist, den Teich völlig auszuräumen und von neuem einzurichten.

7.2.
Unsere Empfehlungen

- Das *Pflanzsubstrat* muß so nährstoffarm wie möglich sein. Wir überlassen nichts dem Zufall und mischen das Substrat selbst.
- Die Tiefen- und Seichtwasserzonen bleiben völlig frei von Bodengrund. Die Pflanzen setzen wir in Spezialkörbe mit *unserem* Gemisch (aus Kies und Duplarit-T). Damit sich die rasenbildenden Sumpfpflanzen ungestört ausbreiten können, aber auch aus optischen Gründen – weil die schwarze Folie stört – füllen wir die gesamte Sumpf-(Ufer-)Zone mit einer 10 cm dicken Schicht unseres aufbereiteten Bodengrundes auf. Diese Art der Pflanzenpflege hat viele Vorteile:
- Man kann die Pflanzenkörbe an jeden gewünschten Platz stellen, ohne das Wachstum zu stören. Außerdem läßt sich die Pflanze jederzeit nachdüngen, wenn dies nötig sein sollte.
- Die Pflanzenpflege in Körben hat weiter den Vorteil, daß sich jeglicher *Wildwuchs* (zu üppiges Wuchern) schnell regulieren läßt (durch Zurückschneiden der Ausläufer). Pflanzkörbe lassen sich außerdem gut mit Steinen verdecken.

1 *Die Pflanzenpflege in Körben hat viele Vorteile.*

1

7.2.1.

Was Teichpflanzen
zum Wachsen brauchen

Bevor wir darangehen, unser *Substrat* zu
mischen, werfen wir zunächst einmal ei-
nen Blick auf die Stoffe, die Teichpflanzen
zum Wachstum brauchen. Es sind dies:
– Calcium
– Magnesium
– Kalium
– Stickstoff in Form von Ammonium oder
  Nitrat
– Phosphor in Form von Phosphat
– Schwefel
– Eisen und andere Spurenelemente
– Wasserstoff, Sauerstoff und Kohlenstoff.
Nur wenn alle Wuchsstoffe komplett *vor-
handen* sind, wachsen Pflanzen problem-
los. So ist auch das »Liebigsche Minimum-
gesetz« zu verstehen, das aussagt, daß das
Pflanzenwachstum maßgeblich von dem
Faktor bestimmt wird, der sich im Mini-
mum befindet. So können Kümmerwuchs
und sichtbare Schäden, wie gelbe Blätter,
die Folgen fehlender Nährstoffe sein. Im
Gartenteich haben wir es aber weit weniger mit einer Unterversorgung – nur Kalium

und Eisen fehlen häufig in Gartenteichen –
als vielmehr mit einem Überangebot an
Nährstoffen – besonders von Phosphat und
Nitrat – zu tun.

7.2.2.

Richtiges
Pflanzsubstrat

Aus diesen Gründen stellen wir das richtige Pflanzsubstrat, in dem die Pflanzen sowohl gut wurzeln als auch wohlversorgt
wachsen können, selbst zusammen.
Dazu benötigen wir vorgewaschenen Kies
mit einer Körnung von 0,5–1,5 cm. In einer
Schubkarre mischen wir unter den Kies etwa 5 bis 10 Prozent *Duplarit-T*. Dieses ma-
gere Gemisch aus Kies und Duplarit-T ist
als Nährboden für die Pflanzen völlig ausreichend, denn dem Teich werden ständig
aus der natürlichen Umgebung Nährstoffe
zugeführt. Wieviel Substrat benötigt wird,
richtet sich nach der Anzahl der zu füllen-
den Pflanzenkörbe und nach der Größe der
Fläche (Ufer), die es abzudecken gilt. Damit
sich die rasenbildenden Sumpfpflanzen (s.

2

S. 144) ungestört ausbreiten können und im einsehbaren Bereich die unbedeckte Folie nicht stört, ist die gesamte Sumpf- und Randzone mit einer etwa 10–15 cm dicken Schicht unseres *Gemisches* zu bedecken. Duplarit-T enthält tonige Bestandteile und Eisen, die im Zusammenwirken mit der teicheigenen Nährstoffproduktion (Einschwemmungen und biologischer Abbau) die Pflanzen von Anfang an mit allem versorgen, was sie zum guten Wuchs brauchen.

7.2.3.
Dünger für starke Nährstoffzehrer

Um auch starke *Nährstoffzehrer*, wie See- und Teichrosen oder Rohrkolben, ausreichend mit Nährstoffen zu versorgen, düngen wir zusätzlich mit Duplarit-K (Düngekugeln). Die Kugeln braucht man nur nachträglich in das vorhandene Substrat zu stecken. Dieses Produkt ist bei Dupla-Vertragshändlern – dies sind ausgewählte, gute Zoofachgeschäfte – erhältlich. Jetzt gilt

es noch die im Leitungswasser fehlenden Nährstoffe wie Kalium und einige Spurenelemente zu ergänzen. Dieses Manko gleichen wir mit Duplaplant aus, das das Wasser in keiner Weise belastet. Pro 100 Liter zulaufendes Leitungs- oder Regenwasser wird 1 Tablette aufgelöst und gleichmäßig vom Ufer aus in den Teich gegossen. Das gilt für die Erstfüllung genauso wie für jedes weitere Auffüllen oder nach einem Teilwasserwechsel.

Jedes dieser genannten Präparate erfüllt *alle* Anforderungen, die an ein modernes Düngesystem (Produkt) gestellt werden:
– Es ist biologisch wirksam (Depotwirkung)
– *nicht* algenwuchsfördernd
– Es härtet das Wasser nicht auf
– Es ist einfach zu handhaben
– Der *Erfolg* ist *meßbar*

Schon nach wenigen Wochen entwickeln sich die anfangs eher dürftig aussehenden Pflanzen zu wahren Prachtexemplaren.

---

1 *Das Duplarit-T-Kies-Gemisch wird in den mit Sackleinen ausgelegten Pflanzkorb gefüllt.*
2 *Seerosen (Nymphaea) gedeihen in diesem Gemisch hervorragend und können bereits im ersten Jahr blühen.*

1

8.1.

Sind Wasser- und Sumpfpflanzen wichtig?

Gesunde Wasserpflanzenbestände lassen in Naturgewässern immer auf eine wünschenswerte Wasserqualität schließen. Dichte, üppig sprießende Wasserpflanzen ohne Algenbefall signalisieren kaum belastetes, sauerstoffreiches, gutes Wasser. Wie in der Natur sind sie auch in unserem System der Dreh- und Angelpunkt. Sie haben auch im »optimalen Gartenteich«

wichtige und vielfältige Aufgaben zu erfüllen:
– Sie produzieren lebenswichtigen Sauerstoff (O_2).
– Die Teich- und Wasserpflanzen stabilisieren und verbessern durch ihre Eigenschaften das Milieu im Teich.
– Sie reduzieren schädliche Stickstoffverbindungen und sind somit der wichtigste Nahrungskonkurrent der Algen.

---

1 Sumpf- und Wasserpflanzen beleben den Teich.

- Verschiedene Pflanzen haben eine reinigende, entgiftende und sogar keimhemmende Wirkung.
- Von einigen Arten weiß man, daß sie sogar antibiotisch wirken (z. B. *Myriophyllum spicatum*).
- *Sie halten den Teich gesund!*

8.1.2.

Pflanzen halten den Teich gesund

Bei umfangreichen Versuchsreihen, die in wissenschaftlichen Instituten durchgeführt wurden, haben sich die folgenden Pflanzen besonders gut bewährt:

Ähriges Tausendblatt	*(Myriophyllum spicatum)*
Ästiger Igelkolben	*(Sparganium erectum)*
Binsen	*(Juncus spp.)*
Froschlöffel	*(Alisma plantago-aquatica)*
Gemeines Schilf	*(Phragmites australis)*
Kalmus	*(Acorus calamus)*
Kanadische Wasserpest	*(Elodea canadensis)*
Krauses Laichkraut	*(Potamogeton crispus)*
Schmalblättriger Rohrkolben	*(Typha angustifolia)*
Steife Segge	*(Carex elata)*
Sumpfvergißmeinnicht	*(Myosotis palustris)*
Teichsimse	*(Scirpus lacustris)*
Wasserminze	*(Mentha aquatica)*
Wasserschwaden	*(Glyceria maxima)*
Wasserschwertlilie	*(Iris pseudacorus)*

Es kann als sicher gelten, daß die genannten Pflanzen auch für unsere Zwecke, einen Teich, Bach, Graben oder ein Klärbeet zu reinigen, geeignet sind. Ein weiterer Vorteil ist, daß keine dieser Arten der Natur entnommen werden muß. Sie lassen sich leicht vermehren (was der Arterhaltung dient), und sie gehören alle zum Standardsortiment des Fachhandels. Neben der Reinhaltung von Gewässern dienen die Teich- und Wasserpflanzen auch als Schutz (Tarnung), Reviergrenze und Ablaichsubstrat für Fische, Frösche, Molche und Insekten. Die Blüten stellen eine wichtige Nahrungsgrundlage (Bienenweide) für Bienen, Schmetterlinge und noch viele andere In-

1

sekten dar. Außerdem sind sie noch eine beliebte Zukost für Fische. Die vielfältigen Aufgaben der Teichpflanzen können durch keine noch so raffinierte Technik ersetzt werden!

8.2.

Wo gibt es geeignete Pflanzen?

Kein Gartenbesitzer hat es mehr nötig, seine floristischen Wünsche mit Wildpflanzen – die häufig unter absolutem Schutz stehen – zu erfüllen. Der Fachhandel bietet eine nahezu komplette Palette einheimischer Arten an, die gut anwachsen und sehr preiswert sind. Die Qualität dieser Pflanzen, die im Glashaus oder Freiland nachgezüchtet und in Spezialkontainern vorkultiviert sind, ist außerordentlich gut. Die Chance, daß solche Pflanzen problemlos weiterwachsen, ist weit größer, als dies bei unsachgemäß und zur falschen Zeit ge-

1 Besonders für den Zierfischteich ist eine Wasserklärung durch geeignete Pflanzen, auf diesem Foto Calmus, Rohrkolben und Schilf, von großem Vorteil. Der Klärteil ist mit einem Netz und Steinen abgegrenzt.

sammelten Wildpflanzen der Fall ist. Es gibt auch noch einen anderen Weg, um an die begehrten Pflanzen zu kommen: Im Frühjahr, wenn die Teichbesitzer ihre zu üppig gewachsenen Bestände auslichten, stehen sie häufig vor der Frage, wohin mit diesem *Segen?* Wenn Sie sich rechtzeitig umhören, so finden auch Sie unter Freunden oder Bekannten dankbare *Spender,* die froh sind, wenn ihre Pflanzen bei Ihnen weiter wachsen können. Allerdings sollte man die für »lau« erworbenen Gewächse auch so behandeln, wie dies auf Seite 60 beschrieben ist.

8.3.
Wann soll man den Teich bepflanzen?

War man früher gezwungen, den Teich im Frühsommer zu bepflanzen, so ist es heute möglich, die gesamte Vegetationsperiode auszunutzen, die meistens Mitte April, wenn sich das Wasser wieder erwärmt, einsetzt und bis in den Herbst hinein dauert. Der Fachhandel bietet aber auch schon im März Pflanzen an, die in Containern in Glashäusern vorgetrieben wurden, so daß man praktisch das ganze Jahr über aus dem *vollen* schöpfen kann. Im Herbst, wenn die

Pflanzen anfangen zu welken, ist die Pflanzzeit vorbei, und man sollte nichts mehr neu pflanzen, sondern abwarten, bis im folgenden Frühjahr eine neue Vegetationsphase beginnt.

Im Herbst ist es aber durchaus noch möglich, Seerosen und Gewächse, die außerhalb des Teiches in der Teichumgebung wachsen, zu verpflanzen.

8.3.1.
Grundsätzliches zur Erstbepflanzung

Um möglichst vielen Lebensgemeinschaften eine ihnen zusagende Grundlage zu bieten, bepflanzen wir alle Zonen unseres Gartenteiches artenreich. Das soll aber nicht heißen, daß von jeder angebotenen Art nur ein Exemplar gekauft werden soll. Ein solches Sammelsurium einzeln stehender Pflanzen strahlt zuviel Unruhe aus, und das Gesamtbild kann nie harmonisch wirken. Außerdem besteht die Gefahr, daß ein-

1 Besonders schön ist die Zwergbinse *(Juncus ensifolius)* wenn man sie als Gruppe (Tuff) im Vordergrund anpflanzt.

1

zeln stehende, langsam wachsende Pflanzen von den schnellwüchsigen geradezu erdrückt werden und regelrecht untergehen. Kauft man jedoch gezielt ein, d. h. von zusammenpassenden Arten gleich mehrere oder sogen. *Tuffs*, so wirken sie als Gruppe nicht nur schöner, sie können sich auch im Kampf um Licht und Raum besser behaupten. Dies mag im Widerspruch zu herkömmlichen Empfehlungen stehen, aber die Erfahrung (Praxis) hat gezeigt, daß es günstiger ist, zu üppig wachsende Bestände rechtzeitig auszulichten, als die pflanzungsbedingten *Ausfälle* regelmäßig zu erneuern. Wie im Naturgewässer benötigen die Sumpf- und Wasserpflanzen ihnen zusagende Lebensbedingungen, ausreichend Nahrung, genügend Licht, Raum zum Wachsen und einen günstigen Wasserstand. Obwohl gerade die sogenannten *Teichpflanzen* als besonders anpassungsfähig und robust gelten, sind ihre Ansprüche genügend zu berücksichtigen. Gerade bei der Erstbepflanzung ist es wichtig, lieber zweimal zu überlegen als Fehler zu begehen.

Deshalb hat man die charakteristische Vegetation natürlicher Kleingewässer – mit gleichen oder ähnlichen Bedürfnissen – in Anlehnung an ihren ursprünglichen Lebensraum in gesonderte Gruppen zusammengefaßt. Da ist als erstes die Schwimmblattzone zu nennen. Sie umfaßt häufig den größten Teil der gesamten Wasseroberfläche – auch die eines Gartenteiches – und wird von den frei treibenden, kaum einmal wurzelnden *Schwimmpflanzen* besiedelt. Ihre Nährstoffe entziehen sie dem Wasser. Deshalb benötigen sie auch kein Pflanzsubstrat zum Wurzeln und Wachsen. Völlig untergetaucht (submers) leben die *Unterwasserpflanzen* in der *Tiefwasserzone* unseres Teiches. Dieser Lebensbereich kann u. a. auch von Seerosen – die allerdings zu den Schwimmblattpflanzen zählen – besiedelt werden. In unserem optimalen Gartenteich erfüllen die Unterwasserpflanzen eine wichtige Funktion als Nährstoffzehrer und Sauerstoffspender. Aus denselben Gründen schenken wir dem *Flach-* und *Seichtwasserbereich*, der von 10–50 cm Wassertiefe reicht, unsere besondere Aufmerksamkeit. Neben den untergetaucht lebenden Arten finden dort die Schwimmblattarten einen idealen Lebensraum. Auch sie tragen wesentlich zur Reinerhaltung unserer Gewässer bei. Wenn wir Fische pflegen wollen, bleibt die Tiefenzone bis auf Seerosen völlig pflanzenfrei. Im Zierfischteich kommt einer reichlich und dicht bepflanzten Seicht- und Flachwasserzone eine große Bedeutung zu. Es versteht sich von selbst, daß durch bauliche Maßnahmen verhindert wird, daß die Fische in diesen Bereich eindringen können. In der *Sumpfzone* – sie weist einen Wasserstand von ca. 10 cm auf – wachsen Pflanzen, die an ein amphibisches Leben mit schwankendem Wasserstand hervorragend angepaßt sind. Dabei überstehen sie auch das kurzzeitige Überfluten ihres Lebensraumes unbeschadet. Nach dem Absinken des Wasserstandes wachsen sie über Wasser (emers) weiter und blühen auch über Wasser. An die *Sumpfzone* kann sich die dauerfeuchte *Randzone* – auch über den Teichrand hinaus – übergangslos anschließen. Am natürlichen Biotop nennt man diesen Bereich die *Röhrichtzone*. Sie ist sowohl in der Natur als auch im Gartenteich am dichtesten von Tieren und Pflanzen besiedelt.

8.3.2.
Vor dem Kauf beachten

Die Erstbepflanzung will gut überlegt und geplant sein. Fehlplanungen lassen sich – obwohl Eingriffe in einen dichtverfilzten Wuchs nicht immer einfach zu bewerkstelligen sind – noch häufig korrigieren. Nicht selten ist die Enttäuschung aber groß, wenn sich nach all den Mühen das erwartete Ergebnis nicht einstellen will, weil eine fehlerhafte Planung der Erstbepflanzung den Erfolg nicht zuläßt. Uns liefert die Natur bei der Planung des »optimalen Gartenteiches« die Vorlage, wenn es um die richtigen Standorte und die Plazierung der Pflanzen geht. Wir planen nach dem Motto: *Was* wächst *wo* am besten? Der Pflanzenbedarf richtet sich natürlich nach dem vorhandenen Platz und den unterschiedlichen (örtlichen) Gegebenheiten. Aus diesem Grund sind *generelle* Empfehlungen etwas problematisch. Die Vorgaben enthalten deshalb gängige *Richtwerte* und *Anregungen*, die Ihnen das Erstellen Ihres individuellen Bepflanzungsplanes erleichtern sollen.

8.3.3.
Wichtig:
der Bepflanzungsplan

Um Ihnen die Pflanzenauswahl möglichst leicht zu machen, finden Sie bei der Artenbeschreibung, die auf den Seiten 136–165 folgt, neben dem Namen die Wuchshöhe, den benötigten Wasserstand, einen Hinweis auf besondere Eigenschaften und Ansprüche sowie die Blütezeit und Farbe. Denn das Auge darf auf keinen Fall zu kurz kommen. Wer gezielt auswählt, kann sich vom zeitigen Frühjahr bis in den Herbst hinein an den schönsten Blüten erfreuen. Auch für viele Insekten ist eine ununterbrochene Blütenfolge von unschätzbarem Wert, ja sogar lebensnotwendig. Damit der Blick auf die Wasserfläche nicht durch einen dichten Pflanzengürtel verwehrt wird, sind die hochwachsenden Pflanzen an dem vom Betrachter am weitesten entfernten Platz (Hintergrund) einzuplanen. An den Seiten und davor können die weniger hohen Arten wachsen. Dann folgen die Pflanzen der Seichtwasserzone und die des Tiefwasserbereiches. Im Vordergrund – zu Füßen des Beobachters – finden die niedrig bleibenden, meist bodendeckenden Gewächse ihren Standort. Die verschiedenen Blattfarben und -formen lassen sich harmonisch in das Gesamtbild jeder Teichanlage einbeziehen. An dieser Stelle sei nochmals darauf hingewiesen, daß schon bei der Erstellung des Bepflanzungsplanes darauf geachtet werden muß, daß zum einen die wünschenswerte Vermehrung (Ausbreitung) der flächendeckenden (rasenbildenden) Arten nicht durch andere Gewächse verhindert wird, und daß zum anderen die stark wuchernden Arten sich zu schnell ausbreiten oder die hoch wachsenden allen anderen Pflanzen das Licht und den Lebensraum wegnehmen. Bei der Erstbepflanzung sollte außerdem weder zu dicht noch so gepflanzt werden, daß größere Flächen völlig ohne Bewuchs bleiben. Unsere besondere Aufmerksamkeit gilt den Schwimmblattpflanzen. Sie sollten nie mehr als ca. 60 % der Wasseroberfläche – im ausgewachsenen Zustand – bedecken. Mit dem Bepflanzungsplan in der Hand läßt sich vor Ort – im Fachgeschäft – der Einkauf leicht bewerkstelligen, zumal die meisten Containerpflanzen gut ausgezeichnet sind und auf den bebilderten Schildern die Namen, die Wuchshöhe, die nötige Wassertiefe und häufig noch der Hinweis auf den besten Standort aufgeführt sind.

8.4.
Beim Kauf beachten

Beim Kauf ist darauf zu achten, daß die Pflanzen auch gesund sind. Hierzu noch einige Tips:
- Die Triebe sollten gut sichtbar und kräftig entwickelt sein.
- Weder Stengel noch Blattstiele dürfen Knick- oder Matschstellen aufweisen.
- Feste, kräftige Wurzeln – ohne Schwarzfärbung – garantieren ein besseres Anwachsen.
- Nur gesunde Pflanzen mit unbeschädigten, harten Wurzelstöcken (Rhizomen), Sproß- und Wurzelknollen sowie einwandfreie Zwiebeln können problemlos an- bzw. weiterwachsen.
- Häufig sind es die Wurzelstöcke der beliebten Seerosen, denen des öfteren ein unangenehmer Geruch entströmt. Abgestorbene oder von Fäulnis durchdrungene Rhizomteile sind die Ursache. Die Pflanze ist aber noch zu retten, wenn sie gut ausgetrieben hat und noch 5–10 cm des Wurzelstockes hart und ohne Fäulnis sind. Bitten Sie den Verkäufer, die tote Substanz abzutrennen und die Schnittstelle in Holzkohlenstaub (oder Filterkohle) zu tauchen, damit das Weiterfaulen verhindert wird. Wenn die Schnittstelle trocken ist, darf man die Pflanze getrost einsetzen.
- Sollte eine der Pflanzen oder gar mehrere der Arten, die auf Ihrem Wunschzettel ganz oben stehen, gerade ausverkauft oder nicht erhältlich sein, so läßt sich bei der Durchsicht der Pflanzenbeschreibung sicher ein adäquater Ersatz finden.

8.4.1.

Pflanzen für den Gartenteich und die Teichumgebung

Aus den Pflanzenkurzbeschreibungen auf den Seiten 136 bis 165 können Sie ersehen, daß die Vielfalt und der Artenreichtum überwältigend sind. Das überaus reichhaltige Angebot des Fachhandels macht es jedem möglich, aus der eigenen Wasserfläche ein individuelles Stück Natur zu zaubern. Da kein Garten, Standort oder Teich dem anderen gleicht und jeder Teichbesitzer andere Ansprüche, Wünsche und Erwartungen mit seinem Teich verbindet, sollte auch jeder Teich einmalig sein und den individuellen Geschmack seines Besitzers widerspiegeln. Außerdem macht die Natur aus unseren Vorgaben das, was das Wasser, der Bodengrund, der Raum und die Wettbewerbssituation unter den Pflanzen zulassen.

Die Beschreibungen können deshalb nur eine Information und Empfehlung darstellen, aus der Sie Ihren Pflanzenwunsch erfüllen.

Pflanzen , die sich besonders stark ausbreiten und schnell wachsen, setzt man am besten in getrennte Behälter (Anschlußteich oder -beet) oder lichtet sie regelmäßig.

Zu diesen Arten zählen:

Binsen	*Juncus* spp.
Rohrkolben	*Typha* spp.
Schachtelhalme	*Equisetum* spp.
Schilf	*Phragmites australis*
See- oder Teichbinse	*Schoenoplectus (Scirpus) lacustris*
Süßgras	*Glyceria* sp.
Zungenhahnenfuß	*Ranunculus lingua*

Die beschriebenen Pflanzen erfüllen folgende Voraussetzungen:
– Sie sind winterhart.
– Sie gedeihen bei normalen Wuchsbedingungen.
– Es handelt sich überwiegend um einheimische Arten (Wildarten).
– Sie sind in unserem Klima gezogen.
– Es handelt sich ausschließlich um Nachzuchten (in Spezialgärtnereien nachgezogen).
– Sie gehören zum Angebot gut sortierter Fachgeschäfte.

1

2

1 Rohrkolben (Typha latifolia und T. angustifolia).
2 Teichbinse Schoenoplectus (Scirpus) lacustris.

8.5.
Vor dem Bepflanzen zu beachten

Während des Transportes und bis zum Einpflanzen dürfen die Pflanzen weder aus- noch eintrocknen. Verzögert sich das Auspflanzen, so sind sie kühl und feucht zu lagern. Anschließend entnimmt man sie dem Container oder der Plastikhülle und entfernt vorsichtig das alte Pflanzsubstrat, das oft phosphat- und stickstoffreiche Nährlösungen enthält. Ebenso entferne man beschädigte Blätter, Algen und Schneckenlaich. Wenn Wurzeln im dichten Knäuel durch die Löcher des Containerbodens ragen, so schneidet man diesen mit einem scharfen Messer der Länge nach auf und trennt die Wurzeln mit einem waagerechten Schnitt am Containerboden ab. Auf keinen Fall darf man die Pflanzen herausreißen. Faulende Wurzeln und Stengel sind bis zum gesunden Gewebe einzukürzen. Überlange sowie beschädigte Seerosenwurzeln schneidet man grundsätzlich bis auf eine Länge von ca. 7 cm zurück. So vermeidet man Fäulnis und erreicht ein besseres Anwachsen. Um zu verhindern, daß mit zugekauften Pflanzen Wasserlinsen, Blattläuse, pflanzenfressende Schnecken oder gar die Larven des Seerosenzünslers eingeschleppt werden, empfiehlt es sich, die Pflanzen gut abzuspülen. Anschließend sind sie nach ihren endgültigen Standorten zu sortieren.

8.6.
Richtig pflanzen

Bevor man die vorbereiteten Teichpflanzen zügig einsetzt, ist noch einiges zu tun, um den Pflanzen das Anwachsen zu erleichtern:
- Zuerst ist das Pflanzsubstrat gut zu wässern.
- Das gleiche gilt für das Substrat der Sumpf- und Randzone. Bei dieser Gelegenheit muß man auch die Folie – sie kann bei Sonnenschein sehr heiß werden – gut mit Wasser kühlen.
- In die Pflanzkörbe wird das zurechtgeschnittene Ballentuch gelegt und dann das Kies-Duplarit-Gemisch bis zum Rand eingefüllt.
- Die Stengelpflanzen werden nun nochmals um 1–2 cm eingekürzt und im Abstand von 2–3 cm – so daß sich die Blattspitzen nicht berühren – nebeneinander als Gruppe eingesetzt.
- Wurzelnde Arten finden in einer entsprechend großen Mulde in der Korbmitte ihren Platz. Dabei ist das Gewächs bis zum Wurzelhals mit Substrat zu bedecken.
- Seerosenrhizome sind schräg und flach mit der Triebspitze nach oben einzupflanzen und eventuell mit einer Pflanzklammer, etwas Grobkies oder einem flachen Stein vor dem Aufschwimmen zu sichern. Der Austrieb bleibt dabei immer *unbedeckt*.
- Das gleiche gilt auch für alle anderen Pflanzen, die einem ähnlichen Wurzelstock entsprießen.
- Um einen häufig gemachten Fehler zu vermeiden, werden die Seerosen nicht sofort in das tiefe und auch kältere Wasser abgesenkt, sondern an einen höher gelegenen, warmen sonnigen Platz gestellt, bis sie gut durchgetrieben haben. Man erkennt dies an den üppig wachsenden Blättern, die relativ schnell an die Wasseroberfläche streben.

Nun kann man sie auch in den Tiefwasserbereich absenken, wo sie zur vollen Größe heranwachsen können.

Wie bereits im *Pflanzplan* festgelegt, können jetzt alle Pflanzkörbe richtig plaziert werden. Man beginnt dabei am besten von innen und bepflanzt erst zum Schluß die Randzone. Zwischen den Pflanzkörben läßt man immer genügend Abstand, damit der Teich gut begehbar bleibt. Währenddessen kann auch das Wasser langsam zulaufen. Obwohl man schon nach wenigen Tagen das erste frische Grün entdecken kann, dauert es im Gartenteich – wie im Naturgewässer – doch einige Zeit, oft 1–2 Jahre, bis der Bewuchs seine volle Schönheit und Stabilität erreicht hat. Wenn auch die Geduld des frischgebackenen Teichbesitzers auf eine harte Probe gestellt wird, so sollte man den frisch angelegten Teich erst einmal sich selbst überlassen. Später, nach etwa einem Jahr, kann man dann noch immer diese oder jene Pflanze umsetzen oder austauschen.

Noch ein Wort zu den nicht winterharten Pflanzen – zu den »Exoten«. Sie finden die-

se Arten am Schluß der Pflanzenbeschreibung im Kapitel Zimmerteich gesondert aufgeführt. Obwohl sie ihrer oft attraktiven Blüten wegen zum Standardangebot gut sortierter Fachgeschäfte gehören, bleiben sie bei der Erstbepflanzung unseres optimalen Gartenteiches *unberücksichtigt*.

---

1 Seerosenrhizome muß man gründlich säubern und die Wurzeln einkürzen.
2 Der neu angelegte Gartenteich.
3 Derselbe Gartenteich ein Jahr später.

Außer ihrem optischen Reiz bringen sie für unser *System* zuwenig Nutzen, weil sie zu wetterempfindlich sind. Sie vertragen keine klimatischen Wechselbäder, die in unseren Breiten üblich sind. Wer auf die exotischen Schönheiten dennoch nicht verzichten will, der sollte sie erst nach den »Eisheiligen« ins Freie bringen. Sie benötigen alle warmes Wasser und viel Sonne, um zu blühen. Im Spätherbst – noch vor dem ersten Frost – kann man sie dann wieder in unseren Zimmerteich setzen oder versuchen, sie in einer wassergefüllten Schale am *hellen* Fensterplatz zu überwintern.

1

9.1.

Wasser marsch –
wie einfüllen?

Schon vor dem ersten Wasserzulauf ist eine wichtige Frage, die auf jeden Teichbesitzer früher oder später zukommt, zu klären: Wieviel Wasser faßt die Teichanlage? Dabei denken wir nicht nur an die Dosierungsvorschriften bei jeglichen Wasserzusätzen, sondern auch an die Größe unseres Regenwasserreservoirs. Die Speicherkapazität sollte etwa 5 % des Teichinhaltes betragen. Wenn der Teich vielgestaltig und unterschiedlich tief ist, läßt sich der genaue Inhalt nur mühsam errechnen. Deshalb ist es besser, genau »Maß« zu nehmen.

Entweder man läßt Wasser in ein genormtes Gefäß laufen und stoppt dabei sowohl die Zeit, die benötigt wird, bis das Gefäß voll ist, als auch die Zeit, die der Teich braucht, bis er randvoll ist. Oder man notiert sich einfach den Stand der Wasseruhr beim Beginn und am Ende des Füllvorganges. Bei der letztgenannten Methode darf während des Füllens keinerlei *Brauchwasser* abfließen. Damit nichts aufgewirbelt wird und die Pflanzen nicht Schaden nehmen, lenkt man den Wasserstrahl mit *gebremstem Druck,* am besten fein vernebelnd, in die Teichmitte. Bindet man den Schlauch an einen luftgefüllten Plastik-

---

1 Die notwendige Technik sollte das Gesamtbild des Teiches nicht stören.

beutel (Wasserpflanzen-Transportbeutel), an eine Plastiktüte oder an ein entsprechend großes Stück Styropor, so steigt der Schlauch mit dem Wasserstand nach oben. Schwimmen während des Füllens bereits Pflanzen oder Pflanzenteile auf, ist der Füllvorgang abzubrechen und mit einer zusätzlichen Kiesabdeckung für eine bessere Verankerung der Pflanzen zu sorgen. Das unbedingt nötige Duplagan-T – wird dem Teichwasser schon während des Füllens zugesetzt.

9.2.
Teichrand und Wege zum Teich

Schon nach wenigen Tagen hat sich die Teichfolie durch das Gewicht des Wassers völlig an den Untergrund angepreßt. Jetzt befestigen wir sie endgültig und stellen den Teichrand und die Wege zum Teich fertig. Dabei bieten sich viele Möglichkeiten an, mit unterschiedlichen Baumaterialien die Folie vor dem Verrutschen zu sichern, ein unerwünschtes Zu- oder Ablaufen von Wasser zu verhindern und einen natürlichen Übergang vom Teichufer zur näheren Umgebung herzustellen. Damit die Folie weder durch das Begehen des Teichufers noch durch starke Sonneneinstrahlung zu Schaden kommt, muß man sie sehr sorgfältig unter eine dauerhafte Randbefestigung verlegen.

Die folgenden Zeichnungen zeigen auf, wie dies am besten zu bewerkstelligen ist. Am einfachsten ist der Teichrand zu gestalten, wenn ein übergangsloser Verlauf eines Flachufers zur unmittelbaren Umgebung erwünscht ist, mit dem Ziel, die *Kapillarwirkung* – jeglichen Substrates – zur Feuchthaltung des Uferbereiches, einer Wiese oder eines angrenzenden Moorbeetes zu nutzen. Die Teichfolie läßt man dann zweckmäßigerweise flach auslaufend unter dem Deckmaterial verschwinden.

Urige Feldsteine, Findlinge, bizarre Wurzelstubben und -stücke lassen die Teichumrandung natürlich wirken. Sie bieten darüber hinaus vielen Tieren Lebensraum und willkommene Verstecke.

Überall dort, wo durch die Kapillarwirkung Wasserverluste unerwünscht sind, muß

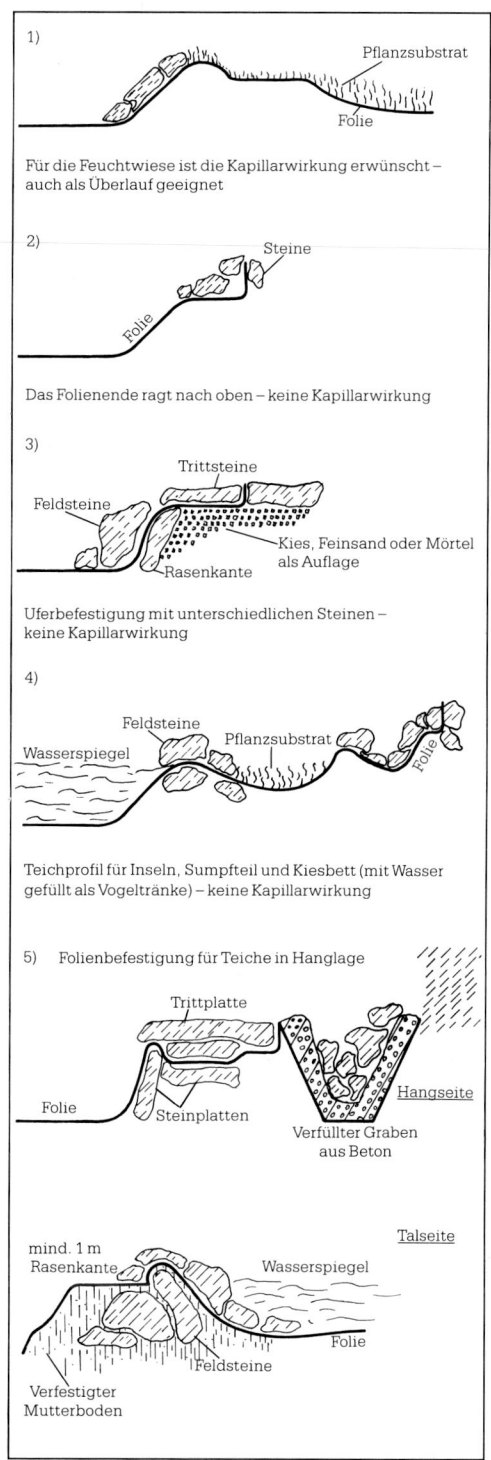

1) Für die Feuchtwiese ist die Kapillarwirkung erwünscht – auch als Überlauf geeignet

2) Das Folienende ragt nach oben – keine Kapillarwirkung

3) Uferbefestigung mit unterschiedlichen Steinen – keine Kapillarwirkung

4) Teichprofil für Inseln, Sumpfteil und Kiesbett (mit Wasser gefüllt als Vogeltränke) – keine Kapillarwirkung

5) Folienbefestigung für Teiche in Hanglage

der Folienrand als Wassersperre dienen. Beim Bau kann der Folienrand so verlegt werden, daß er abdichtet *und* der optische Eindruck des natürlich gestalteten Ufers gewahrt bleibt.

Wie beim Teichbau läßt man eines der Ufer – sanft ansteigend – flach auslaufen (nur das Folienende zeigt nach oben), damit im Winter der starke Eisdruck keinen Schaden anrichten kann.

9.2.1.
Gestaltungs- und Befestigungsmöglichkeiten

Die Zeichnungen auf Seite 63 zeigen mehrere Gestaltungs- und Befestigungsmöglichkeiten auf. Als Baumaterialien eignen sich unterschiedlich große Feldsteine, Natursteinplatten oder Klinkerschwellen, deren Oberflächenstruktur rauh sein sollte, denn auf glatten, veralgten Flächen gleitet man leicht aus.

Damit weder Regen noch starker Frost die Tritte verrutschen oder bersten lassen, verlegt man sie in ein erdfreies Sand-Kies- oder Mörtelbett (10–15 cm dick). Falsch verlegte Platten können – besonders wenn sie über das Ufer hinausragen – zu gefährlichen Fallen für Menschen und Tiere werden.

Um zu vermeiden, daß schädliche Stoffe in den Teich geschwemmt werden, sollte die Teichumrandung etwas höher als die übrige Umgebung liegen und ein leichtes Gefälle – vom Teich weg – aufweisen.

Bei der Aufzählung geeigneter Baumaterialien haben Sie wahrscheinlich *Holz* als Arbeitsmaterial vermißt. Es bleibt unberücksichtigt, weil es – trotz seiner Schönheit – der ständigen Feuchtigkeit auf Dauer nicht standhält. Außerdem können stark mit Holzschutzmitteln versetzte (imprägnierte) Hölzer Giftstoffe nicht nur an das Wasser, sondern auch an ihre Umgebung abgeben.

Weiter besteht die Gefahr, daß das Imprägnierungsmittel die Folie schädigt. Menschen, Tiere, aber auch Pflanzen leiden unter solchen Einflüssen gleichermaßen. Aus diesen Gründen sollten auch *Eisenbahnschwellen* weder für den Teichbau noch für Kinderspielplätze verwendet werden!

1

Auf glatten Flächen (Mauern und Steilufer) kann die Folie mit Spezialdübeln, PVC-Schienen, Spezialwinkeln, aber auch mit U-förmigen Metallkanten befestigt werden.

Besonders sorgfältig muß der Uferbau bei Teichanlagen in Hanglage erfolgen, damit talwärts rauschendes Wasser nichts unterspülen kann. Ein zusätzlicher Drainagegraben in Verbindung mit Rasenkanten aus Beton (sie gräbt man am Scheitelpunkt des Ufers ein) kann für noch mehr Sicherheit sorgen. Wenn eine hübsche Brücke die Teichanlage zieren soll, darf die Brückenlast auf keinen Fall auf der Folie aufliegen. Das tragende Element sollte 30–50 cm vom Teichrand entfernt sein. Für die Wege vom und zum Teich kann man die gleichen Materialien verwenden wie für den Teichrand. Mit aufgeschüttetem Kies, Steinsplitt, aber auch mit gemulchter Baumrinde lassen sich Wege ebenfalls gestalten. Solche Schüttungen wirken – materialbedingt – sehr natürlich. Sie folgen auch problemlos jeder Biegung eines auch noch so verschlungenen Pfades, und man ist dabei an keine starre Linienführung gebunden. Wenn man dann noch alle Lücken zwischen den Ufern und Wegen bzw. den Trittsteinen

1 Für die Randbefestigung von Folien gibt es nichtrostende Metallschienen.
Der Umlaufgraben verhindert, daß »Unerwünschtes« in den Teich fließt.

mit schnellwüchsigen, niedrigen Pflanzen begrünt, so kann die Erde atmen, der Regen abfließen, und bald ist von den *künstlich* angelegten Wegen und Ufern nur noch wenig zu sehen. Sie verlieren sich in der Natürlichkeit unseres grünen Biotops.

9.3.
Kaltes Wasser – warmes Wasser – im Teich ist es von großer Bedeutung

Leider wird der Wassertemperatur von Gartenteichen viel zuwenig Beachtung geschenkt, obwohl sich viele Teichbesitzer mit den temperaturbedingten Problemen – oft jahrelang vergeblich – auseinandersetzen. Dabei ist zu beachten, daß vor allem der Sauerstoffgehalt eines Gewässer auch temperaturabhängig ist. Kaltes Wasser vermag mehr Sauerstoff aufzunehmen als warmes. Die nebenstehende Tabelle macht dies deutlich.

Außerdem ist warmes Wasser leichter und weist eine geringere Dichte auf als kaltes. Sehen wir uns einmal ein natürliches und ein künstliches Gewässer an, so stellen wir fest, daß sich bei beiden durch die Sonneneinstrahlung – aber auch durch die Wärmeaufnahme aus der Luft (wenn auch nur geringfügig) – die Wasseroberflächen, besonders der Ufer- und Randzonen, sehr schnell und stark erwärmen. Je tiefer ein solches Gewässer ist, um so größer sind die Temperaturunterschiede in den einzelnen Wassertiefen. Es können sich unterschiedlich temperierte *Schichten* aufbauen. Je kleiner und flacher ein Gewässer aber ist, um so geringere Temperaturunterschiede weist es auf, zumal in unserem künstlichen Teich kein Wasseraustausch (Sickerwasser) über den natürlichen Untergrund stattfinden kann, weil die Folie dies verhindert. Die Abkühlung eines solchen Kleingewässers erfolgt auch wieder sehr schnell, so daß es, über den Tag und die Nacht gesehen, zu großen Temperaturschwankungen kommen kann. So habe ich an einem Teich an einem sonnigen Märztag während der Mittagszeit am Ufer + 20° C gemessen, obwohl das Gewässer am frühen Morgen noch mit einer dünnen Eisschicht überzogen war und die Wassertemperatur in 80

Tabelle

Sauerstoffgehalt und Sauerstoffsättigung

Die Tabelle gibt die Abhängigkeit des Sauerstoffgehaltes von der Temperatur des Wassers an.

Beispiel:	
Wassertemperatur	25° C
Sättigungswert nach Tabelle	8,1 mg/l
Ermittelter O_2-Wert mit dem Dupla-Test-O_2	6,5 mg/l
Sauerstoffdefizit	1,6 mg/l

Sauerstoff-Sättigungswerte von Süßwasser in Abhängigkeit von der Wassertemperatur

Temperatur in °C	O_2-Gehalt pro Liter
5	12,4
6	12,1
7	11,8
8	11,5
9	11,2
10	10,9
11	10,7
12	10,4
13	10,2
14	10,0
15	9,8
16	9,6
17	9,4
18	9,2
19	9,0
20	8,8
21	8,7
22	8,5
23	8,4
24	8,3
25	8,1
26	8,0
27	7,9
28	7,8
29	7,6
30	7,5

cm Tiefe – am Bodengrund – wie im strengsten Winter noch + 4° C betrug. Wenn sich das Wasser auf über + 4° C erwärmt, kommt es auch zur ersten temperaturbedingten Durchmischung. Mit der ansteigenden Erwärmung nimmt nahezu jegliches Leben im Teich zu. Die mikrobiellen und chemischen Prozesse laufen nun ebenfalls mit erhöhter Geschwindigkeit ab. Nach den ersten Schönwetterperioden kommt die natürliche Wasserdurchmischung unsers Kleingewässers wieder zum fast völligen Stillstand. Dann schwimmt das wärmere (leichtere) Wasser wieder oben, und das kältere (sauerstoffreichere) Wasser liegt über dem Teichgrund. Steigt die Wassertemperatur im Hochsommer auf über 30° C, so müssen wir Maßnahmen ergreifen, um ein noch weiteres Ansteigen der Wassertemperatur mit dem gleichzeitigen Absinken des Sauerstoffgehaltes zu verhindern (s. S. 118).

In einem großen und tiefen Teich mit einem ausgewogenen Fisch- und Pflanzenbesatz dürfte es aber zu keinerlei Katastrophen kommen, weil der Gesamtzustand des Gewässers stabiler bleibt. Im Herbst, wenn die Temperaturen wieder stark zurückgehen, suchen unsere Teichbewohner ihre Überwinterungsplätze auf dem Land (s. S. 49) und auf dem Teichgrund auf, um dort den Winter zu überdauern. Auf dem Teichgrund ist dies gut möglich, da Gewässer – wenn sie tief genug sind (in unseren Breiten etwa 80 cm) – nicht völlig einfrieren, da Wasser bei + 4° C am schwersten ist und in der Tiefwasserzone nicht unter das Dichtemaximum, d. h. etwa + 4° C, absinkt; als Eis (Wasser geht ab ± 0° C vom flüssigen in einen festen Zustand über) ist es leichter und schwimmt deshalb oben.

9.4.
Jahreszeitliche Temperaturschwankungen und ihre Folgen

Die Lebensgemeinschaften unseres Teiches reagieren auf Temperaturschwankungen ausgesprochen sensibel, obwohl sie in unseren Breiten an große Temperaturschwankungen angepaßt sind. So reagieren die Teichpflanzen bei ansteigenden Temperaturen im Frühjahr mit dem Austrieb. Temperaturstürze stoppen das Wachstum aber immer wieder. Sie wachsen, gedeihen und blühen am besten, wenn das Wasser hochsommerlich warm – um etwa 20° C – ist, und sie ziehen ein, bilden Überwinterungsknospen und sterben teilweise ab, wenn im Spätherbst die Wassertemperatur wieder unter 10° C absinkt. Diese Richtwerte können sich nach Vorkommen und Standort von Art zu Art natürlich um einige Grad nach oben oder unten verschieben. Von den Seerosen wissen wir, daß sie bei höheren Wassertemperaturen (um 28–30°) besonders gut gedeihen und üppig blühen. Wenn man sie aber in kaltes Wasser oder zu tief (kalt) setzt, so reagieren sie mit einem Wachstumsstopp oder treiben keine Blüten mehr. Andere Pflanzen sterben bei zu hohen Wassertemperaturen ab, sie lösen sich buchstäblich auf.

Auch die im Wasser lebenden Tiere (Fische, Amphibien und Kleinlebewesen) werden von der Wassertemperatur beeinflußt. So sind Fische und Amphibien wechselwarm – ihre Körpertemperatur entspricht etwa der Umgebungstemperatur. Je wärmer es ist, um so aktiver sind sie, und je kälter es ist, um so träger und reduzierter verläuft ihr Stoffwechsel. Die Fortpflanzungszeit fällt bei den meisten Teichbewohnern ebenfalls in die Zeit des sich erwärmenden oder warmen Wassers. Bereits bei beginnender Erwärmung des Teichwassers – oft noch während der Schneeschmelze – finden sich viele Tiere in den ufernahen Wasserzonen ein, um dort abzulaichen. Hier finden die abgelegten Eier optimale Entwicklungsbedingungen vor. Zu den ersten Tieren, die wir am Teich antreffen, gehören die Grasfrösche und Kröten. Sie laichen oft schon, wenn in der Teichmitte noch Eisplatten schwimmen. Mit der zunehmenden Wassererwärmung erwacht immer mehr Leben *und folgt seinem angeborenen Trieb.* Unsere Gartenteichfische (Goldfische, Kois usw.) fangen erst bei + 10° C Wassertemperatur wieder an zu fressen. Ihr Appetit steigt bei zunehmender Temperatur und erreicht seinen Höhepunkt bei etwa 20 bis 23° C. Liegen die Temperaturen weit über diesem Punkt, so sinkt der Sauerstoffgehalt des Gewässers mit den bekannten Folgen. So vergeht ihnen der Appetit im wahrsten Sinne des Wortes – sie hören auf zu fressen! Wenn ein Teich zu flach oder total

1

überbesetzt ist, kann es nötig werden, daß man einen sich abzeichnenden Sauerstoffmangel nur noch mit einem Teilwasserwechsel, Teichfilter oder einem Durchlüfter verhindern kann, um Schlimmeres zu vermeiden. Im Herbst, wenn die Wassertemperaturen wieder unter + 10° C absinken, stellen die meisten Teichfische ihre Nahrungsaufnahme wieder ein. Sie zehren von ihrer Körpersubstanz. Die Bewegungsfreudigkeit, die Atmung und der Herzschlag verlangsamen sich. Sie werden träge – die Winterruhe tritt ein. Im optimalen Gartenteich, der auf die temperaturbedingten Abläufe gut vorbereitet ist (s. S. 132), können unsere Pfleglinge nicht nur die unwirtliche Winterzeit, sondern auch die temperaturbedingten Folgen während des Jahres besser überstehen.

1 Zu den ersten, die im Frühjahr den Teich zum Laichen aufsuchen, gehören die Erdkröten (Bufo bufo).

9.5.

Naturschutz und Gartenteich

In den grünen Lungen der Siedlungsräume, den Gärten, ist genügend Platz vorhanden, um Ersatzlebensräume, z. B. Gartenteiche, für gefährdete Tiere und Pflanzen zu schaffen. Hier kann jeder aktiv dem Naturschutz dienen. Wenn man bedenkt, daß die gesamte Gartenfläche der Bundesrepublik Deutschland größer ist (über 10 Millionen Gärten) als alle ausgewiesenen Naturschutzgebiete zusammen, so kann man ermessen, wie wertvoll diese riesige Fläche für unsere Natur ist. Mit dem Bau einer Teichanlage haben auch Sie einen wichtigen Lebensraum für viele Tiere und Pflanzen, die vom Aussterben bedroht sind, geschaffen. Ein Blick in das neue Bundesnaturschutzgesetz vom 16. 12. 1986 zeigt, daß die Liste der *geschützten Arten* immer länger und umfangreicher wird. Dabei sind es nicht etwa Tierliebhaber oder Pflanzensammler, die den Bestand der Eisvögel, Wasseramseln, des Braunkehlchens, der Reptilien und Amphibien oder der selteneren Pflanzen wie des Sumpf-Porst, Iris, Was-

Tierbesatz angeht, muß ausdrücklich erwähnt werden, daß sämtliche einheimische Reptilien und Amphibien unter Schutz stehen und weder gefangen noch gehandelt werden dürfen.

9.5.1.
Was ist erlaubt und erwünscht?

Durch die enorm gestiegene Nachfrage nach Gartenteichpflanzen haben sich sehr viele Gartenbaubetriebe und Spezialgärtnereien auf die Vermehrung der geeigneten Arten mit großem Erfolg eingestellt, so daß man fast jede *Wunschpflanze* im Fachhandel kaufen kann. Bei zusagenden Bedingungen vermehren sie sich auch in unserer Teichanlage gut, so daß die Arten, die in der Natur schon recht selten geworden sind, wenigstens in den Gärten überleben. Ein Garten kann *so* zum Reservat bedrohten Lebens werden. Manche Arten (z. B. Moorpflanzen) benötigen zum Gedeihen jedoch besondere Boden- und Wasserverhältnisse (fett oder mager, alkalisch oder sauer), die es nachzuahmen gilt. Hier ist der Gartenteichbesitzer aufgerufen, auch diesen *Spezialisten* eine artgerechte Le-

serschlauchs und Fieberklees gefährden. Die Gefahr geht vielmehr von unwissenden Bürgern aus, die mit ihrem Grundeigentum oft gedankenlos umgehen, oder durch andere, die aus intakten Biotopen Müllhalden machen. Hauptsächlich ist es aber die staatlich sanktionierte Zerstörung ganzer Lebensräume, die so viele Individuen auf Nimmerwiedersehen verschwinden lassen. Bei der Zerstörung eines Biotops nimmt auch alles andere *Leben* stark ab, so daß notgedrungen immer *mehr* auf dem Papier geschützt werden muß. Ein Teufelskreis, der anscheinend nur schwer zu durchbrechen ist.

Für einen Gartenteichbesitzer sollte es selbstverständlich sein, auf jegliches »Raubsammeln« von Tieren oder Pflanzen zu verzichten. Viele der geschützten Arten sind ohnedies auf spezielle Biotope angewiesen, die nur in den seltensten Fällen nachgestaltet werden können. Was den

1 Oft werden aus Unwissenheit die Bestände geschützter Pflanzen, z. B. die der Wasserschwertlilie (Iris pseudacorus), zerstört.
2 Selbst die vom Aussterben bedrohte Sumpfcalla, auch Drachen- bzw. Schlangenwurz genannt (Calla palustris), kann erfolgreich gepflegt und vermehrt werden.

bensgrundlage zu bieten (s. S. 15). Unter optimalen Bedingungen vermehren sich manche Gartenteichpflanzen sehr schnell, und der Teichbesitzer ist gezwungen, auszulichten. Für solche Pflanzen finden sich mit Sicherheit gleichgesinnte Freunde, die sich über ein Pflanzengeschenk oder über eine willkommene Tauschmöglichkeit freuen. Es ist wenig sinnvoll, wenn man überzählige Pflanzen – ohne die nötige Sachkenntnis – einfach in Naturgewässer aussetzen würde. Der Schaden, der dadurch entstehen könnte, kann weit größer sein als der angenommene Nutzen. Ein Gespräch mit der zuständigen Naturschutzbehörde hilft Ihnen in den meisten Fällen weiter.

9.5.2.
Soll man Tiere in den Garten bringen?

An der Frage nach dem Tierbesatz einer Gartenteichanlage scheiden sich die Geister. Viele Teichbesitzer wollen auf Fische nicht verzichten, besonders wenn Kinder ihre Freude daran haben. Weil die Fische sich – auch bei bester Fütterung – an vielen Kleinlebewesen vergreifen können, verzichten andere völlig auf Fische. Wieder andere pflegen einen Naturteich mit Fischen der Region. Weiter ist es möglich, einen Teich so anzulegen, daß der Bereich, in dem die Fische leben, so gestaltet wird, daß diese nicht in die anderen Zonen schwimmen können. Der Zoofachhändler Ihres Vertrauens berät Sie auch bei diesem Problem. Er führt ja alle die Fische, die auf Ihrer Wunschliste stehen. Es lohnt sich auf keinen Fall, der Fische wegen zum Gesetzesbrecher, zum »Fischfrevler« zu werden, indem man sie selber fängt. Außer geeigneten Fischen bietet der Zoofachhandel noch weitere Tiere für den Erstbesatz wie diverse Schnecken, Wasserflöhe und deren Begleitinsekten sowie Bachröhrenwürmer an. Alle anderen einheimischen Wirbeltiere unterliegen einem Handelsverbot, auch wenn es sich um Nachzuchttiere handelt.

9.5.3.
Den Teich mit Kleinstlebewesen beleben

Wenn man zum *Animpfen* des eigenen Gewässers aus einem anderen Garten- oder Naturteich etwas Bodengrund und Teichplankton verwendet, kann man den Prozeß der Besiedlung mit Kleinlebewesen enorm beschleunigen. Damit keine Räuber und andere unerwünschte Lebewesen (Süßwasserpolypen) eingeschleppt werden, sollte man den Fang einem erfahrenen Teichbesitzer oder Zoofachhändler zur Begutachtung vorlegen. Ferner empfiehlt es sich – um jeglichen Schock zu vermeiden –, den »Fang« an die neuen Wasserverhältnisse zu gewöhnen, indem man dem Transportwasser die gleiche Menge Teichwasser zusetzt und dieses Gemisch erst nach etwa einer halben Stunde in den Teich laufen läßt. Grundsätzlich ist das Teichwasser vor jeglichem Tierbesatz auf seine Güte (Reife) hin zu testen, ob es schon geeignet ist, Tiere aufzunehmen (s. S. 114).

9.6.
Was stellt sich von allein ein?

Es ist erstaunlich, wie schnell neugeschaffene sekundäre Feuchtbiotope und Gartenteiche von einer Vielzahl von Lebewesen besiedelt werden. Sie wandern auf dem Land- oder Luftweg zu oder auf dem passiven Weg, d. h., sie werden von anderen eingeschleppt. Dabei steigen die Besiedlungschancen beträchtlich, wenn sich um den eigenen Garten entweder viele Gartenteiche oder Restbestände natürlicher Gewässer gruppieren. Schon mit den ersten Teichpflanzen können Algen, Bakterien, Süßwasserschwämme, Ein- oder Mehrzeller, Würmer und vielerlei Kleinkrebse (Wasserfloheier) in unser Gewässer gelangen. Zu den ersten Gästen, die *zufliegen*, gehören viele Wasserinsekten, wie z. B. Wasserläufer, Taumel-, Gelbrandkäfer, Furchenschwimmer und noch einige andere Was-

1

serkäfer. Auch Wasserwanzen und der Wasserskorpion können genauso zufliegen wie die bunt schillernden Libellen. Besonders nachts übt das sich im Mondlicht spiegelnde Gewässer auf viele Tiere eine nahezu magische Anziehungskraft aus. Auf ihrem Flug legen sie oft erstaunliche Entfernungen zurück und landen auch schon einmal an Stelle einer Wasserfläche auf einem Stück feuchtem Asphalt, der sich im Schein einer Straßenlaterne spiegelt. Wenn Ihr Teich groß genug und die Teichumgebung dicht bewachsen ist, können im Frühjahr aus nahe gelegenen Gartenteichen oder Naturgewässern auch Frösche (Grasfrösche und Kröten) sowie Molche zuwandern, um abzulaichen. Dazu kann es natürlich nie kommen, wenn das Grundstück mit einem dichten Maschendraht (Hasendraht) hermetisch abgeriegelt ist. Erwachsene Frösche und Kröten – woher sie auch immer stammen mögen – anzusiedeln, ist oft vergeblich. Sie wandern meistens wie-

der ab, weil sie in der freien Natur nur in der Laichzeit die Gewässer aufsuchen. Besonders stark sind die Kröten an das Gewässer gebunden, in dem sie geboren sind. Sie versuchen mit aller Macht immer wieder dorthin zurückzukehren. Auf diesen Wanderungen fallen sie leider zu oft dem Verkehr zum Opfer.

Mit Froschlaich, den man von Teichfreunden bekommt, steigen die Chancen beträchtlich, zu eigenen Amphibien zu kommen. Setzen Sie bitte den Froschlaich erst ein, wenn der Teich zwei Jahre alt ist, damit auch genügend Nahrung für die Kaulquap-

---

1 Libellen gehören zu den ersten, die sich am neuen Teich einstellen. Das Foto zeigt die Herbst-Mosaikjungfer (Aeshna mixta).
2 Häufig trocknen in der Natur die Gewässer, noch ehe die Umwandlung von der Kaulquappe zum Frosch abgeschlossen ist, aus.

pen vorhanden ist. Mit DuplaRin-Compretten aus dem Zoofachhandel kann man noch etwas zufüttern. Die Entnahme von Froschlaich oder von Kaulquappen aus der Natur ist ebenfalls untersagt. Diese Tatsache ist oft schwer verständlich, denn durch den allgemein gesunkenen Grundwasserspiegel trocknen viele Kleingewässer – noch lange vor der Umwandlung von der Kaulquappe zum Frosch (Metamorphose) – aus. Sie sind dann zum Tod verurteilt. Das gleiche gilt für Kaulquappen oder Pflanzen, die dem Bagger oder der Straßenwalze zum Opfer fallen, wenn ihr Lebensraum verfüllt oder verändert wird. In solchen Fällen sollte jeder Naturfreund die richtige und für ihn verantwortbare Entscheidung treffen. Zurück in unseren Garten! Wenn Sie feststellen, daß einer oder gar mehrere Frösche standorttreu geworden sind, bei Teichfröschen ist dies am ehesten möglich, können Sie ihnen den Aufenthalt auch noch schmackhafter machen, wenn Sie in der Nähe ihres Lieblingsplatzes – auf einer Wurzel oder einer Steininsel – etwas Fleisch, Fisch oder Käse deponieren. Das Aas lockt viele Fliegen an, die von den Fröschen alsbald erjagt werden.

9.6.1.
Dauerhafte Besiedlung

Eine dauerhafte Besiedlung hängt von der Umgebung, dem Nahrungsangebot, aber auch von geeigneten Verstecken und Überwinterungsmöglichkeiten ab. Wenn alle diese Bedingungen erfüllt sind, kann man in naturnahen Gärten auch das große Glück haben, daß sich sogar Eidechsen, Blindschleichen oder eine Ringelnatter in Teichnähe einfinden. Es ist sowohl erstaunlich als auch beglückend zugleich, wenn man binnen weniger Tage nach Fertigstellung des Teiches feststellen kann, wie viele Vögel und andere Tiere, wie z. B. Schmetterlinge, unseren Teich als willkommene Trink-, Bade- oder Futterstelle entdeckt haben. Zugegeben, manchmal wird die eigene Geduld auf eine harte Probe gestellt, wenn es um eine natürliche Besiedlung unseres Gartenteiches geht. Dabei sollte man nicht vergessen: Die Natur lenkt, entwickelt und verändert selbst alles besser, als der Mensch dies je vermag.

Die folgende Kurzbeschreibung der Arten, die sich bei zusagenden Bedingungen »noch« einstellen können, ermöglicht es Ihnen – soweit nicht bekannt –, sofort zu erkennen, um welchen »Neusiedler« es sich handelt.

9.6.2.
Mit welchen Arten kann man rechnen?

Der *Feuersalamander (Salamandra salamandra)* kommt an feuchten und kühlen Stellen in Laub- bzw. Auwäldern des Hügel- und Berglandes vor. Wie das Foto auf der nächsten Seite zeigt, ist dieser Lurch sehr auffällig gefärbt. Seine Zeichnung ist als ausgesprochene Warntracht anzusehen. Sollte dies ein »Räuber« mißachten, so kann ihm dies teuer zu stehen kommen. Aus den Ohrdrüsen und Rückenporen kann der Salamander bei Gefahr eine weißliche, giftige Substanz (Flüssigkeit) absondern, die auf Schleimhäute stark ätzend wirkt. Ihm wurden auch die ungeheuerlichsten Dinge angedichtet: So sollte er unverbrennbar sein. Alchimisten haben sich mit ihm ebenfalls sehr intensiv beschäftigt. Sogar Gold wollte man aus seinen »sterblichen Resten« machen. Dieses unselige Tun ist zwar heute längst vorbei, dafür wird nun sein Lebensraum immer mehr verändert. Vor allem aber die kühlen, sauerstoffreichen Fließgewässer, die das lebendgebärende Weibchen aufsucht, um in ihnen ihre Larven abzusetzen, verlieren an Qualität. Die Paarung findet im Mai/Juni statt. Die Trächtigkeit beträgt mehrere Monate, so daß die Larven erst im darauffolgenden Jahr abgesetzt werden. Wenn ein kühler Teich oder Bachlauf mit einer geeigneten Umgebung (dichter Baumbestand), viel altes Holz, Steine und eine dichte Pflanzendecke vorhanden sind, kann es durchaus vorkommen, daß sich auch in Ihrem Teich, wenn er nicht inmitten eines Ballungszentrums liegt, Feuersalamander einstellen. Es wurde auch schon beobachtet, daß ein Feuersalamanderweibchen jahrelang seine Larven in einem nordseitig gelegenen Gartenteich (mit Flachufer) abgesetzt hat. Feuersalamander fressen während der Dämmerung und nachts (Würmer, Schnecken und andere Kleintiere). Sie können

sehr alt werden. So ist es bekannt, daß von Zoologen solche Tiere über 35 Jahre in Gefangenschaft gepflegt und gezüchtet wurden. Wie schon erwähnt, ist auch dieser Salamander – wie alle einheimischen Amphibien und Reptilien – streng geschützt. Er darf der Natur nicht entnommen werden, um ihn im Garten wieder freizulassen oder ihn im Terrarium zu pflegen.

Braunfrösche

Von den nun folgenden Braunfröschen kommt der Grasfrosch (Rana temporaria) noch am häufigsten vor. Er stellt sich schon

72

sehr früh im Jahr (Februar–April) zum Ablaichen – auch in neugeschaffenen Gewässern – ein. Der Grasfrosch sucht nur zur Laichzeit das Wasser auf und geht dann wieder zum Landleben über. Er bleibt im Garten, wenn eine dichte Bodenvegetation und Versteckmöglichkeiten vorhan-

1 Der Feuersalamander (Salamandra salamandra) bevorzugt feuchte, kühle Biotope.
2 Schon zeitig im Frühjahr tauchen die noch häufig vorkommenden Grasfrösche (Rana temporaria temporaria) am Teich auf, um abzulaichen.

1

den sind. Mit seiner Tarnfärbung – auf einer hell- bis schwarzbraunen Oberseite befinden sich dunkle Streifen und Flecken, der Bauch sowie die Hinterbeine sind marmoriert und mit einem auffallenden dunklen Schläfenfleck – übersieht man ihn leicht, so daß man beim Rasenmähen aufpassen muß, um diesen munteren Gesellen nicht zu überrollen. Die zahlreichen Jungfrösche sind ebenfalls sehr gefährdet, wenn der Teich von einer kurzgeschorenen Rasenfläche umgeben ist. Ihre zahlreichen Feinde können sie dort leicht entdecken.

Der leider schon recht selten gewordene *Moorfrosch (Rana arvalis)* ist weitgehend an den Lebensraum Moor gebunden und deshalb auch besonders gefährdet. Man kann ihn leicht mit dem Grasfrosch, dem er auf den ersten Blick ähnlich sieht, verwechseln. Er unterscheidet sich von diesem durch seine geringere Größe und dem spitzeren Kopf. Die Männchen zeigen zur Laichzeit ein eigenartiges bläuliches Farbkleid. Die Laichballen sind kleiner und enthalten auch weniger Eier als die des Grasfrosches. Ebenfalls zu den Braunfröschen ist der *Springfrosch (Rana dalmatina)* zu rechnen. Auch diese Art sucht den Teich nur zur Laichzeit auf. Während des übrigen Jahres lebt er ähnlich wie die vorher beschriebenen Frösche. Man kann ihn aber gut durch seine sehr langen und dünnen Hinterbeine von den anderen Braunfröschen unterscheiden. Leider ist er – wie der Moorfrosch – schon sehr selten geworden,

weil sein bevorzugter Lebensraum – lichte Busch- und Mischwälder – immer mehr den ertragreicheren Monokulturen (Fichten) weichen muß. Das Verschwinden natürlicher Feuchtbiotope mit ihrem üppigen Pflanzenwuchs trägt ebenfalls dazu bei, daß dieser Frosch immer seltener wird.

Grünfrösche

Zu den Grünfröschen zählt der *Teich*- oder *Wasserfrosch (Rana »esculenta«)*. (Die Artbezeichnung steht bei diesem Frosch in Anführungsstrichen – eine der Möglichkeiten, auf die besondere systematische Stellung dieses bekannten Lurches hinzuweisen.) Der Teichfrosch ist nach dem herkömmlichen Artbegriff keine Art, sondern ein Bastard, der ursprünglich aus einer Kreuzung zwischen den Elternarten Seefrosch *(Rana ridibunda)* und Kleinem Wasserfrosch *(Rana lessonae)* entstanden ist. Heute leben die Bastarde meistens nur noch mit einem »Elternteil« zusammen, mit dem sie sich ständig rückkreuzen. Es sei hier nur angedeutet, daß es auch Bastardpopulationen (mit dreifachem Chromosomensatz) gibt, die sich aus sich selbst heraus erhalten – sofern der Mensch dies weiter zuläßt, d. h. die Lebensräume nicht

---

1 *Der Moorfrosch (Rana arvalis) sieht dem Grasfrosch recht ähnlich. Er ist aber weitaus seltener und an den Lebensraum Moor gebunden.*

1

zerstört. Die allgemein verwickelten Vererbungsverhältnisse wären ein eigenes Kapitel, das an dieser Stelle nicht weiter verfolgt werden kann. Unser Teichfrosch ist der Standorttreuste und verläßt im allgemeinen sein Wohngewässer nicht. Er überwintert auch im Teich. Die Paarungszeit fällt in den Frühsommer. Sein lauter, krächzender Ruf wird von manchem »überempfindlichen« Nachbarn gelegentlich als ruhestörender Lärm empfunden. Alles, was sich bewegt und überwältigt werden kann (Insekten, Würmer, Nacktschnecken usw.), dient ihm als Nahrung. Um ihn am Teich satt zu kriegen – ihn damit auch standorttreu zu halten –, kann es nötig werden, ihn mit Würmern (auch Mehlwürmer aus dem

Zoofachgeschäft) oder durch das Auslegen von Aas – an dem sich Fliegen einfinden – zu verwöhnen. Zur Laichzeit (Ende Mai/Juni) legt das Weibchen die Eier in Klumpen ab. 1000 Stück und mehr sind dabei keine Seltenheit. Wenn die Larven (witterungsbedingt) sehr spät schlüpfen, können sie gelegentlich auch im Wasser überwintern und sich erst im darauffolgenden Jahr zum fertigen Frosch entwickeln.

Laubfrösche

Der kleinste (3–5 cm), vielleicht aber auch hübscheste heimische Frosch ist der *Laubfrosch (Hyla arborea)*. Diese Art kommt nur noch stellenweise häufig vor. Er lebt in Wassernähe gerne auf Büschen (besonders auf Brombeeren) und Laubbäumen. Um diese zu erklettern, verfügt er über Zehen (Fingerspitzen), die mit Haftscheiben ausgestattet sind, so daß er auch im Geäst mühelos auf Nahrungssuche gehen kann.
Wie alle einheimischen Frösche ist auch unser Laubfrosch ein eifriger Insektenjäger. Es verbietet sich deshalb schon von selbst, im Garten mit Gift jeglicher Art zu arbeiten. Sollten Sie zu den Glücklichen gehören, in deren Garten sich ein oder mehrere Laub-

---

1 Teichfrösche (Rana esculenta) sind standorttreu. Häufig fallen sie durch ihr »Gequake« auf.
2 Laubfrösche (Hyla arborea) brauchen Büsche und Sträucher in Teichnähe.

2

frösche einfinden, so sei der Hinweis ge-
stattet, daß es abzulehnen und auch – zu
Recht – verboten ist, solch einen »Grün-
rock« einzufangen, um ihn in einem Glas
dazu zu zwingen, das Wetter vorauszusa-
gen. Diese angebliche Fähigkeit ist doch
recht »begrenzt« – man hat sie ihm – sehr zu
seinem Nachteil – angedichtet! Eine echte
Überlebenschance hat er im Wassergarten
nur, wenn das übrige Gelände bzw. die un-
mittelbare Teichumgebung einen *dichten*
Bewuchs aufweist und Brombeersträucher
vorhanden sind. Im kurzgeschorenen »Ten-
nisrasen« eines Normalgartens haben
Jungfrösche keine Überlebenschance. Sie
werden das Opfer ihrer zahlreichen Feinde.

Unken und Kröten

Fast noch seltener finden sich die *Unken*
von allein in unserem Gartenteich ein. Unken sind völlig an das Wasserleben gebunden. Sie galten früher – aus welchen unsin-
nigen Gründen auch immer – nicht gerade
als »Glücksbringer«. Selbst heute gehört
das »Unken« noch zu den negativen Le-
bensäußerungen. Die *Gelbbauchunke*

(Bombina variegata) – ihren Namen hat sie
von der schwarz-gelben Bauchseite – ist
auf der Körperoberseite graubraun gefärbt.
Ihr Körper ist flach, gedrungen und etwas
warzig. Sie wird häufig als Berglandunke
bezeichnet, weil sie als Lebensraum hüge-
liges oder leicht bergiges Gelände bevorzugt. Ebenso wie die *Rotbauchunke (Bombina bombina)*, die in der Umgangssprache auch »Tieflandunke« genannt wird, unterscheidet sie sich von der vorher genannten durch ihren orange bis dunkelrot und
schwarz gefleckten Bauch. Beide besiedeln sie Kleingewässer – selbst in Wagen-
spuren kann man sie finden. Man sagt ihnen einen glockenähnlichen Ruf nach. Sie
überwintern auch an Land und graben sich
bei Gefahr recht behende in den Bodengrund des Gewässers ein. Die beiden Un-
kenarten sind vom Aussterben stark bedroht, weil geeignete Kleingewässer immer seltener werden.
Kröten begegnen uns nicht nur im Frühjahr, sondern auch während der übrigen
Zeit des Jahres oft bei Garten- oder Aufräu-
mungsarbeiten. Leider haben Kröten selten Freunde unter uns Menschen. Auch in
unserer so aufgeklärten Zeit gelten die
mehr oder weniger warzigen Geschöpfe als
besonders giftig, und bei Berührung sollen

*1 Unken sind an das Wasserleben gebun-
den. Auch die Rotbauchunke (Bombina
bombina).*

einem sogar Warzen wachsen. Außerdem haben sie das Pech, nicht in das »Streicheltierschema« zu passen. Sie werden von Unbelehrbaren noch immer abgelehnt und aus dem Garten entfernt. Kröten können ein milchiges und auch giftiges Sekret aus ihren Ohrendrüsen absondern, wenn sie in Gefahr kommen. Da aber Kröten weder ein geeignetes Spielzeug sind noch von »Auch«-Menschen (wie es noch immer mit Froschschenkeln geschieht) gegessen werden, besteht auf diesem Wege keine akute Vergiftungsgefahr. Ganz im Gegenteil: Diese liebenswürdigen Geschöpfe sind in unserem Garten äußerst nützlich (sie fressen Schnecken, Würmer und Insekten) und interessant. So ist die *Erdkröte (Bufo bufo)* nicht nur die noch am häufigsten vorkommende Kröte, sondern auch ein Musterbeispiel für Standorttreue, wenn es um die Rückkehr in das Gewässer geht, in dem sie geboren wurde. Sie setzen alles daran, in ihr angestammtes Geburts- und Laichgewässer zurückzukommen. Wie schon erwähnt, finden sie sich schon zeitig im Frühjahr zahlreich im Laichgewässer ein. Dabei läßt sich oft ein reizendes Schauspiel beobachten, wenn die großen Weibchen die kleineren Männchen »huckepack« bei der Hochzeit tragen. An verschiedenstem Substrat (Pflanzenteile, Holz oder zwischen Steine) legen sie oft mehrere Meter lange gallertartige Laichschnüre mit einigen tausend Eiern ab. Nach der Umwandlung zu fertigen Kröten (Metamorphose) verlassen die Jungfrösche wieder den Teich, um ein ausgeprägtes Landleben zu führen und wie die Alten während der Dämmerung bzw. Nacht auf Jagd zu gehen.

Ebenso erfreut wie über die Anwesenheit von Erdkröten sollte man sein, wenn sich die *Wechselkröte (Bufo viridis)* einstellt. Sie ist im Gegensatz zur vorher beschriebenen Art recht ansprechend gefärbt. Auf hellgrauem bis olivfarbenem Untergrund finden wir grüne und rotbraune Flecken bzw. Striche. Die Färbung der Wechselkröte erinnert an eine Tarnjacke. Diese Art liebt etwas trockenere, auch sonnige Standorte (Steinbrüche, Kiesgruben und Sandkuhlen). Man konnte sie sogar noch in manchen Parkanlagen einiger Großstädte (Berlin) finden.

2

Die *Kreuzkröte (Bufo calamita)* ist von den vorher beschriebenen leicht zu unterscheiden (siehe Bild), so daß man sie kaum verwechseln kann. Diese meist seltene Kröte kann besser als die anderen Arten auf ihren kurzen Beinen laufen. Die Ausscheidungen ihrer Hautdrüsen riechen für uns unangenehm. Gerne lebt sie in Mauer-, Gesteinsspalten oder anderen Löchern. Sie vermag sich schnell und gut im lockeren Untergrund einzugraben.

Noch schneller und besser kann sich die recht versteckt lebende *Knoblauchkröte (Pelobates fuscus)* einbuddeln. Sie bevorzugt deshalb auch lockeren, sandigen Boden. Steiniges Gelände meidet sie. Außer-

---

1 Die Kreuzkröte (Bufo calamita) braucht als Lebensraum Steinhaufen, Trockenmauern und sandigen Boden.
2 Die schönste unter den Kröten ist die Wechselkröte (Bufo viridis).

1

halb der Laichzeit, in der sie – wie alle genannten Kröten – das Wasser aufsucht, trifft man auf die nächtlich aktive und tagsüber eingegrabene Kröte nur selten. Wie schon der Name sagt, können die Tiere, wenn sie stark gereizt werden (bei Angst), einen intensiven Knoblauchgeruch verströmen. Wie die Larven die Wechselkröte können die der Knoblauchkröte, wenn die Zeit vor dem Wintereinbruch zur völligen Umwandlung nicht mehr ausreicht, im Larvenstadium im Teich überwintern. So kann man das Vorkommen von Knoblauchkröten gut nachweisen. Ihre Larven werden auffällig groß (8–10 cm – es sollen auch schon Larven von 18 cm Länge gefunden worden sein).

Zusammenfassend darf gesagt werden, daß *alle* Kröten in der Kulturlandschaft unseres Gartens als Schädlingsvertilger äußerst nützlich sind. Aus diesem Grund wurden früher in Holland Krötenmärkte abgehalten, auf denen die Gärtner Kröten kauften, um sie in ihren Pflanzenkulturen freizulassen. Sie tragen im Garten sehr viel zum sogenannten »ökologischen Gleichgewicht« bei. Aus diesen Gründen sollte man sie in Ruhe lassen, besser noch: sich über ihre Anwesenheit freuen.

Blindschleichen und Echsen

Blindschleichen (Anguis fragilis) werden leider immer noch als »Schlangen« erschlagen. Ihrer versteckten Lebensweise verdanken es diese völlig beinlosen Schleichen wohl, daß sie noch nicht auf der Liste der vom Aussterben bedrohten Tiere er-

scheinen. Sie können ein recht hohes Alter erreichen (ca. 50 Jahre = Terrarienbeobachtung). Blindschleichen sind auch nicht blind – sie können durchaus gut sehen. Sie bringen lebende Junge zur Welt. Ihr Schwanz ist wie der der Eidechsen recht brüchig und kann auf den Freßfeind durch seine Eigenbewegung als »Ersatzbeute« wirken.

Wenn sich am Teich oder in Teichnähe die *Wald-, Moor- oder Bergeidechse (Lacerta vivipara)* einfindet, so ist dies ein Zeichen

1 Die Knoblauchkröte (Pelobates fuscus) meidet Steine und lebt nachtaktiv.
2 Keine Schlange! Die Blindschleiche (Anguis fragilis) ist eine beinlose Schleiche.
3 Die Moor- oder Bergeidechse (Lacerta vivipara) ist lebendgebärend.

1

dafür, daß der Biotop aus Menschenhand mehr als nur eine »Zierde« ist. Diese Eidechse war einst weit bei uns verbreitet. Wie schon der Name sagt, ist sie in der Lage, die unterschiedlichsten Lebensräume zu besiedeln.

Diese Art ist wie Blindschleiche, Schlingnatter und Kreuzotter auch »lebendgebärend« (ovovivipar). Leider sind sie nicht nur vom Menschen, der ihren Lebensraum zerstört, sondern auch von vielen anderen Feinden bedroht. Altes Holz (Baumstrünke) und Feldsteinhaufen helfen dieser Echsenart, in Teichnähe zu überleben. Sie suchen zum »Wärmetanken« gerne sonnige Stellen auf und nehmen nach einer gewissen Gewöhnungszeit auch kleinere Störungen – ohne zu flüchten – in Kauf. Man kann Eidechsen sogar so weit bringen, daß sie Mehlwürmer von einer Futterpinzette nehmen, ohne zu fliehen.

Zauneidechsen (Lacerta agilis) sind ausgesprochene Sonnenkinder. Sie bevorzugen geschützte, warme Stellen, um stundenlang ihr »Sonnenbad« zu nehmen. Am wohlsten fühlen sie sich, wenn südseitige Böschungen, Feldsteinhaufen oder Mauern vorhanden sind. Früher waren diese besonders hübschen Eidechsen (vor allem die Männchen) – siehe Bild – bei uns noch recht häufig anzutreffen. Heute gehören sie in manchen Gebieten schon zu den ausgesprochenen Seltenheiten. Als Insektenfresser leiden sie besonders unter der Veränderung ihrer Lebensräume und dem Einsatz von Bioziden. Aber auch die strengen und vor allem langen Winter sowie die verregneten und kühlen Sommer der letzten Jahre haben den Eidechsen stark geschadet, die Eiergelege verfaulten häufig. Haben die Echsen sich erst einmal an unsere Annäherungen gewöhnt, so kann man gut beobachten, wie sie sich gierig über die »Zukost« (mit Vitaminen angereicherte Mehlwürmer), die man in flachen Schalen anbietet, hermachen. Eine Zusatzfütterung empfiehlt sich besonders nach langen Regenperioden.

---

1 Die Zauneidechse (Lacerta agilis) fühlt sich an sonnigen Mauern, Steinhaufen und Steinböschungen am wohlsten.

1

Molche

Für Molche stellt unser »optimaler Gartenteich« einen hervorragenden Lebensraum dar, so daß Sie sich nicht zu wundern brauchen, wenn im Frühjahr plötzlich einige im Flachwasser zwischen den Pflanzen auftauchen. Wie die überwiegende Mehrzahl der Amphibien verbringen Molche nur einen Teil ihres Lebens im Wasser, den anderen an Land. Die Paarung erfolgt beim Teichmolch (Triturus vulgaris) ebenso wie bei den anderen Arten im Wasser, und die kiemenatmenden Larven verbleiben bis zum Herbst – bis die Metamorphose (Umwandlung von der Larve zum fertigen Molch) abgeschlossen ist – im Teich. Anschließend verlassen sie das Wasser, um an Land weiterzuleben bzw. zu überwintern. Der Teichmolch ist noch weit verbreitet, weil er anscheinend sehr anpassungsfähig ist. Er ernährt sich von Würmern, Insektenlarven, Nacktschnecken und anderen Kleintieren. Wie auf dem Bild gut zu sehen ist, sind diese kleinen Molche (Länge 8–10 cm) auch recht hübsch gefärbt. Zur Laichzeit sind die Männchen auch an ihrem

deutlich ausgeprägten Rückenkamm zu erkennen. Ähnliche Ansprüche an den Lebensraum stellen die größeren (Länge 13–18 cm), aber schon recht selten gewordenen Kammolche (Triturus cristatus). Während der Laichzeit, die schon sehr früh (Februar) stattfinden kann, sind die Männchen mit einem geradezu abenteuerlich aussehenden Rückenkamm ausgestattet. Die Lebensweise ist ähnlich wie die der vorher genannten Art. Leider sind Kammolche nicht so anpassungsfähig und deshalb auch äußerst gefährdet. Als junger Aquarianer habe ich diese Tiere noch häufig beim Tümpeln gefunden – heute sind sie eine ausgesprochene Seltenheit (Zufallsfund). Dies trifft teilweise auch schon für den farbenprächtigen Bergmolch (Triturus alpestris) zu. Dieser Molch lebt hauptsächlich in stehenden, aber auch langsam fließenden Gewässern in hügeligem, leicht bergigem Gelände.

1 Der Teichmolch (Triturus vulgaris) sucht häufig den Gartenteich zum Laichen auf.

Ringelnatter (Natrix natrix). Diese harmlose Schlange ist gut an ihrer typischen halbmondförmigen, gelben Zeichnung hinter dem Kopf zu erkennen. Sie stellt sich nur an Teichen ein, die unmittelbar an einem natürlichen Biotop anschließen und ziemlich groß sind. Will man sie ansässig machen, so sollte man versuchen, sie an in Streifen geschnittenes Fischfleisch zu gewöhnen, da ein Gartenteich bald leergefischt wäre. Ihre natürliche Nahrung sind Frösche und Fische, aber auch Molche.

9.6.3.
Exoten für den Garten?

Wenn auch die Zahl der »Exoten« unter den Gartenpflanzen in den letzten Jahren beträchtlich gestiegen ist und manche Arten schon weitgehend eingebürgert sind, muß man erkennen, daß diese Pflanzen zum Aufbau einheimischer Lebensgemeinschaften nur wenig beitragen können. Der Geschmack wird beim Pflanzenkauf hauptsächlich vom Auge bestimmt. Und kaum jemand möchte seine liebgewonnenen Rhododendren oder Azaleen vermissen.

Durch das Handelsverbot mit einheimischen Amphibien und Schildkröten ist es leicht möglich, daß ein Teichbesitzer auf den Gedanken kommen könnte, die Tiere aus anderen kühlen Regionen zu besorgen oder sogar »Exoten« in seinen Gartenteich zu setzen. Abgesehen davon, daß auch diese Tiere versuchen abzuwandern, den Winter nicht überstehen oder im Teich einigen Schaden anrichten können, ist dies aus Gründen der »Faunenverfälschung« abzulehnen. Wie gesagt: Solche Flüchtlinge können großen Schaden unter den einheimischen Beständen anrichten.

Unter den erfahrenen Zoologen und Terrarianern gibt es sicherlich einige Spezialisten, die auch solche Tiere in gut gesicherten Freilandanlagen oder Terrarien erfolgreich pflegen und züchten. Als normaler Gartenteichbesitzer jedoch hat man genügend Möglichkeiten, sich an den »Einheimischen« zu erfreuen, indem man sie gut pflegt, vermehrt und so manche interessante Beobachtung machen kann.

9.6.4.
Sind Schnecken und Muscheln erwünscht?

Es bleibt nicht aus, daß plötzlich Wasserschnecken im Teich auftauchen. Wir haben wahrscheinlich beim Säubern der Teichpflanzen etwas Schneckenlaich übersehen. So unbeliebt Schnecken oft bei Aquarianern und Gartenbesitzern sind, so empfehlenswert sind einige Arten für den Gartenteich, weil sie mithelfen, den Teich sauberzuhalten. Sie verzehren jeglichen Abfall, z. B. tote Tiere, aber auch Algen. Dabei kann es natürlich vorkommen, daß auch frisches Grün von Pflanzen abgeweidet wird. Hält man ihre Zahl in Grenzen, nützen sie immer mehr, als daß sie schaden. Am häufigsten finden wir in den Gartenteichen die Spitzschlammschnecke *Lymnaea stagnalis* (Foto S. 80, untere Reihe Mitte). Sie weiden unentwegt die Algenbestände sowohl von den Pflanzen, dem Bodengrund als auch von den Folienwänden ab; sie gelten als typische »Weidegänger«. Man kann sie auch häufig unter dem Wasserspiegel mit dem Rücken nach unten, die Fußsohle nach oben, entlangziehen sehen. Dabei kriechen sie auf ihrem körpereigenen Schleim, den sie während des Kriechvorganges ausscheiden. Die Spitzschlammschnecke atmet atmosphärische Luft und kommt, je sauerstoffärmer das Wasser ist, um so öfter an die Wasseroberfläche, um Luft zu schöpfen. Im Winter unter Eis genügt dieser Art die Hautatmung,

1

um zu überleben. Obwohl die Spitzschlammschnecke – wie alle Schlammschnecken – ein Zwitter ist, können wir im Teich auch ein reges Paarungsverhalten beobachten. Ein Tier agiert als Weibchen, das andere als Männchen. Der gallertartige, bandförmige Schneckenlaich klebt auf Holz, Steinen und Wasserpflanzen. Die Elterntiere sind an keine festen Eiablageplätze gebunden. In kleinen Teichen können sie auch überhandnehmen und die Pflanzen schädigen. Man kann sie aber gut absammeln, da sie ja immer wieder an die Wasseroberfläche kommen. Für Amseln stellen sie einen wahren Leckerbissen dar, was die leergefressenen Schneckenhäuser am Teichrand beweisen.

Tellerschnecken

Teller- oder Posthornschnecken *(Planorbidae)* (Foto S. 80, 3. Reihe rechts und links) sind ebenfalls willkommene Teichbewohner. Auch sie weiden den Algenrasen ab und fressen Detritus (Schwebe- und Gewebeteilchen und von Bakterien Zerlegtes). Im Gegensatz zur vorher genannten Art beleben Posthornschnecken – die es in mehreren Farbvarianten gibt (gelblich bis rot/schwarz) – die tieferen Schichten eines Teiches. Eine weitere, äußerst interessante Schnecke ist die größte einheimische Süßwasserschnecke: die Sumpfdeckelschnecke *(Viviparus viviparus)* (Foto S. 80, 2. Reihe rechts und links). Sie gehört zu den Kiemenschnecken. Man erkennt sie an dem Deckel, der gut sichtbar auf ihrem Fuß sitzt und bei Gefahr als Verschluß dient. Wie schon der Name sagt, sind sie *lebendgebärend*. Der Geschlechtsunterschied ist auch für den Laien gut erkennbar. Die Fühler des Weibchens sind gleich dünn. Das Männchen hingegen besitzt unterschiedlich dicke Fühler. Der rechte Fühler ist kürzer und dicker. Er enthält auch das Begattungsorgan. Leider können wir diese Tiere nur in einem Aquarium ausgiebig beobachten, da sie hauptsächlich den Bodengrund unseres Teiches bewohnen und sich dort von allerlei Abfall (Detritus) ernähren. Außer den

genannten fallen uns noch einige Blasenschnecken *(Physidae)* (Foto S. 80, 3. Reihe unten) auf, die sich auf Nahrungssuche recht schnell fortbewegen. Auch sie tragen erfolgreich zur Dezimierung von Algen und Detritus in unserem Teich bei. Damit alle genannten Schnecken in unserem Teich gedeihen, darf das Teichwasser nicht zu weich (kalkarm) sein. Sie benötigen den im Wasser gelösten Kalk zur Bildung ihrer hartschaligen Gehäuse.

Muscheln

Von den Süßwassermuscheln *(Bivalvia)* eignen sich die Teichmuschel *(Anodonta cygnea)* (Foto S. 80 oben) und die Malermu-

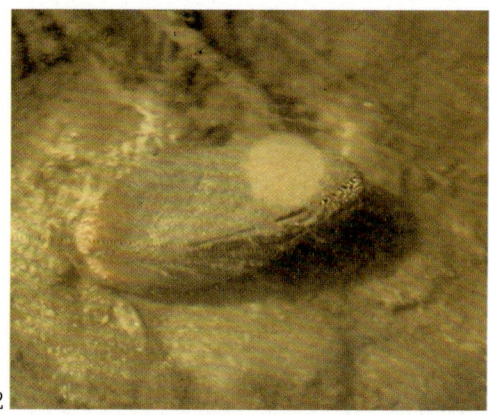

2

schel *(Unio pictorum)* für unseren Teich als lebendige Filter besonders gut. Die angebotenen Arten stammen alle aus großen Fischzuchtbetrieben. Wer Bitterlinge *(Rhodeus sericeus amarus)* züchtet oder je gezüchtet hat, dem ist bekannt, daß die Süßwassermuscheln nötig sind, um den Bitterling zu vermehren. Das Bitterlingsweibchen legt seine Eier mittels einer langen Legeröhre in die Atemöffnung der Muschel. Das Bitterlingsmännchen überschwimmt dann die Muschel und verströmt den Samen, der wiederum mit dem Atemwasser eingesaugt wird und die Fischeier in der Muschel befruchtet. Aber auch die Muschel profitiert von dieser Partnerschaft. Ihre Larven werden von den in der Muschel geschlüpften Jungfischen (an denen sie haften) verbreitet.

Damit sich auch diese Tiere wohl fühlen, setzen wir sie in flache Schalen, die mit Feinsand gefüllt sind, auf den Bodengrund des Teiches.

---

1 *Schnecken und Muscheln gehören ebenfalls zur Lebensgemeinschaft eines Gartenteiches.*
2 *Muscheln brauchen unbedingt ein Feinsandareal im Gartenteich, um sich wohl zu fühlen.*

9.6.5.

Insekten beleben den Teich

Vom Frühjahr bis zum Spätherbst ist unser Gartenteich eine wahre Fundgrube, um interessante Beobachtungen machen zu können. So fallen uns unter den gerngesehenen Gästen viele Insekten auf, z. B. die nimmermüden, sich emsig tummelnden, silbrig glänzenden, in Wirklichkeit aber lackschwarzen Taumelkäfer *(Gyrinus substriatus)*. Sie sind an den Lebensraum Wasser hervorragend angepaßt, indem sie sowohl über als auch unter Wasser sehen und auch schwimmen können. Ein spezielles Organ ermöglicht es ihnen, schon feinste Erschütterungen wahrzunehmen. Außerdem können sie ein übelriechendes Sekret ausscheiden, das eventuellen Freßfeinden jeglichen Appetit auf diese Käfer vergehen läßt, da es auch noch narkotisierend wirken kann. Die zugewanderten *Wasserwanzen* (umgangssprachlicher Sammelbegriff), zu ihnen zählen auch die Ruderwanzen *(Corixidae)*, Wasserläufer *(Gerridae)*, Rückenschwimmer *(Notonectidae)*, Wasserskorpione *(Nepidae)* und die Stabwanzen *(Nepidae)*, saugen ihre Beutetiere, u. a. auch Mückenlarven, aus, während sie mit ihren Mundwerkzeugen Verdauungssäfte in die Beute injizieren. Unter den genannten Insekten gibt es schnell schwimmende Über-

wasserjäger, z. B. Wasserläufer, Unterwasserjäger, wie die rasanten Rückenschwimmer und die ruhig und gut getarnten Wasserskorpione sowie Stabwanzen, die zwischen Pflanzenstengeln versteckt ihrer Beute auflauern. Der sogenannte Wasserläufer *(Gerris lacustris)* dürfte der wohl auffälligste und auch häufigste Vertreter seiner Art sein. Wasserläufer gleiten mit ihren langen Beinen oft blitzschnell, dann wieder langsam und gemächlich, wie ein Eiskunstläufer auf der Wasseroberfläche dahin. Durch die feine wasserabstoßende Beinbehaarung und durch die Oberflächenspannung des Wassers sinken diese Insekten nicht ein. Sie ernähren sich von freßbarem Treibgut (Kleininsekten) auf der Wasseroberfläche. Von den Wasserläufern gibt es noch weitere Arten, u. a. die Teichläufer *(Hydrometridae)*, die sich durch einen längeren und dünneren Körper sowie durch auffällig lange Fühler von der erstgenannten Art unterscheiden.

Fast ebenso häufig wie die Wasserläufer finden wir in unseren Gartenteichen die sogenannten Rückenschwimmer *(Notonectidae)*. Sie werden im Volksmund auch »Wasserzikaden« genannt, weil sie während der Paarungszeit zirpende Töne von sich geben. Die Rückenschwimmer sind ebenso

---

1 Mit zu den ersten, die sich im Teich einfinden, gehören die bewegungsfreudigen, silberglänzenden Taumelkäfer (Gyrinus substriatus).

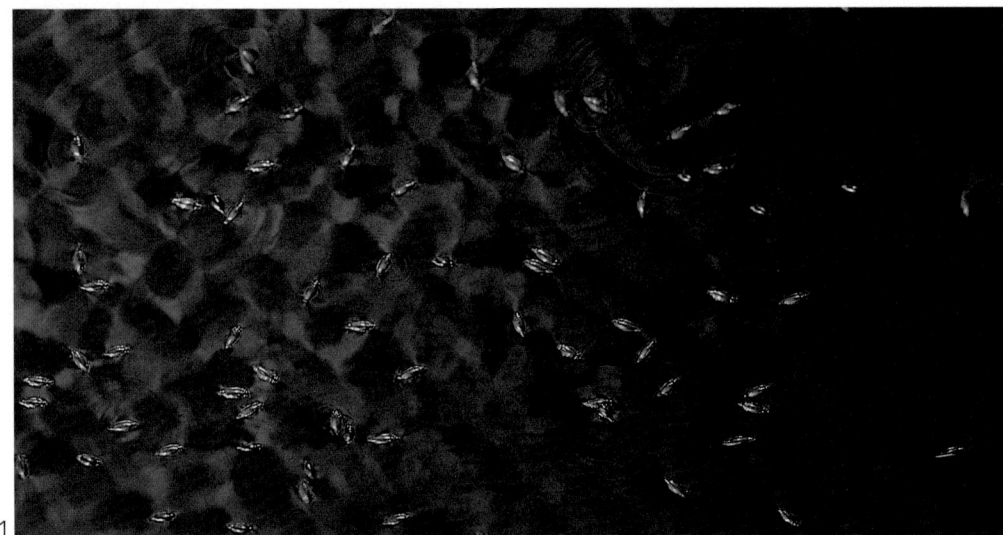

1

ausgezeichnete Schwimmer wie Jäger und Flieger. Außerdem vermögen sie auch spürbar zu stechen. Den Namen haben diese Tiere ihrer ungewöhnlichen Schwimmlage zu verdanken. Auf dem Rücken schwimmend, bewegen sie sich im Wasser äußerst behende fort. Zum Luftholen durchstoßen sie mit dem Hinterleib die Wasseroberfläche. Alle sechs Arten, die es bei uns gibt, sehen sich sehr ähnlich, so daß es äußerst schwer ist, sie auf Anhieb zu unterscheiden. Als Unterwasserräuber leben diese Insekten von allerlei Kleingetier – auch von Mückenlarven.

Wasserkäfer finden sich ein

In unserem Teich können sich auch noch andere hochinteressante Insekten wie z. B. verschiedene *Wasserkäfer* einfinden. Im Gegensatz zu den an Land lebenden Käferarten sind sie für das Wasserleben bestens gerüstet. Wasserkäfer besitzen kräftige, abgeplattete Schwimmbeine und einen strömungsgünstigen, meist flachen Körper. Zum *Luftholen* kommen sie mit dem Hinterleib an die bzw. aus der Wasseroberfläche. Sie beleben sowohl stehende als auch fließende Gewässer aller Art. Unter ihnen gibt es gewaltige Räuber, die selbst vor Fischen und Kaulquappen nicht haltmachen. Ebenso bekannt wie berüchtigt sind der Gelbrandkäfer *(Dytiscus marginalis)* und seine nicht minder gefräßige und räuberische Larve, die auch als »Wasserwolf« bezeichnet wird. Der Käfer kann bis ca. 35 mm lang und etwa 18 mm breit werden. Die Larven erreichen immerhin eine Länge von nahezu 80 mm. Sie fressen beide alles, was sie überwältigen können. Beim Fang schlagen sie ihre kräftigen, spitzen Kieferzangen in den Körper ihres Opfers. Dabei gelangt ein Verdauungssekret in den Körper der Beute, das den Körperinhalt verflüssigt, so daß dieser problemlos ausgesaugt werden kann. Seine Größe und die auffällige Zeichnung (der gelbe Flügelrand) machen ihn zum auffälligsten Wasserkäfer überhaupt. Soweit er nur in wenigen Exemplaren auftritt, hat er – auch wenn er durch seine räuberische Art unbeliebt ist – in unserem Teich seine Daseinsberechtigung. In der irrigen Meinung, einen Gelbrandkäfer vor sich zu haben, werden oft der Gaukler *(Cybister laterimarginalis)* und der Furchenschwimmer *(Acilius sulcatus)* – beide sehen dem Gelbrandkäfer ähnlich – zu Unrecht aus dem Teich entfernt und verfolgt.

1

2

1 Der Gelbrandkäfer (Dytiscus marginalis) ist ein gewaltiger Räuber, der auch vor Fischen nicht haltmacht.
2 Als »Wasserwolf« wird die gefräßige Larve des Gelbrandkäfers – die auch vor den eigenen Artgenossen nicht haltmacht – bezeichnet.

Libellen sind am Teich beliebt

Zu den beliebtesten Teichgästen gehören mit Sicherheit die *Libellen*. Kaum jemand kann sich der Faszination entziehen, die von diesen buntschillernden Flugkünstlern ausgeht. Unter den vielen Arten (etwa 70) sind einige auf bestimmte Biotope, z. B. Moore oder Heidegebiete, angewiesen. Ihre Nahrung erjagen sie sich im rasanten Flug. Die großen Facettenaugen machen es möglich, selbst schnellste Beute zu erkennen. Libellen legen ihre Eier auf und über Wasser an feuchten Stellen oder Pflanzenteilen ab. Im Larvenstadium leben sie ausschließlich im Wasser und ernähren sich dort räuberisch und machen auch vor größeren Beutetieren wie Kaulquappen nicht halt. Mit ihrer Fangmaske können sie die einmal ergriffene Beute sicher festhalten. Für die Libellen stellt unser Teich wie für viele andere Insekten auch einen unverzichtbaren Lebensraum dar.

Unter den zahlreichen Insekten und deren Larven, die in unserem Teich leben, befinden sich auch viele Fliegen und Fliegen-

1 Libellen sind auf das Wasser angewiesen. Auch die zu den Großlibellen zählende Mosaikjungfer (Aeshna mixta).
2 Die Larven der Libellen leben wie die des Gelbrandkäfers als große Räuber bis zum fertigen Insekt im Wasser.

ähnliche. Sie alle abzubilden und zu beschreiben, würde den Rahmen dieses Buches sprengen. Hier sei auf die weiterführende Literatur verwiesen (s. S. 167). Einige Arten fallen uns an unserem Teich immer wieder auf, die ich deshalb auch erwähnen möchte. Wenn Sie beobachten, daß sich am Teichboden ein rundes, längliches Pflanzenstück, das außerdem einer Röhre ähnlich sieht, fortbewegt, so haben wir es mit der Larve einer Köcherfliege *(Trichoptera)* zu tun. Die unterschiedlichen Arten dieses Insektes bauen ihren Köcher (er dient als Schutz und Tarnung für den weichen, raupenähnlichen Hinterleib) nach einem für sie typischen Baumuster und mit unterschiedlichen Baumaterialien. In stehenden Gewässern (Gartenteich) besteht das Baumaterial aus leichten Stoffen (u. a. aus Blattresten). Die in Fließgewässern lebenden Köcherfliegen verwenden schweres Material (z. B. Feinsand, Steinchen und Muschelgrus). Als Nahrung dienen den Köcherfliegenlarven pflanzliche Stoffe und Detritus. Zünftige Angler benutzen das fertige und flugfähige Insekt, das einem bräunlichen Schmetterling gleicht, gern als Köder.

Unter den Insekten, die sich außer den genannten unseren Teich als Lebensraum auserkoren haben, befinden sich auch noch einige Arten, die sogar Schaden anrichten können. Ihre Beschreibung und Bekämpfung finden Sie auf S. 123.

1 Die Köcherfliege (Trichoptera) sieht einem Schmetterling sehr ähnlich.
2 Das Baumaterial für den Köcher besteht in Teichen häufig aus pflanzlichen Materialien.

85

9.6.6.
Mückenplage muß nicht sein

Äußerst unangenehm und deshalb auch zu Recht unbeliebt sind die *Stechmücken.* Zur echten Plage kann z. B. die Gemeine *Stechmücke (Culex pipiens)* werden, wenn sie in Massen auftritt und uns mit ihrem Sirren den Schlaf raubt. Die Mückenweibchen sind gezwungen, Warmblüterblut aufzunehmen, damit ihre Eier heranreifen können. Früher, bevor die Malaria bei uns erfolgreich bekämpft wurde (durch die Zerstörung der Brutstätten), ging von der Malariamücke *(Anopheles sp.)* eine nicht unerhebliche Gefahr aus. Die Weibchen beider Stechmückenarten legen ihre Eier auf dem Wasser ab, und die Larven wachsen im Wasser heran. Von der Eiablage bis zum Schlupf dauert die Entwicklung (4 Larven-, 1 Puppenstadium) – je nach Wassertemperatur (je wärmer, desto schneller) – ca. 1–3 Wochen.

Ist unser Gartenteich gesund, so können wir sicher sein, daß sich der Mückenbestand in Grenzen hält und kaum ins Gewicht fällt. Die Stechmücken meiden saubere, nährstoffarme und vor allem bewegte Wasser. Sie vermehren sich in den Gärten mehr in Regenfässern und allen stark verdreckten, häufig vergessenen Gefäßen aller Art, in denen sich Wasser angesammelt hat. In unserem optimalen Gartenteich sorgen die reichlich vorhandenen Freßfeinde wie Wasserinsekten und deren Larven für eine stete Dezimierung der Mückenlarven. Für Fische sind Mückenlarven wahre Leckerbissen. Als unangenehme *Stecher* können auch noch die sogenannten *Gnitzen (Ceratopogonidae),* das sind winzige, etwa 2 mm große Insekten, deren Larven weißlich, lang und dünn sind, gelten. Sie leben aber mehr in Mooren als in Gartenteichnähe.

Unter den anderen Mückenarten, deren Larven wir in unserem Teich finden, sind keine Stechmücken mehr. Dem Aquarianer sind vor allem die sogenannten *Roten Mückenlarven* (Zuckmücken – *Chironomidae)* und die *Weißen Glasstäbchen* (Büschelmücken – *Chaoboridae)* wohlbekannt, da sie als hervorragendes Zierfischfutter gelten und deshalb auch begehrt sind.

9.6.7.
Spinnen im und am Wasser

Obwohl sie oft und auch in großer Zahl an Teichen vorkommen und mit zu den ersten gehören, die zuwandern, werden sie im besten Fall »totgeschwiegen«. Sie genießen durch jahrhundertealte Vorurteile kaum Sympathien unter uns Menschen. Völlig zu Unrecht, wie ich meine. Sind sie doch ein wichtiges Glied innerhalb der Kette artenreicher Lebensgemeinschaften, die sich auch im und am Teich aufbauen sollen, damit sich ein möglichst stabiles »Gleichgewicht« einstellen kann.

1

Leider findet sich die *Wasserspinne (Argyroneta aquatica)* – Familie Trichterspinnen *(Agelenidae)* – nur recht selten ein. Wenn natürliche Gewässer (Moor) in der Nähe sind oder der Zufall es will, kann mit Pflanzen diese überaus interessante Spinne mitgeliefert werden. Sie ist unsere einzige Spinne, die unter Wasser Luftglocken an Pflanzen in stehenden oder ruhig fließenden Gewässern baut. Außerdem lebt sie ständig untergetaucht und kommt nur an die Oberfläche, um atmosphärische Luft,

1 Die Wasserspinne (Argyroneta aquatica) lebt überwiegend untergetaucht, sie baut dort eine Luftglocke. Ihre Nahrung besteht aus Insekten.

die von der Behaarung festgehalten wird, in ihre Behausung zu tragen. Bei vielen Spinnen werden die Weibchen größer als die Männchen. Bei der Wasserspinne *(Argyroneta aquatica)* ist es gerade umgekehrt. Ihre Hauptnahrung sind Wasserasseln und Insektenlarven.

Weit häufiger als die vorher beschriebene

1

2

finden wir am Teich die *Listspinne (Dolomedes fimbriatus)* – Familie Raubspinnen *(Pisauridae),* eine unserer schönsten und kraftvollsten Spinnen, die fast zwei Zentimeter Körperlänge erreicht. Diese Art klettert gut, läuft geschickt – ohne einzusinken – über das Wasser. Gern hält sich die Raubspinne im Uferbereich des Gewässers auf. Diese Spinne, die kein Fangnetz baut, sondern frei jagt, überwältigt nicht nur größere Insekten, sondern auch kleinere Fische, die sie an die Oberfläche lockt, indem sie mit den Vorderbeinen das Wasser in Schwingungen versetzt. Der Eikokon wird vom Weibchen zuerst mit den Mundwerkzeugen getragen. Kurz vor dem Schlüpfen der Jungtiere wird er unter zusammengesponnenen Grashalmen aufgehängt und bewacht.

Wasserjäger (Pirata uliginosa) – Familie Wolfsspinnen *(Lycosidae).* Diese Art ist nur eine der sieben Wasserjägerarten unserer Heimat. Alle leben meistens in Wassernähe oder auf dem Wasser, tauchen bei Gefahr geschickt ab. Wie bei allen anderen Wolfsspinnen auch, tragen die Weibchen den *Eierkokon* – im Gegensatz zu den mit ihnen verwandten Raubspinnen – an den Spinnwarzen; nach dem Schlüpfen klettern die Jungen auf den Hinterleibsrücken der Mutter und verbleiben dort noch einige Zeit.

Wenn wir zwischen den höheren Ufer- oder

Sumpfpflanzen auffällige Radnetze mit einer offenen Nabe sehen, nach Regenfällen oder nach herbstlichem Taufall, haben wir wahrscheinlich das Netz der Streckerspin-

3

ne *(Tetragnatha extensa)* – Familie *Strekker- oder Kieferspinnen* (Tetragnathidae) vor uns. Der Name »Streckerspinnen« spielt auf das Verhalten der Spinnen an, in der Ruhehaltung die meisten Beinpaare mehr

---

1 Im Uferbereich geht die Listspinne (Dolomedes fimbriatus) – die kein Fangnetz baut – auf Insektenjagd.
2 Das Weibchen des Wasserjägers (Pirata uliginosa) trägt den Eierkokon an den Spinnwarzen.
3 Die Streckerspinne (Tetragnatha extensa) kann bei der Paarung sogar ihrem Männchen gefährlich werden. Sie baut große Radnetze.

oder weniger stark parallel zur Körperlängs-achse auszustrecken; »Kieferspinnen« hei-ßen diese Tiere auch wegen ihrer auffällig großen Mundwerkzeuge. Bei der Paarung (s. Foto S. 87/3) »verhakt« das Männchen seine Kiefer so geschickt mit denen des Weibchens, daß dieses sie nicht mehr zum Angriff benutzen kann.

Es gibt noch eine Vielzahl weiterer interes-santer Tiere, die Sie im Wassergarten beob-achten können, die leider aus Platzgrün-den nicht angesprochen werden können. Siehe weiterführende Literatur!

9.6.8.
Wasserflöhe im Teich

Ebenso beliebt wie die Mückenlarven sind die Wasserflöhe *(Cladocera)* als Fischfutter. Ihre Arten (ca. 80) kommen in *stehenden,* nährstoffreichen Gewässern vor. Sie ernäh-ren sich von Kleinstlebewesen, Schwebeal-gen und Bakterien, die sie aus dem Wasser herausfiltern. Bei zusagenden Wasserbe-dingungen können sie sich stark vermeh-ren. Es treten dann nur weibliche Tiere zu-tage. Wenn sich die Lebensbedingungen für die Wasserflöhe verschlechtern oder das Gewässer austrocknet, treten auch Männ-chen auf. Durch die Befruchtung werden vom Weibchen Dauereier gezeitigt, die sämtliche Unbill – auch ein vorübergehen-

1

1 *Wasserflöhe (Cladocera) tauchen zu den unterschiedlichsten Zeiten in großer Menge auf.*

des Austrocknen des Gewässers – über-dauern. Vor der Erfindung des Zierfischfut-ters waren sie für den Aquarianer als Nah-rung für die Fische unentbehrlich. Auch in unserem Gartenteich sind sie durchaus er-wünscht, weil sie feinste Schwebeteilchen und kleine Algen aus dem Wasser filtern und außerdem vielen Tieren als Nahrung dienen. Bei aller Nützlichkeit dieser Tiere sei aber ausdrücklich davor gewarnt, in ei-nen *frischen* Teich, der mit kaltem, unauf-bereitetem Leitungswasser gefüllt ist, ein-fach einen oder mehrere Eimer Wasserflöhe zu kippen in der Hoffnung, daß die Wasser-flöhe die Schäden beheben, die durch eine totale Überdüngung angerichtet wurden (s. S. 50). Die Tierchen würden sofort ab-sterben und das Wasser stark belasten. Wasserflöhe müssen grundsätzlich lang-sam an das neue Wassermilieu angepaßt werden, und der Teich sollte mindestens drei Monate alt sein. Mit den Wasserflöhen können weitere erwünschte, aber auch un-erwünschte Kleintiere in unseren Teich ge-langen, auf die hier aus Platzgründen nicht eingegangen werden kann.

9.7.
Bewegtes und klares Wasser
9.7.1.
Wasserbewegung im Naturgewässer

In natürlichen Gewässern sorgen der Wind, ein Zu- oder Ablauf und die alljährlich wie-derkehrende, temperaturbedingte Wasser-umschichtung im Frühjahr und Herbst für Wasserbewegung. Schwebstoffe, Algen, gelöste und ungelöste Stoffe beeinflussen auch das *Aussehen* der Gewässer. Absolut klar und völlig durchsichtig ist kaum ein na-türliches Gewässer, wenn man einmal von den »extremen«, z. B. absolut reinen und eiskalten Bergseen absieht. Die unter-schiedlichen Wasserfärbungen werden von den im Wasser gelösten Stoffen hervor-gerufen. Ein typisches Beispiel sind die durch Humin- und Gerbsäuren stark braun gefärbten Moorgewässer. Der *optische*

Eindruck läßt nur vage Vermutungen, aber keine schlüssigen Antworten auf den qualitativen Zustand eines Gewässers zu (s. S. 114). Natürliche Belastungen, z. B. durch eingewehte Pollen, Blüten, Blätter und andere organische Stoffe, können ein gesundes Gewässer nur in den seltensten Fällen zum Kollabieren bringen. Die Selbstreinigungskraft verhindert dies, solange der Mensch nicht in die natürlichen Abläufe eingreift. Erst dann müssen technische Hilfsmittel zur Wasserbelebung eingesetzt werden.

9.7.2.
Filter im Teich

Im Kunstbiotop eines Gartenteiches werden solche Maßnahmen nötig, wenn Fehler beim Bau oder andere Umstände (z. B. der Wunsch nach bewegtem Wasser) dies nötig erscheinen lassen. Oder wenn Zierfische gepflegt werden, empfiehlt es sich in jedem Fall, das Wasser *umzuwälzen* und zu filtern, denn Zierfische benötigen viel Sauerstoff und wirbeln bei der Futtersuche immer wieder feinste Schwebeteilchen auf. Mit einem leistungsstarken Gartenteichfilter erzielt man neben akzeptablen Sauerstoffverhältnissen auch relativ klares Wasser.

Außerdem lassen sich mit einem guten Gerät entweder ein Wasserfall, Bachlauf, Quellstein, Fontäne, Wasserspiel oder ein Klärbeetfilter bestens miteinander kombinieren und gleichzeitig betreiben. Bitte bedenken Sie dabei immer, daß mechanisch wirkende Filteraggregate nur Schwebeteilchen und feste Stoffe aus dem Wasser *herausfiltern* können. Eine dauerhafte Verbesserung der Wasserverhältnisse auf biologische Weise ist nur dann möglich, wenn das belastete Wasser über unser Klärbeet oder über den Graben bzw. Bach läuft oder das Filtervolumen groß genug ist, um den biologischen Abbauprozeß wirkungsvoll zu unterstützen. Es lohnt sich deshalb immer, beim Kauf auf das richtige Preis-Nutzen-Energie-Verhältnis zu achten. Häufig genug merkt man erst beim Säubern oder beim Austausch des Filtermaterials, wieviel Schmutz im Teich anfällt und was der Filter wirklich leisten kann. Ihr Zoofachhändler kann Sie dabei gut über die einzelnen Modelle und Systeme beraten, denn er hat jahrelange Erfahrungen auf dem Sektor der Aquarienfiltertechnik aufzuweisen.

1 Durch die große Wasseroberfläche auf dem Quellstein reichert sich das Wasser zusätzlich mit Sauerstoff an.

1

9.7.3.
Wasserbelüftung

Oft genügt es auch schon, die natürlichen Abläufe mit einer *Belüftungsanlage* zu unterstützen. Gerade in kleinen Teichen gedeihen die Fische und Pflanzen besser, wenn das Wasser langsam, aber ständig durchmischt und mit Sauerstoff angereichert wird. Dafür gibt es geeignete Membranpumpen, beliebig lange Luftschläuche und spezielle Teichausströmer im Zoofachhandel. Die Luftförderpumpe muß trocken, am besten im Haus installiert sein. Um bei Strom- oder Pumpenausfall das Zurücklaufen des Wassers zur Pumpe zu verhindern, wird entweder ein sogenanntes *Rückschlagventil* zwischen die Pumpe und den Ausströmer eingesetzt oder die Förderpumpe über dem Niveau des Wasserspiegels installiert. Um zu verhindern, daß zuviel Mulm aufgewirbelt und im Winter das wärmere Tiefenwasser umgeschichtet wird (s. S. 66), muß man den Teichausströmer etwa auf halber Wassertiefe anbringen.

9.7.4.
Wie Springbrunnen und Wasserspiele wirken

Sprudelndes und plätscherndes Wasser vermittelt vielen Menschen den Eindruck von Frische und Heiterkeit, gepaart mit einem Schuß Romantik. Das dürfte auch ein Grund sein, weshalb sich so viele Gartenteichbesitzer einen Springbrunnen oder ein Wasserspiel wünschen. Die einschlägige Industrie bietet deshalb auch eine breite Palette verschiedenster Geräte an. Dabei wird nahezu jeder Wunsch von wild sprudelnd oder kräftig schäumend bis zum vor sich hintröpfelnden Modell erfüllt. Neben der optischen Wirkung vermag ein Springbrunnen das Wasser auch mit lebenswichtigem Sauerstoff anzureichern, weil stark bewegtes Wasser mit der sauerstoffhaltigen Luft kräftig durchmischt wird. Außerdem gedeihen in der kühlen und feuchten Springbrunnenumgebung manche Pflanzen (z. B. Farne und Moose)

1

hervorragend. Soweit wäre alles gut. Auf keinen Fall sollte bei aller Euphorie vergessen werden, daß Seerosen und andere Pflanzen als auch manche Fische auf Dauer weder kalte Duschen noch ständige Wechselbäder und starke Strömung vertragen. Darüber hinaus findet so manches Kleinlebewesen im Rotor oder in der Sprühdüse sein Ende. Aus diesen Gründen sollte ein Springbrunnen in einem separaten, vom Teich getrennten Becken untergebracht werden, oder man läßt eine kleine Fontäne aus bzw. über einen Naturstein rieseln. Damit bei starkem Wind sich weder das Becken leert noch die Pumpe trocken läuft, muß der Beckenrand doppelt so weit von der Springbrunnendüse entfernt sein, wie die Fontäne hoch ist. Ein Beispiel: Fontänenhöhe 50 cm. Nötige Entfernung zum Beckenrand = 100 cm. Das gleiche gilt auch, wenn der Springbrunnen oder der Wasserspeier mit dem Bachanfang oder einem Wasserzulauf oder -ablauf (Klärbeet oder Wasserfall) kombiniert ist.

1 Der Beckenrand muß doppelt so weit von der Fontäne entfernt sein wie diese hoch ist. Bei starkem Wind besteht sonst die Gefahr, daß der Teich entleert wird.

9.8.
Licht im und am Teich

Eine Teichanlage kann spätabends sehr zauberhaft wirken, wenn sie kurzfristig beleuchtet wird. Gegen eine kurzzeitige Beleuchtung, die den natürlichen Tag-Nacht-Rhythmus des Teichlebens nicht wesentlich stört, ist deshalb auch kaum etwas einzuwenden. Abzulehnen ist aber jegliche Unterwasserbeleuchtung (es gibt diesen Kitsch auch mit rotierenden Farbscheiben), wenn der Teich mit Tieren (Fischen) besetzt ist. Solche Anlagen passen besser in einen Swimmingpool.

9.9.
Auf Sicherheit achten

Sämtliche elektrische Geräte müssen, wenn sie im oder am Teich eingesetzt werden, alle Sicherheitsvorschriften erfüllen und nach Vorschrift installiert sein. Für diese Sicherheit bürgen die TÜV-GS- und VDE-Siegel auf den Geräten. Eine zusätzliche Sicherheit bieten wasserfeste Erdka-bel und mißbrauchsichere (abschließbare) Steckdosen. Außerdem sollten Zu- und Abläufe mit Schlauchschellen gesichert sein. Um die Pumpenleistung konstant und wirksam zu halten, muß jeglicher Filter regelmäßig gesäubert (je nach Verschmutzungsgrad) und gewartet werden. Dies gilt auch für den Winterbetrieb.

9.10.
Biologisches Gleichgewicht und Lebens-gemeinschaften

Unser Ziel war und ist es, durch das Schaffen eines vielfältigen Lebensraumes mit möglichst vielen unterschiedlichen Bedingungen, z. B. lichte und schattige Stellen, feuchte und trockene Plätze, bewachsene und pflanzenfreie Flächen, Erhöhungen und Höhlen sowie Aussichtspunkte und Verstecke, möglichst vielen Individuen (tierisches und pflanzliches Leben) die Möglichkeit für eine dauerhafte Besiedlung zu

1 Die Roßminze (Mentha longifolia) ist eine ausgezeichnete Insektenweide.

1

bieten. Die Basis für reichhaltige Lebensgemeinschaften (Tiere, Pflanzen, Bakterien) ist dabei immer eine artenreiche Pflanzenwelt im und am Wasser. In unserem System des optimalen Gartenteiches erfüllen wir viele der nötigen Voraussetzungen, um im Wasser zu einem annehmbaren Gleichgewicht zwischen Nahrungsproduzenten und -reduzenten zu kommen. Ein Gleichgewicht kann sich aber nur dann einstellen, wenn keine Seite überhandnimmt. In der Natur stellt sich ein biologisches Gleichgewicht erst im Verlauf eines langen Zeitraumes ein. Bei einem neu angelegten Gartenteich dauert es auch 1–2 Jahre, bis die selbstreinigenden und regulierenden Funktionen in Gang gekommen sind und sich ein Gleichgewichtszustand einstellt. Unser Teich belebt sich vom ersten Tag seiner Fertigstellung an immer mehr. Sie können viele Vorgänge auch optisch wahrnehmen (die Wasserfarbe verändert sich z. B., und es »rührt« sich einiges im Wasser), aber auch durch regelmäßige Wasseranalysen (mit dem Dupla-Analytik-Programm) ist es auch dem Laien möglich, die Veränderungen, z. B. des pH-Wertes, der Karbonathärte, des Nitrat- oder Sauerstoffgehaltes, zu verfolgen. Gerade in der Anfangsphase tut sich im und am Teich täglich etwas. So ist man oft überrascht, wenn man feststellt, daß die Temperaturunterschiede zwischen Teich- und der anderen Umgebung oft recht deutlich sind, um wieviel üppiger die Pflanzen in der Teichumgebung wachsen und wieviel Lebewesen auftauchen, die vorher nicht im Garten zu finden waren. Zuerst füllt sich der Teich mit sichtbarem Leben (Wasserinsekten usw.), dann finden sich immer mehr Insekten (z. B. Schmetterlinge, Bienen und Libellen) auf den Blüten der Teichpflanzen ein, und täglich kommen mehr Vögel, um das reiche Leben am Teich zu genießen. Sie finden endlich gutes Trinkwasser, eine sichere Badestelle und genügend Nahrung. Zusammen mit all dem anderen Leben kann am Teich wieder ein Kreis geschlossen werden, der andernorts von Menschenhand schon unterbrochen und zerstört ist.

1 Die Plattbauch-Libelle (Libellula depressa) lauert stets auf anfliegende Beute, die sie dann im Flug erjagt.

1

Rund um den Zierfischteich

1

Die Wahrscheinlichkeit ist groß, daß der Wunsch, Zierfische zu pflegen und zu beobachten, das Hauptmotiv bei vielen Menschen ist, einen Gartenteich anzulegen.

Damit die Fische sich wohl fühlen, wachsen und gedeihen, brauchen sie einen zusagenden Lebensraum und bestes Wasser. Dabei spielt natürlich die Größe, aber auch die Wassermenge, die den Fischen zur Verfügung steht, eine ausschlaggebende Rolle. Viele der beliebten und häufig erwünschten Arten wie die Koi- und Goldkarpfen können aber recht groß werden und brauchen deshalb auch eine ihrem Schwimmbedürfnis angepaßte Wasserfläche, zum Verstecken und Laichen aber auch Wasserpflanzen. Diesen Bedürfnissen ist unbedingt Rechnung zu tragen. Wer glaubt, in einem 600 Liter fassenden Fertigteich genügend Platz für 6–10 Goldfische zu haben, der wird schnell eines anderen belehrt, wenn diese Tiere sich bei guter Pflege reichlich vermehren. Weiter ist der Wunsch (Sammeltrieb) nach möglichst vielen (bunten) unterschiedlichen Arten, die wiederum viel Platz brauchen, zu berücksichtigen. Deshalb sollte ein Zierfischteich eine Wasseroberfläche von mindestens 9 m² aufweisen. Damit *alle* Fische die bei uns oft recht langen und strengen Winter überstehen, müßte der Zierfischteich mindestens 1 Meter tief sein. Die mangelnde Wassertiefe – besonders wenn sie weniger als 80 cm beträgt – läßt sich mit keiner noch so ausgeklügelten Technik ausgleichen. Die Erfahrungen bei strengen und frostreichen Wintern haben gezeigt, daß es viel zu viele Teiche gibt, die zu flach sind. Wer nur auf milde Winter baut, der sollte den Tieren zuliebe besser auf die Haltung von Zierfischen verzichten. Außerdem muß man unbedingt berücksichtigen, daß in einem

1

Zierfischteich üblicher Größe auch bei einer vernünftigen Besatzdichte gefüttert wird und die Fische immer wieder Mulm aufwirbeln, so daß sowohl ein leistungsstarker Filter als auch eine gezielt durchgeführte Wasserpflege notwendig ist (s. S. 89).

10.1.
Wer die Wahl hat

Gute Zoofachgeschäfte halten eine große Auswahl an geeigneten Fischarten für den Gartenteich bereit. Ob Sie sich für die schlicht gefärbten *einheimischen* Arten

1 Der Fischbesatz muß wohl überlegt sein, denn auch in kleinen Teichen können sich Goldfische vermehren. Die Arten sollen zueinander passen und sich nicht stören.

oder für die bunten Goldfisch- und Koi-Variationen entscheiden, hängt von Ihrem eigenen Geschmack und Ihren individuellen Vorstellungen ab.

Die im Anschluß an dieses Kapitel folgende Artenbeschreibung hilft Ihnen sicher bei Ihrer Kaufentscheidung. Wichtig ist es, daß Sie den Besatz so auswählen, daß die Fische zueinander passen, sich ergänzen und sich nicht wesentlich stören. Es ist äußerst schwierig, wenn nicht gar unmöglich, eine bindende Empfehlung für die Besatzdichte auszusprechen. Zu unterschiedlich sind das Wachstum, das Nahrungsbedürfnis, das Verhalten und die Vermehrungsrate der angebotenen Arten. So kann nur eine Faustregel angeboten werden, die lautet: Je 200 Liter Wasser können mit *zwei* Friedfischen von etwa 8–10 cm Länge besetzt werden.

An dieser Stelle sei auch darauf hingewiesen, daß lebende Tiere grundsätzlich vom Umtausch ausgeschlossen sind und es ausschließlich dem »goodwill« des Fachhändlers überlassen bleibt, in welcher Form er Ihnen bei einem evtl. Fehlkauf entgegenkommt.

Um Enttäuschungen und Überraschungen vorzubeugen, ist es am besten, wenn Sie sich vor Ort vom Zoofachhändler beraten lassen und mit ihm den endgültigen Besatz vor dem Kauf abstimmen.

10.2.1.
Welche Fische?

Wer kennt und liebt sie nicht, die *Goldfische (Carassius auratus)* und ihre buntgefärbten und vielgestaltigen »Artgenossen«. Schon lange (etwa 1000 v. Ch.) bevor sie bei uns aus China (1691 in Porzellangefäßen) eingeführt wurden, haben sich die Chinesen mit der Zucht dieser beliebten Fische befaßt. Wenn man die heute im Handel angebotenen Zuchtformen und die vielen Farbschläge betrachtet, so kann man es kaum glauben, daß alle diese Fische von der eher unscheinbaren *Silberkarausche (Carassius auratus auratus),* von den Chinesen »Chi« genannt, abstammen. Silberkarauschen bewohnen noch heute asiatische Gewässer. Aus Fernost kommen noch immer wenig bekannte Züchtungen zu uns. Da nicht alle winterhart sind, sollte man sich vor dem Kauf vom Zoofachhändler beraten lassen, ob sie im Aquarium, Zimmer- oder im Gartenteich gepflegt werden können. Goldfische werden ca. 20–30 Zentimeter lang. Obwohl sie als Allesfresser gelten, haben sie doch ein Recht auf bestes Futter, z. B. DuplaRin T. Der Geschlechtsunterschied ist wie bei den meisten Karpfenartigen (Cypriniden) auch für den Laien sichtbar. Die Weibchen sind insgesamt fülliger und haben einen nach außen gewölbten (konvexen) Bauch. Die männlichen Tiere sind schlanker, haben einen etwas nach innen gezogenen Bauch (konkav) und zeigen in der Laichzeit den sogenannten Laichausschlag (besonders am Kopf). Goldfische sind sehr fruchtbar und können sich auch im Gartenteich vermeh-

ren. Was die Chinesen aus der unscheinbaren Silberkarausche herausgezüchtet haben, verdient unsere uneingeschränkte Bewunderung – auch dann, wenn die Zuchtformen nicht unserem Geschmack entsprechen. Da gibt es: silberne Fische mit rotem Kopffleck, gescheckte – fast blaue und rein schwarze Tiere mit langen, schleierartigen Flossen, Triangel-Flossen, Blasenaugen, Teleskopaugenfische (mit nach außen gerichteten Stielaugen), Löwenköpfe (mit wulstigen, schwammigen Hautwucherungen auf dem Kopf), Fische mit eiförmigen Körpern, mit und ohne Rückenflosse, die

wie pures Gold glänzen, und perlschuppige Fische, die wie bunte Tannenzapfen aussehen, und noch viele weitere Formen. Sie alle werden in Asien deshalb so geschätzt, weil man dort die Fische nicht durch die Aquarienscheiben von vorne, sondern in vielerlei Gefäßen, vor allem aber auch in den Teichen von oben bewundert. Goldfische sind ausdauernde und empfehlenswerte Pfleglinge, die von kaum einem anderen Zierfisch an Popularität übertroffen werden.

Ganz weit vorne in der Beliebtheitsskala sind die *Orfen (Leuciscus idus)*.

Besonders ihre Zuchtformen, die »Goldorfe« und neuerdings auch eine blaue Form, finden immer mehr Freunde unter den Teichbesitzern. Orfen sind oberflächenorientiert und nehmen neben dem dargereichten DuplaRin-T-Futter auch natürliche Leckerbissen sowie Mückenlarven und so manches Schadinsekt von der Wasseroberfläche. Obwohl sie ca. 35–50 cm lang werden können, sollte man diese Fische im Schwarm (mindestens 7 Tiere) hal-

ten. Die Orfen sind sehr sauerstoffbedürftig. Schon lange bevor z. B. Goldfische an der Wasseroberfläche anfangen, heftig nach Luft zu schnappen, zeigen die Orfen dieses Erscheinungsbild. Auf Wasserverschlechterung, z. B. Einleitungen von Bioziden, reagieren diese Fische sofort mit heftiger Atmung und Schleimhautschäden (rote Flecken). Entgegen anders lautenden

1 Eine Zuchtform des bekannten Goldfisches (Carassius auratus) sind die vielfarbigen Schleierschwanz-Goldfische.

2 Aus der Orfe (Leuciscus idus) lassen sich ebenfalls farbenprächtige Variationen herauszüchten.

Veröffentlichungen vermehren sich die Orfen auch in genügend großen Gartenteichen (ca. 10 m² Wasseroberfläche sind ausreichend). Bei einiger Erfahrung kann man die schlankeren Männchen auch von den etwas fülligeren Weibchen unterscheiden.

Der japanische Koi

Japanische *Koi (Cyprinus carpio)* werden auch bei uns in Deutschland immer beliebter. Im Mutterland dieser Fische – in Japan – nennt man sie »Nishikigoi«. Der Grund ihrer Beliebtheit ist sicher in ihrer Farbenpracht und Zeichnungsvielfalt, aber auch in ihrer einfachen Haltung zu suchen. Kois sind wie der heimische Karpfen auch in möglichst großen (ab 12 m² Wasseroberfläche) und tiefen (100 cm Mindesttiefe) Teichen zu pflegen. Sie stammen von diesem und vom schwarzen Lederkarpfen ab. Durch gezielte Kreuzungen und Zuchtauswahl entstanden die heutigen Koi-Farbspielarten. Das Zentrum der japanischen Koi-Zucht liegt in der Mitte der Niigata-Präfektur in Japan. Tiere, die von dort stammen, eignen sich besonders gut für unsere Gartenteiche, denn auch im Niigata-Distrikt gibt es strenge Winter mit Schnee und Eis. Die Koi-Zucht hat in Japan schon eine lange Tradition, gelten Kois doch von jeher als ein Symbol für Glück, Mut und Erfolg. Aus diesen Gründen sind sie auch ein willkommenes Geschenk zu vielen Gelegenheiten. Die Fische laichen in Japan häufig in Naturteichen von April bis Mitte Oktober. Kois sind bei guter Fütterung schnellwüchsig, wie das folgende Beispiel zeigt: Schon im ersten Lebensjahr können sie bis zu einer Größe von 20 cm heranwachsen, im zweiten auf 30–35 cm und im dritten bis 50 cm. Ausgewachsene Tiere können im Verlauf von etwa 10 Jahren die stattliche Länge von 70 cm und mehr erreichen. In unseren Gartenteichen bleiben sie meist kleiner. Außerdem können Kois recht alt werden (50–70 Jahre sind in Japan keine Seltenheit). Außergewöhnlich gut gefärbte und wohlproportionierte Tiere erzielen im Land der aufgehenden Sonne auf den jährlich stattfindenden Ausstellungen und Auktionen geradezu traumhafte Preise. Es

1 Geradezu fantastisch gefärbt sind die japanischen Kois. Je größer, kräftiger und auffallender gefärbt die Fische sind, desto mehr Wert haben sie.

1

gibt sicher einige hundert Farbspielarten, einfarbige, zweifarbige und mehrfarbige Variationen. Die wichtigsten Farbspielarten seien hier kurz genannt: der einfarbige, meist gold- und platinfarbene *Ogon,* der silber- und goldgemusterte *Hikarimoyo mono* und der dunkle, meist gelb-schwarze *Kawarimono.*

Kois in allen Variationen

Zu den beliebtesten Koi gehört der sogenannte *Beko,* dessen Basisfarbe Weiß, Rot oder Gelb ist, mit andersfarbigen Flecken. *Kohaku* wird der populäre rot-weiße Koi genannt. *Utsuri*-Kois sind schwarz-gelb, schwarz-rot oder schwarz-weiß gezeichnet. Der *Asagi*-Koi weist verschiedene Grundfarben mit einem blauen Rücken auf. *Shusuis* haben einen dunkelblauen Rücken. Der *Tancho*-Koi ist silbern mit einem einzigen roten Fleck auf dem Kopf. Der *Koromo*-Koi ist eine Mischung aus *Asagi* und *Kohaku.* Die schwarz-weiß-roten *Showa*-Kois sind für jeden Teich eine besondere

Zierde. Ebenso farbenprächtig ist der *Taisho Sanke,* bei dem auf weißem Grund rote und schwarze Flecken zu finden sind. *Hikari Utsurimono* ist eine gelungene Mischung aus Utsuri und Ogon. Ganz bezau-

bernd sind die *Kinginrin*-Kois, die mit silbernen und zahlreichen schwarzen Flecken bedeckt sind. Es ist zu hoffen, daß möglichst viele dieser herrlichen Farbspielarten importiert und im Zoofachhandel angeboten werden. Diese Fische wirken in flachen Teichen zwar besser, aber man sollte sich auf keinen Fall darauf verlassen, daß der Winter mild genug ist, um die Tiere im Teich überwintern zu lassen. Besonders gefährdet sind auch Kois, die aus Israel und anderen warmen Ländern importiert wurden. Sie überstehen in den seltensten Fällen das erste Jahr unbeschadet, wenn der Teich zu flach ist. Eine Überwinterung in einem frostfreien Raum ist dann angeraten. Es versteht sich von selbst, daß man diese Fische in einem genügend großen Aquarium, das mit einem leistungsstarken Filter ausgestattet ist, überwintern läßt. Tiere, die im Teich verbleiben, muß man bis weit in den Herbst hinein (solange sie Nahrung aufnehmen) füttern. Da Kois auch gerne gründeln, sollte der Bodengrund substratfrei und die Pflanzenkörbe gut mit grobem Kies abgedeckt sein. Bei der Pflege von Kois lohnt sich der Einsatz eines Filters in jedem Fall. Diese farbenprächtigen Fische lassen sich auch bedenkenlos mit anderen Arten vergesellschaften, und man ist auch nicht gezwungen, einen ganzen Schwarm zu pflegen. Es genügen schon wenige Tiere, um den Teich zu beleben, obwohl ein kleiner Schwarm Kois sehr reizvoll ist.

Einheimische Wild- und Zuchtformen

Ebenfalls für Gartenteiche gut geeignet ist die von dem einheimischen *Rotauge (Rutilus rutilus),* in der Umgangssprache auch »Plötze« genannt, abstammende *Goldplötze.* Goldplötzen sind ruhige, friedliche Fische, die gerne im Schwarm die mittleren bis oberen Wasserschichten beleben. Sie werden bei guter Pflege 20—35 cm lang und fressen neben so manchem Wasserinsekt auch das angebotene DuplaRin-T gerne. Im Gartenteich vermehren sie sich auch gut. Zur Laichzeit sind die Weibchen an ihrem deutlich kräftigeren Leibesumfang gut vom schlankeren Männchen zu unterscheiden. Auf Grund ihrer »Goldfärbung« sind sie weitaus beliebter als die Naturform, die in sanft fließenden bis stehenden Gewässern vorkommt.

Recht ähnlich sieht dem Rotauge die ebenfalls beliebte *Rotfeder (Scardinius erythrophthalmus),* von der es auch eine schön gefärbte Form – die *Goldfeder* – gibt. Als Unterscheidungsmerkmal gilt die steile Maulspalte der Rotfeder, beim Rotauge ist sie nur leicht angeschrägt. Das Rotauge hat eine rotumrandete Pupille. Bei der Rotfeder ist diese messingfarben. Die Rotaugen-Rückenflosse liegt über dem Bauchflossenansatz, bei der Rotfeder liegt er deutlich dahinter. Die Rotfeder-Rückenflosse ist leicht nach innen gewölbt, beim Rotauge gerade. Rotfedern fressen gerne neben allerlei Wassergetier auch Pflanzen und natürlich DuplaRin T. Sie eignen sich auch gut zur Algenbekämpfung. Feinfied-rige und weichblättrige Unterwasserpflanzen gelten bei der Rotfeder ebenfalls als »Zukost«. Die Rot- und Goldfeder wird etwas größer als die vorher beschriebenen Plötze. Bei guter Pflege kann sie durchaus 30–40 cm im Teich erreichen. Man kann beide Arten gut mit anderen vergesellschaften. Die Zucht ist im Teich problem-

1 *Plötze (Leuciscus rutilus).*
2 *Wie von der Plötze gibt es auch von der Rotfeder (Scardinius erythophthalmus) eine goldene Variante.*

1

2

los. Der reichliche Nachwuchs kann allerdings zum Problem werden (Überbevölkerung).

Unter den »goldenen« Fischen finden wir im Angebot des Zoofachhandels eine Zuchtform der Schleie (Tinca tinca) – die Goldschleie. Sie ist wie die einheimische Naturform leicht zu pflegen. Als dämmerungsaktiver Fisch – der hauptsächlich den Bodengrund besiedelt – ist ihr Auge hervorragend dem Sehen in der Dämmerung angepaßt. Der eher ruhige Fisch kommt höchst selten zur Wasseroberfläche – er wartet lieber auf das Futter, das nach unten fällt. Die Schleie vermehrt sich im Gartenteich recht willig. Ihre zahlreichen Eier legt sie gerne zwischen feinfiedrigen Pflanzen ab. Gut genährte Tiere erreichen eine Größe von ca. 50 Zentimetern, was sie nur für große Teiche als empfehlenswert erscheinen läßt.

Wer sich einen Zierfischbestand mit einheimischen Fischen zulegen will, der ist auf die Nachzuchten, die es in gutsortierten Zoofachgeschäften gibt, angewiesen. Die Entnahme aus Naturgewässern findet nicht immer die Zustimmung des Besitzers oder Pächters. Außerdem ist das Risiko, sich aus einem unbekannten Gewässer unliebsame Gäste (Ektoparasiten) einzuschleppen, recht groß.

Für den Gartenteich sind nur solche Fische geeignet, die in stehenden und häufig recht warm werdenden Gewässer leben können. Es kommt auch darauf an, bei welchen Temperaturen sie beim Züchter gehalten wurden.

2

Gut geeignet ist die Karausche (Carassius carassius), die im natürlichen Gewässer ca. 20–30 cm groß werden kann. Im Gartenteich (Naturteich) läßt sich dieser friedliche Fisch sehr gut pflegen und ist überaus widerstandsfähig. Er frißt das angebotene DuplaRin-T sehr gerne und gedeiht dabei hervorragend. Die Nachzucht gelingt ebenfalls im Gartenteich. Das Weibchen setzt etwa im Mai/Juni seine zahlreichen Eier klumpenweise an Wasserpflanzen ab. Ebenso gut geeignet und beliebt ist der Bitterling (Rhodeus sericeus amarus) der kleinste heimische Karpfenfisch ist. Bitterlinge lieben gut bepflanzte Gewässer. Sie werden ca. 5–9 cm lang und sind überaus hübsch gefärbt (besonders die Männchen zur Laichzeit). Sie lieben es, auf Nahrungssuche im Schwarm die pflanzenreichen Regionen ihres Gewässers zu durchstreifen. Dabei suchen sie nach kleinen Würmern (Tubifex), Insekten aller Art sowie nach Kleinkrebsen und Wasserflöhen. Sie verschmähen selbst Algen nicht. Zur Fortpflanzung benötigt der Bitterling (je nach Wassertemperatur findet diese zwischen April und Juni statt) eine Teich- oder Malermuschel. Das Weibchen legt mit seiner

1 Mit zu den ältesten Gartenteichfischen gehört die Karausche (Carassius carassius). Auf der oberen Hälfte des Fotos ist die Goldplötze zu sehen.

2 Der Bitterling (Rhodeus sericeus amarus) benötigt, um sich im Teich vermehren zu können, eine Teich- oder Malermuschel.

mehrere Zentimeter langen Legeröhre, die es in die Ausströmöffnung der Muschel einführt, seine Eier ab. Das Männchen stößt dann über der Atemöffnung der Muschel seinen Samen ab, der mit dem Atemsog in die Muschel gelangt und die Eier befruchtet. Die Fischlarven schlüpfen nach 2–3 Wochen und verlassen, wenn der Dottersack aufgezehrt ist, durch die Atemöffnung wieder die Muschel. Bitterlinge gehören zu den schönsten und auch interessantesten Fischen unserer Heimat.

Neben dem Bitterling werden im Zoofachhandel hin und wieder auch die Nachzuchten des *Moderlieschens (Leucaspius delineatus)* angeboten, eines unscheinbaren schlicht silbergrauen bis graugrünen Fischchens, das im Naturteich nur im Schwarm zur Geltung kommt. Diese zarten, 5–9 Zentimeter lang werdenden Fische sind recht anpassungsfähig und ausdauernd. Sie bevorzugen die oberen Wasserschichten, die ruhig sonnendurchflutet sein können, als Lebensraum. Als Nahrung dient außer Pflanzen alles, was nur in ihr kleines Maul paßt. Die Laichzeit fällt auf die Monate April/Mai. Vom Weibchen werden die Eier an Wasserpflanzenstengel abgelegt. Das Männchen betreibt sogar Brutpflege. Alles in allem ein empfehlenswerter Kleinfisch für den Kenner.

1

Ähnlich gefärbt ist der *Ukelei (Alburnus alburnus)*. Dieser Fisch lebt ebenfalls gerne in den oberen Wasserregionen als Schwarmfisch. Klare Gewässer sind sein bevorzugter Lebensraum. Als Nahrung dienen den Fischen, die 10–20 Zentimeter lang werden können, Insekten, deren Larven und Kleintiere aller Art sowie auch Al-

2

gen. Der Ukelei besitzt *nicht* die kurze, sichtbare Seitenlinie des Moderlieschens. Wenn sich die Tiere wohl fühlen, so vermehren sie sich auch reichlich.

Als Aquarienfische sind die *Stichlinge* leider wieder etwas aus der »Mode« gekommen. Sie mußten den noch farbenprächtigeren »Exoten« Platz machen. Dabei haben »Generationen« von Aquarianern das interessante Fortpflanzungsverhalten beobachtet und erste aquaristische Erfahrungen mit ihnen gemacht.

Der *Dreistachlige Stichling (Gasterosteus aculeatus)* wird ca. 5–10 Zentimeter lang. Auf dem Rücken trägt er drei bewegliche Stacheln. Zusätzlich ist er mit Bauchstacheln ausgerüstet. Während der Laichzeit, die von März bis Juli dauern kann, nimmt das Männchen am Rücken eine blauschwarze bis olivgrüne und am Bauch eine intensiv rote Färbung an. Das laichwillige Männchen baut ein kunstvolles Nest aus Pflanzenteilen – direkt am Gewässerboden –, in das die laichreifen Weibchen ihre Eier ablegen. Das Männchen betreibt eine intensive Brutpflege, es säubert und befächelt die Eier und vertreibt auch größere »Feinde« aus seinem Revier. Außerhalb der

---

1 Sehr vermehrungsfreudig ist der Dreistachelige Stichling (Gasterosteus aculeatus). Dadurch kann dieser kleine Räuber zum Problem im Gartenteich werden.
2 Für kühle Teiche und Bäche eignet sich die Elritze (Phoxinus phoxinus). Beim Umsetzen muß man diese Art langsam an das neue Milieu gewöhnen.

Laichzeit ist das männliche Tier wie das weibliche blaugrau bis olivgrün gefärbt. Der Bauch schimmert bei beiden Tieren silbern. Der Dreistachlige Stichling kommt in den Flachwasserzonen verkrauteter Gewässer vor. Er lebt im Meer-, Brack- und Süßwasser. Die Nahrung des kleinen, aber gefräßigen Räubers besteht aus Lebendfutter aller Art. Er hält nicht nur den Gartenteich mückenfrei, sondern er kann auch unter Jungfischen und der Wirbellosenfauna einigen Schaden anrichten. Diese interessanten und anpassungsfähigen Fische können in einem kleinen Teich sehr schnell überhandnehmen. Sind sie erst einmal im Gartenteich heimisch geworden, so muß man ihre Zahl in Grenzen halten. Neben dem Dreistachligen Stichling wird auch der *Zwergstichling (Pungitius pungitius)*, der auch als Neunstachliger Stichling bekannt ist, angeboten, obwohl die Zahl der Stacheln, die bei ihm schwächer als die des Dreistachligen Stichlings sind, zwischen neun und zwölf beträgt. Er erreicht auch nur die Größe von etwa 7 Zentimetern. Die Stichlinge sind nicht nur unterschiedlich wehrhaft, sie unterscheiden sich auch sonst noch: Der Zwergstichling ist wesentlich scheuer, er baut sein Nest eine »Etage« höher – zwischen Wasserpflanzen versteckt – als sein dreistachliger Vetter und ist zur Laichzeit auch nicht so farbig – er wirkt mehr schwarz. Nach dem Kauf muß man ihn sehr langsam umgewöhnen, da er auf Wasserveränderungen mit Verpilzungen reagieren kann.

Algenfressende Fische

Neben den genannten Arten haben in den letzten Jahren zwei asiatische Fischarten an Bedeutung für den Gartenteich gewonnen, ausgelöst durch das allgegenwärtige Algenproblem, das in vielen Gartenteichen auftritt und stört:
der *Graskarpfen (Ctenopharyngodon idella)*, der eine Länge bis zu einem Meter erreichen kann (im Gartenteich bleibt er aber kleiner) und in Asien als Speisefisch geschätzt wird. Er ist ein ausgesprochener »Pflanzenfresser« und wird deshalb auch als »Algenreduzent« angeboten. Als solcher hat er sich auch außerordentlich gut bewährt. Er frißt Algen aller Art. Leider macht er aber auch vor anderen Teichpflanzen nicht halt, so daß sein Einsatz wohl nur auf den pflanzenlosen Zierfischteich beschränkt bleiben muß. Wenn der Teich über

80 Zentimeter tief ist, können die Graskarpfen auch bei uns überwintern. Die Nachzucht macht den gewerbsmäßigen Züchtern auch in unseren Gewässern keine Schwierigkeiten, so daß auf Importe verzichtet werden kann.

1

Die zweite beliebte Art aus Asien ist der *Silberkarpfen (Hypophthalmichthys molitrix)*. Dieser elegante, silbergraue Fisch mit der ausgeprägten Kopfform frißt Schwebealgen und Plankton. Er wird meistens eingesetzt, wenn das Wasser »undurchsichtig« grün oder grau geworden ist. Fadenalgen sowie Wasserpflanzen verschmäht der Silberkarpfen. Da er keine Pflanzen frißt, kann man ihn in bepflanzte Teiche einsetzen. Er wird auch »Silberalgenkarpfen oder pferdeköpfiger Algenkarpfen« genannt. Wenn diese Fische in Panik geraten, das kann auch im Teich vorkommen, so können sie ausgezeichnet springen. Bei einer Teichtiefe von über 80 Zentimetern kann er auch im Teich überwintern. Vorausgesetzt, der Teich ist groß genug und es entwickeln sich genügend Plankton und Schwebealgen, so gelingt auch die Nachzucht im Gartenteich. Im Moment werden sie sowohl aus Asien als auch Israel importiert. Es gibt aber auch schon europäische Nachzuchten.

---

1 *Wenn der Gartenteich mit vielen Fadenalgen durchsetzt und verkrautet ist, sind Graskarpfen (Ctenopharyngodon idella) geeignete Grünfutterverwerter.*
Gegen Schwebealgen und Planktontrübungen kann man den Silberkarpfen (Hypophthalmichthys molitrix) einsetzen.

Hin und wieder werden weitere »Kaltwasserfischarten« für das Aquarium und den Gartenteich angeboten, die bei der Überlegung, welche Fische man einsetzen soll, grundsätzlich ausscheiden sollten, da sie ausgesprochen räuberisch leben und zumeist auch noch den Bodengrund besiedeln und von oben kaum gesehen werden können.

Zu ihnen zählen der *Langohrige Sonnenbarsch (Lepomis auritus)*, der *Pfauenaugenbarsch(Centrarchus macropterus)*, der *Steinbarsch (Ambloplites rupestris)* und auch der sehr häufig angebotene *Katzenwels (Ictalurus nebulosus)*.

Weitere Arten wie der *Gründling (Gobio gobio)* oder die Forelle *(Salmo trutta)* brauchen strömendes, kühles und sauerstoffreiches Wasser, das im Gartenteich fehlt (außer man nennt einen Naturbach bzw. eine Quelle sein eigen!).

Im engbegrenzten Raum eines Gartenteiches sollte man auf *alle* ausgesprochenen »Räuber« gänzlich verzichten. Selbst beim Stichling sind schon Bedenken angebracht. Wer auf diese Arten nicht verzichten will, der sollte sie in einem »Spezial-Kaltwasser-Aquarium« pflegen.

Nur wenn der Gartenteich kühl (etwa 23° C) und sauerstoffreich ist, oder das Wasser stark bewegt wird, läßt sich die *Elritze (Phoxinus phoxinus)* pflegen. Elritzen sind friedliche und muntere Schwimmer, die am liebsten im Schwarm leben. Als Nahrung bevorzugen sie allerlei Wassergetier und nehmen auch Mücken von der Wasseroberfläche. Da sie nur etwa 10 Zentimeter groß werden, sind sie für Gartenteiche geeignet, wenn die Wasserverhältnisse zusagend sind. Dann laichen sie auch zwischen April und Juli im Teich. Auch sie sollte man möglichst langsam umgewöhnen.

10.2.2.
Wann kann man die Fische einsetzen?

Auf keinen Fall sofort nach dem Einfüllen des Wassers. Das Teichwasser ist zu diesem Zeitpunkt weder »reif« noch biologisch eingefahren. Es kann noch Chlor und andere schädliche Stoffe (z. B. Schwerme-

talle) enthalten. Außerdem sind die Pflanzen noch nicht angewurzelt, und der Filter benötigt ebenfalls einige Tage, um seine volle Wirkung zu erreichen. Noch wichtiger ist die Tatsache, daß die Mikroorganismen, wie z. B. Bakterien, die für den Stickstoffabbau verantwortlich sind, noch nicht in genügender Menge herangewachsen sind. Man muß deshalb 2–3 Wochen mit dem Einsetzen der Fische warten, bis die Wasserverhältnisse dies zulassen. Es empfiehlt sich außerdem, bevor man die Fische kauft, den pH-Wert, die GH- und KH-Werte sowie Nitrit und den O_2-Gehalt zu überprüfen. Erst wenn das Teichwasser fischfreundlich reagiert (die gemessenen Werte in Ordnung sind), können die Fische in ihren neuen Lebensraum risikolos eingesetzt werden.

10.2.3.
Der Zierfischkauf

Die Zierfische für den Gartenteich kauft man am besten im Zoofachhandel. Denn nur der Zoofachhändler verfügt über die langjährige Erfahrung (mit empfindlichen

1

1 *Einige Tropfen Duplagan helfen, daß die neugekauften Fische den Transport gut überstehen.*

Exoten und Teichfischen), die nötig ist, um richtig beraten und gesunde Fische anbieten zu können. Das Angebot sollte reichhaltig, die Fische gesund und vor allem gut eingewöhnt und futterfest sein. Besonders sorgfältige Fachhändler bieten Fische an, die sicherheitshalber einer vorbeugenden Behandlung gegen die häufigsten Fischkrankheiten unterzogen wurden. Einen weiteren Vorteil für Sie stellt die Möglichkeit dar, die Fische nicht nur von oben, sondern in den Aquarien auch von der Seite zu sehen. Dies erleichtert die Auswahl, und man kann sich dabei von der Qualität des Angebotes überzeugen. Achten Sie immer darauf, daß die Fische munter und quicklebendig mit gespreizten Flossen umherschwimmen, frei von roten, blutunterlaufenen Stellen sind und willig an das angebotene Futter gehen. Lassen Sie sich beim Fischkauf ruhig noch einmal vom Fachhändler Ihres Vertrauens beraten, damit Sie die richtige Auswahl treffen können. Bitten Sie den Verkäufer auch noch, dem Transportwasser als Transporthilfe einige Tropfen Duplagan zuzusetzen, damit weder Streß noch fangbedingte Schäden die Fische schwächen. Dann transportieren Sie die Fische auf dem schnellsten Weg nach Hause. Während des Heimweges den Transportbeutel bitte nicht auf den sonnendurchhitzten Autositz oder auf die heiße Ablage legen!

10.2.4.
Einsetzen und eingewöhnen

Zu Hause angekommen, dürfen wir die Fische keinesfalls mit dem Transportwasser in den Teich kippen. Wir gewöhnen sie besser ganz langsam und gezielt an ihr neues Milieu, damit sie keinen tödlichen Temperatur- oder Wasserschock erleiden. Dazu benötigt man eine kleine, saubere Wanne oder einem Eimer (in denen noch nie Spülmittel waren). Dann wird der Transportbeutel geöffnet und ein Drittel des Transportwassers weggeschüttet und der Beutel dann mit der gleichen Menge Teichwasser wieder aufgefüllt. Anschließend schwenkt man den Beutel vorsichtig, so daß sich das Wasser gut durchmischt, und läßt beides

(Wasser und Fische) in das bereitgestellte Gefäß gleiten. Nun wird langsam – Tasse für Tasse – das Gefäß gefüllt, und nach etwa 20 Minuten können die neuen Teichbewohner (ohne Transportwasser) in ihren neuen Lebensraum schwimmen. Wenn Sie wie vorgeschlagen verfahren, können Sie sicher sein, daß die Fische keinerlei Schock erleiden und sich schnell eingewöhnen.

10.3.1.
Der Futterspaß mit DuplaRin

Nachdem die Zierfische den Teich bezogen haben, taucht auch schon die nächste Frage auf: ab wann mit der Fütterung der Fische begonnen wird, wieviel gefüttert werden muß und welches Futter das richtige ist. Vor der ersten Fütterung sollte man sich 2–3 Tage gedulden, bis die frisch eingesetzten Fische sich eingewöhnt und ihre neue Umgebung ausgiebig erkundet haben. Naturgemäß sind sie während dieser Zeit nicht oft zu sehen. Gesunde Fische reagieren erst einmal mit Vorsicht. Sie wir-

1 Die tägliche Fütterung der Teichfische mit DuplaRin-T schafft nicht nur gesunde Fische, sondern macht auch Spaß.

ken auf uns noch sehr scheu und leben wie im Naturgewässer von dem, was an Freßbarem im Teich ist. Weist das Teichwasser eine Wassertemperatur von mehr als 12° C auf, beginnen wir nach drei Tagen mit möglichst kleinen Futtergaben und verhalten uns bei der Fütterung äußerst ruhig und vorsichtig, um die Fische nicht zu erschrecken (zu vergrämen). Im selben Maß, wie die Fische die Nahrung aufnehmen, erhöhen wir die Futtermenge. Es wird nur so viel angeboten, wie sofort weggefressen wird. Wenn Sie feststellen, daß Ihre Teichfische bei regnerischem oder kaltem Wetter weniger fressen, so ist das völlig normal, denn der Appetit der Fische richtet sich nach der Wassertemperatur. Am meisten wird gefressen, wenn diese zwischen 18 und 25° C liegt. Über 25° C und unter 18° C, auch wenn sich die Wasserqualität verschlechtert, vermindert sich der Hunger wieder. Sinkt die Wassertemperatur unter 10° C, stellen die Fische die Nahrungsaufnahme ein, ihr Stoffwechsel verlangsamt sich (sie sind ja wechselwarm), sie halten Winterruhe. Bis zu diesem Zeitpunkt (oft bis in den November hinein) sollten Sie weiterfüttern, um die Fische möglichst zu kräftigen, damit sie bis zum Frühjahr von ihren Reserven zehren können. In natürlichen Gewässern kann auf eine Fütterung durch Menschenhand verzichtet werden, weil die Bestandsdichte von Fischen dem Lebensraum angepaßt ist. Im künstlich geschaffenen Teich sollte man auf eine Zufütterung nicht verzichten, weil mehr Fische auf einem wesentlich engeren Raum gepflegt werden und die natürlichen Nahrungsquellen zu schnell versiegen. Es wird mehr gefressen als nachwachsen kann. Deshalb wurde für die Gartenteichfische mit dem DuplaRin-T ein hochwertiges, artgerechtes Nahrungsmittel geschaffen, in dem alles enthalten ist, was die Fische zum guten Gedeihen brauchen. Auch Gartenteich- und Goldfische haben ein Recht auf *bestes* Futter. Es sollte keinem Zierfischfreund gleichgültig sein, was seine Teichfische fressen.

10.3.2.
Artgerechte Ernährung

Dank intensiver Forschung sind die Zeiten vorbei, in denen Brotreste und ungeeignete Flocken (Hafer- oder Hundeflocken) oder auch zu große Stücke an die Goldfische und ihre verwandten Arten verfüttert wurden. So haben im gleichen Maß auch die ernährungsbedingten Krankheiten im Teich rapide abgenommen. Deshalb enthält DuplaRin-T *alles,* was Cypriniden (karpfenartige Fische) und andere Arten benötigen:

● Ein vollständiges *Aminosäurespektrum* für die optimale Eiweißversorgung,

● alle notwendigen *Mineralstoffe* für kräftigen Knochenbau,

● wichtige *Spurenelemente* für eine dauerhafte Gesundheit,

● *völlig erhaltene Vitamine* durch ein spezielles Herstellungsverfahren (Fertigung im Niedertemperaturbereich) für beste Vitalität, Widerstandskraft und natürliche Färbung,

● *einen ausgewogenen Rohfasergehalt und genügend Ballaststoffe* für einen problemlosen Stoffwechsel.

Alle diese lebenserhaltenden Inhaltsstoffe liegen im *richtigen* Mischungsverhältnis vor. Sie sind *rohstoffschonend* und ohne chemische Zusätze, *vitaminschonend* verarbeitet und verpackt. Außerdem entspricht die *Darreichungsform* den Anforderungen unserer Pfleglinge. Fische sind durchaus in der Lage, unterschiedliche Futtersorten geschmacklich und auch bei der Futteraufnahme zu unterscheiden. Angler können davon ein Lied singen, wenn auf falsche Köder kein Fisch anbeißen will. DuplaRin-T wird gierig gefressen, weil es nicht nur fischgerecht schmeckt, sondern auch in der richtigen Brockengröße angeboten wird. Die Größe des Futterbrockens spielt dabei eine große Rolle, weil das Futter im Cyprinidenmaul weit hinten von den Schlundknochen zerdrückt wird, bevor es in den Verdauungstrakt gelangt.

DuplaRin-T —
das ideale Teichfischfutter

Das DuplaRin-T-Teichfischfutter ist so hochwertig, daß man auf andere Futtersorten – auch auf Lebendfutter (Tubifex, Mückenlarven und Wasserflöhe) getrost verzichten kann. Gartenteichfische werden, wenn man sie regelmäßig, zur gleichen Zeit und am selben Platz füttert, schnell zahm. Sie fressen buchstäblich aus der

Hand. Besonders Koi-Karpfen entwickeln bei der Fütterung eine auffallende Zutraulichkeit. Ich habe schon Tiere erlebt, die buchstäblich am Finger des Teichfreundes genuckelt haben. Um das Verhalten der Fische so natürlich wie möglich zu erhalten, empfehle ich aber, das Futter so anzubieten, daß die Fische danach regelrecht jagen müssen. Gleich welche Fütterungsmethode Sie bevorzugen, sollten Sie aber nur kleine Mengen über den Tag verteilt reichen. Die Gefahr einer Überfütterung und damit einer gleichzeitigen Wasserverschlechterung ist immer gegeben. Die Zeit, wann gefüttert wird, spielt dabei eine untergeordnete Rolle. Man kann auch nur einmal am Tag, z. B. am Feierabend, mehrmals hintereinander kleinere Mengen füttern. Dabei sollte die letzte Futtergabe spätestens eine Stunde vor Sonnenuntergang erfolgen, damit nichts übrig bleibt und das Wasser verdirbt.

Die gezielte Fütterung macht sehr viel Spaß, denn wenn die Fische nach oben kommen, um gierig nach dem Futter zu jagen, kann man sie gut beobachten und sie buchstäblich gedeihen sehen.

10.4.
Pflegen und heilen

Es ist völlig natürlich, daß auch Teichfische – wie alle anderen Lebewesen auch – einmal krank werden können. Leider fallen kranke Fische im Teich erst auf, wenn sie schon stark geschwächt und befallen sind und dabei in Ufernähe an der Wasseroberfläche lethargisch treiben. Es kommt auch vor, daß nicht nur ein Tier, sondern der ganze Bestand in Mitleidenschaft gezogen ist. Wenn der Fisch noch lebt, kann ein versierter Zoofachhändler oder Tierarzt eine genaue Diagnose stellen. Bei inneren Erkrankungen oder wenn der Fisch schon tot ist, fällt dies meist schwerer oder ist ganz unmöglich, weil viele Parasiten den toten Fisch verlassen und andere Individuen (Pilze, Bakterien, Egel und Würmer) ihn sofort besiedeln. So kann es logischerweise zu Fehldiagnosen kommen. Gleichzeitig muß aber auch eine genaue Wasseranalyse durchgeführt werden (s. S. 113), weil weitaus häufiger Wasserschäden als Krankheiten die Todesursache sind. Sie brauchen aber nicht zu verzweifeln, wenn Ihre

1

Teichfische erkranken, denn die am häufigsten auftretenden Probleme sind heutzutage lösbar (s. S. 120), zumal die wasserbedingten Schadbilder an erster Stelle stehen, wenn Teichfische sich nicht wohl fühlen. Nach dem Messen des Sauerstoffgehaltes (O_2), des pH- und KH-Wertes sowie des Ammoniumgehaltes (NH_4) genügt es häufig, einen Teilwasserwechsel im Teich durchzuführen und das Wasser auf fischfreundliche Werte zu bringen. Der O_2-Gehalt sollte über 70 % Sättigung liegen, die KH mindestens 5° dH und nicht höher als 18° dH betragen, der pH-Wert sollte zwischen 6,5 und 8 liegen und der Ammoniumwert nicht über 0,5 mg/l. Wie man diese Werte erreicht, können Sie auf Seite 117 nachlesen.

Wer sein Teichwasser nicht nur im Notfall, sondern regelmäßig überwacht und prüft, Wasserpflege betreibt und seine Fische beobachtet, der kann rechtzeitig erkennen und richtig reagieren, wenn seine Pfleglinge sich nicht wohl fühlen. Sollten Sie beobachten, daß die Fische heftig atmend an der Wasseroberfläche schwimmen, sich auffällig und oft an Steinen sowie anderen Gegenständen scheuern oder wie mit Mehl bzw. Grieß gepudert aussehen, graue Hautstellen aufweisen oder watteartige Verpilzungen auf dem Körper sichtbar sind, müssen Sie sofort reagieren. Ist das Wasser in Ordnung, läuft der Filter tadellos und sind die Wassertemperaturen nicht über

---

1 Dieses Erscheinungsbild kann viele Ursachen haben: Verletzung durch Bisse (Insekten, Katzen usw.), Wasserverschlechterung nach der Eisschmelze, aber auch falsche Ernährung.

28° C angestiegen, so liegt wahrscheinlich ein Parasitenbefall vor, der sich mit einem speziell für Teichfische entwickelten Medikament, das auf alle diese Krankheitsbilder abgestimmt ist, heilen läßt. Auch dieses Mittel gibt es im Zoofachhandel. Auch Verletzungen und Schleimhautschäden, die von den allgegenwärtigen Pilzsporen (Saprolegnia) besiedelt sind, lassen sich problemlos behandeln. Hautschäden können durch ein rauhes Netz, durch Bisse anderer Fische und Insekten oder deren gefräßige Larven (Gelbrandkäfer, Libellenlarven), aber auch von fischenden Katzen herrühren. Wie in der Humanmedizin, sind auch alle Mittel, die im Gartenteich zur Anwendung kommen, genau nach der Gebrauchsanweisung anzuwenden. Vor allem aber äußerst genau zu dosieren! Vor der Zugabe von Medikamenten ist es immer angebracht, ein Drittel des Wassers auszutauschen (Frischwasser zulaufen lassen)! Ernährungsbedingte Ausfälle (durch Leberschäden, Geschwüre oder Abmagern) treten erst gar nicht auf, wenn man seine Fische richtig ernährt, am besten mit DuplaRin-T. Sieht man einmal davon ab, daß gesunde und kräftige Tiere weniger häufig erkranken und kaum einmal von Schwächeparasiten wie Egel, Karpfenlaus oder dem stäbchenförmigen Kleinkrebs Lernea befallen werden als andere, so überstehen kerngesunde Tiere auch lange und strenge Winter besser. Dank der intensiven Forschung, die auf dem Sektor der Teichfischhaltung betrieben wird, braucht heutzutage kein Gartenteichbesitzer mehr zu verzweifeln, wenn sich seine Pfleglinge einmal nicht wohl fühlen sollten. Aber auch für Sie gilt das oft strapazierte Sprichwort: »Vorbeugen ist besser als heilen.« Zu diesem Thema finden Sie weitere interessante Ausführungen im Kapitel Wissen hilft Probleme lösen (s. S. 120).

10.5.
Noch ein Wort zur Goldfischzucht

Wenn die Teichfische erwachsen sind und sich wohl fühlen, so schreiten sie im Sommer auch zur Fortpflanzung. Eines Tages

1 Mit DuplaRin-Micro angefütterte Jungfische (hier sind es »Shubunkin«-Goldfische) wachsen sehr gut. Man muß aber rechtzeitig dafür sorgen, daß es nicht zur Übervölkerung des Teiches kommt, um eine Schädigung der Fische zu vermeiden.

1

werden Sie feststellen, daß die Fische in Pflanzennähe – meistens am Teichrand – hintereinander herjagen, um dann wieder für einige Momente dicht aneinandergeschmiegt zu verweilen. Bei der stürmischen Verfolgung entstehen regelrechte Wasserturbulenzen. Wenn Sie weiter feststellen, daß die Tiere in der Kopfregion einzelne grießkorngroße weiße Punkte tragen, so sind sie nicht etwa krank, sie zeigen den sogenannten Laichausschlag. Freuen Sie sich! Denn die Fische laichen nun und legen ihre zahlreichen Eier im seichten Wasser zwischen den Pflanzen ab. Nun kommt es auf das Nahrungsangebot und auf die Anzahl der Freßfeinde an, wie viele Jungfische das erste Lebensjahr überstehen. Wie in der freien Natur, überleben auch im Teich die stärksten und kräftigsten. Wenn man die ersten Jungfische entdeckt, dann kann man sie mit feinstem Jungfischfutter (z. B. DuplaRin-Micro), wie es die Aquarianer verwenden, füttern. Seien Sie aber nicht zu enttäuscht, wenn alle oder auch nur einige der Jungfische etwa 10–15 Monate lang eine grauschwarze Färbung aufweisen und das herrliche Rot ihrer Eltern völlig vermissen lassen. Das ist normal, denn die Naturfarbe kann erst sehr spät dem erwünschten Rot Platz machen. Wer ganz sicher gehen will, daß von dem Jung-

fischsegen eine bestimmte Anzahl überlebt, für den empfiehlt es sich, einige Jungfische im Aquarium aufzuziehen, bis sie groß genug sind, um nicht mehr gefressen zu werden. In einem vernünftig besetzten Teich, in dem sich einheimische Fische tummeln, überleben so viele Fische, wie nötig sind, um den Bestand zu erhalten. Auf keinen Fall dürfen überzählige Tiere in das nächstbeste Naturgewässer ausgesetzt werden. Der Schaden, der dadurch entstehen kann, ist häufig größer als der Nutzen. Empfehlenswert ist es, die Nachzucht anderen Teichfreunden oder dem Zoofachhandel anzubieten.

10.6.
Fische überwintern?

Alljährlich, wenn im Spätherbst alles Leben im und am Teich sich auf den kommenden Winter einstellt, kommt auf den

1 Wenn der Herbst mit seiner Farbenpracht den Teich noch einmal verzaubert, muß man darangehen, den Teich für den Winter zu präparieren.

Teichbesitzer die Frage zu, was mit den Fischen geschehen soll. Sollen sie im Teich überwintern, oder ist es besser, sie herauszufangen und anderenorts zu überwintern? In unserem optimalen Gartenteich, der ja eine Tiefe von einem Meter aufweist, schadstofffrei ist und den wir auf den Winter vorbereitet haben (s. S. 132), können die Fische – sich selbst überlassen – in ihrer gewohnten Umgebung verbleiben. Wie in der freien Natur überleben unsere gut genährten, starken Tiere die winterliche (natürliche) Auslese. Bei Wassertiefen von 60–80 cm ist es oft Glückssache, wenn Fische die kalte Jahreszeit schadlos überstehen. In manchen Jahren, wenn der Winter kurz und mild ist, mag das auch gutgehen. Ist der Winter jedoch streng und lang, so sind Ausfälle zu befürchten.

Überwintern in Minigewässern

Auf keinen Fall dürfen Fische in Miniteichen und Flachwasserbecken (Kübeln, Wannen und andere Gefäße) ihrem Schicksal unter freiem Himmel überlassen bleiben. Für sie ist es besser, wenn man sie zum Überwintern aus ihrem Domizil herausfängt, damit sie in einem geeigneten Raum überwintern können. In einem frostfreien Raum, in dem sich die Wassertemperatur zwischen 5 und 8° C einpendelt, überstehen die Pfleglinge im Aquarium oder einem anderen geeigneten Gefäß die kalte Jahreszeit. Je mehr Fische überwintern, um so größer muß natürlich der Behälter sein. Als Faustregel kann gelten: auf 10 cm Fisch sollten 10–15 Liter Wasser kommen. Damit die Fische nicht aus ihrer ungewohnten Umgebung herausspringen, muß das Gefäß gut abgedeckt sein. Auf keinen Fall darf man den Behälter mit Brettern oder Styropor, das auf dem Wasser schwimmt, abdecken, weil sonst der notwendige Gasaustausch verhindert wird. Am besten ist eine Stoffabdeckung (Vorhangstoff). Damit der Stoff straff über dem Beckenrand gespannt bleibt, werden die Ränder mit angebundenen Bleistücken (Angelblei) auf Zug gehalten. Auf Licht kann genauso verzichtet werden wie auf Bodengrund, Dekoration und Pflanzen. Wenn die Wassertemperatur unter 8° C liegt, brauchen die Fische auch kein Futter. Es reicht aus, wenn das Gefäß mit einer Durchlüftungspumpe belüftet wird (und einem Ausströmerstein). Steigt die Wassertemperatur jedoch über 8° C, z. B. in einem Heizungskeller, so muß man ein

1 Wenn im Winter die Natur unter Eis und Schnee erstarrt ist, ruht auch das Leben im Teich.

1

wenig füttern und auch filtern. Damit die Fische nicht in ihren eigenen Ausscheidungen schwimmen, wird regelmäßig (alle 2–3 Wochen) ein Teilwasserwechsel (ein Drittel) durchgeführt und Duplagan (für gesundes Wasser) zugegeben. Eine weitere – auch sehr reizvolle – Möglichkeit, seine Fische im Haus zu überwintern, ist gegeben, wenn man sie im Wohnbereich in einem Aquarium mit entsprechender Dekoration und Beleuchtung überwintern läßt. Auf diese Weise kann man sich über die kalten Monate hinweg am bunten Treiben im Aquarium erfreuen (s. S. 111). Um beim Umsetzen vom Teich in das Winterquartier jeglichen Schock zu vermeiden, muß man die Fische langsam umgewöhnen. Die Erstfüllung des sauberen Aquariums besteht aus etwa 40 % Teich- und 60 % Leitungswasser, dem die entsprechende Menge Duplagan zugesetzt wird, um das Wasser schleimhautfreundlich aufzubereiten. Zum Umsetzen braucht man ein weiches Netz, damit die empfindliche Fischhaut nicht beschädigt wird. Wenn nach dem Umsetzen 2–3 Tage vergangen sind, an denen auch nicht gefüttert wird, ist wiederum ein Drittel des Wassers auszutauschen. Um sicherzugehen, daß sich in der räumlichen Enge des Überwinterungsbehälters weder Pilze noch Ektoparasiten, die aus dem Teich eingeschleppt wurden, ausbreiten, geben wir dem Wasser ein gutes Heilmittel (kein Teichmedikament), wie es die Aquarianer verwenden, zu. Selbstverständlich testen wir das Wasser regelmäßig (KH, pH und O_2) und betreiben Wasserpflege, bis wir dann im Frühjahr (Mitte bis Ende März) die Fische gesund und munter wieder zurücksetzen können.

11.1.
Das Balkonarium

Auch ohne eigenen Garten braucht man auf einen Wassergarten nicht zu verzichten. Wer an Stelle eines Gartens einen Balkon, eine Veranda, einen Atrium- oder Dachgarten besitzt, der hat viele Möglichkeiten, zumindest während der Sommermonate, manchmal bis weit in den Herbst hinein, sich an üppig blühendem Grün und

an der erquickenden Kühle, die das Wasser eines Balkonariums ausstrahlt, zu erfreuen. Selbst auf bunte Zierfische muß man nicht verzichten. Je nach Größe der Fläche, die zur Verfügung steht, werden um den zentralen Platz, den natürlich der Miniteich einnimmt, die unterschiedlichsten Pflanzgefäße gruppiert. Um der Schönheit willen können alle Gefäße verwendet werden, die zueinander passen. Ein Balkonarium sollte man noch genauer als einen Gartenteich planen. Vor allem muß man dem Gewicht der Anlage eine große Beachtung schenken. Um unliebsame Überraschungen zu vermeiden, ist dabei die *Statik* zu beachten. Daß man beim Bau nicht bis zur äußersten Belastbarkeit der Auflagefläche gehen darf, sollte selbstverständlich sein.

Baumaterialien

Geeignete Behälter für den Wasserteil gibt es in jeder Größe und in vielerlei Formen. Brauchbar sind: kleine Fertigteiche, Holzfässer sowie alle Bottiche, die dicht bleiben und deren Wandungen nicht brüchig werden oder sich verformen. Man kann auch Teichfolien mit einer Stärke von 1 mm zum Bau eines Balkonariums verwenden.

Als Verkleidung eignet sich Holz jeglicher Struktur und Art. Ist es der Witterung nicht direkt ausgesetzt, muß Holz nicht einmal imprägniert sein, wenn man es an der Innenseite der Anlage mit einer 0,5 mm dünnen Teichfolie auskleidet. Zuerst zimmert man einen gefällig aussehenden Holzkasten, der am Boden einige Wasserabzuglöcher (∅ ca. 1 cm) aufweisen soll. Damit das Holz von allen Seiten genügend Luft erhält, wird das Holzbett auf mehrere etwa 10 cm dicke Bohlen gestellt. In den Holzkasten dann die oder den Wasser- und Pflanzbehälter. Das Wassergefäß bleibt aus Gewichtsgründen ohne Bodengrund. Die Pflanzen finden ihren Platz in Pflanzkörben. Das hat den Vorteil, daß man Gewicht spart und die Körbe jederzeit bewegen kann. Sollen Zierfische gepflegt werden, so wird ein geeigneter Filter bereits beim Bau installiert. Der benötigte Stromanschluß sollte wasserdicht und kindersicher angebracht sein. Die geeigneten und attraktiven Ufer- und Begleitpflanzen können nach Lust und Laune um den Wasserteil herum angeordnet werden. Ist alles durchdacht und geplant, kann nach dem Bau direkt vor dem Fenster – vom Frühjahr an bis in den Herbst hinein – die schöne Jahreszeit eine wundervolle Ergänzung finden. Wie gut die Pflanzen gedeihen, hängt von den Lichtverhältnissen ab. Abgesehen davon, daß man die Pflanzenauswahl nach deren Licht- und Klimaverhältnissen trifft, muß man an besonders schattigen Standorten noch künstlich beleuchten. Dazu eignen sich die aus der Aquaristik bekannten Duplasun-Pflanzenstrahler besonders gut. Von Vorteil ist bei diesen Lampen, daß man sie je nach Lichtbedarf entweder mit 80 oder 125 Watt betreiben kann.

weder über einen durchbohrten Stein leiten und das Wasser darüber rieseln lassen oder einen Miniatur-Wasserfall betreiben. Es reicht aber zur guten Durchmischung und zum Gasaustausch durchaus aus, wenn der Wasserauslauf mit der Wasseroberfläche abschließt. Zum Füllen des Behälters kann man getrost das zur Verfügung stehende Leitungswasser verwenden, wenn die KH über 5° und der pH-Wert zwischen 6,8 und 7,8 liegt. Die Fische setze man erst nach etwa 2–3 Wochen ein, wenn kein Nitrit mehr im Wasser ist. Diese wich-

Häufig reicht es aus, wenn eine Balkonanlage in den Abendstunden zusätzlich für 3 bis 4 Stunden mit der Duplasun-Leuchte angestrahlt wird. Neben einem gesunden Pflanzenwuchs läßt dieses Licht die kleine grüne Oase vor dem Fenster ganz zauberhaft wirken. Wenn das Balkonarium auf einem südseitigen Platz steht, besteht leicht die Gefahr, daß sich das Wasser zu stark erwärmt. Ein Aquarienthermometer gehört deshalb zu jeder Erstausstattung. Wird das Wasser zu warm (ab 28° C), kann in diesem Fall die sicherlich vorhandene Markise zum Abschattieren dienen. Ein guter Filter trägt ebenfalls zur Kühlung und Wasserverbesserung bei. Den Wasserauslauf kann man ent-

tigen Werte lassen sich mit dem Dupla-Analytiksystem problemlos ermitteln. Dem Leitungswasser setzt man dann noch die vorgeschriebene Menge Duplagan zu, um ein fisch- und pflanzenfreundliches Milieu zu erhalten. Bevor man den Behälter mit Leitungswasser auffüllt, läßt man das Wasser aus der Leitung ca. 5–10 Minuten langsam ablaufen, um die im Standwasser konzentriert enthaltenen Schwermetalle (Cu) zu verdünnen. Als Fischbesatz eignen sich vor allem kleinbleibende Arten, besonders die sogenannten »Orandas«, dies sind asiatische Züchtungen, die ebenfalls vom Goldfisch abstammen. Es gibt sie in den Farbschlägen Schwarz, Rot, Gold, Gescheckt und mit weißen Körpern und einem roten Fleck auf dem Kopf. Wenn das Wasser unter 10° C absinkt, muß man diese Tiere im Haus überwintern. Die geeigneten Pflanzen können Sie den Beschreibungen auf den Seiten 136 bis 165 entnehmen. Sie sind mit einem fettgedruckten B versehen.

---

1 Auf dem Balkon, im Atriumgarten oder auf der Veranda lassen sich Miniteiche jeder Größe anlegen.
2 Selbst auf Fische braucht man nicht zu verzichten, Rotkäppchen-Orandas (Carassius auratus) eignen sich als Besatz.

Als Pflanzsubstrat mischen wir – wie im Gartenteich – zuerst die entsprechende Kiesmenge (Körnung 3–5 mm) und als Langzeitdünger Duplarit-T zusammen.

Man ist immer wieder erstaunt, wieviel Wasser in einem solchen Miniteich verdunstet. Man kann die verdunstete Menge beruhigt mit Leitungswasser auffüllen, wenn man gleichzeitig ein Viertel der Gesamtfüllung austauscht. Bei normaler Fütterung ist dies ohnehin nur alle 3–4 Wochen nötig. Das abgezogene Wasser eignet sich hervorragend zum Blumengießen. Sonst kann

1

man sein Balkonarium ruhig sich selbst überlassen. Probleme kann es allerdings im Winter geben, denn in rauhen Lagen muß der Wasserbehälter entleert werden, und die Fische und Pflanzen überwintern im Haus. Die Fische behandelt man wie auf der Seite 107 beschrieben. Die Pflanzkörbe stellt man in eine Wanne, die bis über den Korbrand mit Wasser gefüllt ist, und deckt das Ganze mit einer dünnen »Lebensmittelfolie« gut ab. Wer ein frostfreies Glashaus besitzt, der ist besonders gut dran, wenn es um die Überwinterung gefährdeter Pflanzen geht. Dabei gilt auch die Devise, je wärmer die Pflanzen stehen, desto mehr Licht brauchen sie auch. In klimatisch günstigen Gegenden genügt es durchaus, wenn das Balkonarium im Winter mit einem Kasten

aus Styropor abgedeckt ist. Für die Fische und die exotischen Pflanzen ist es aber immer besser, wenn sie frostfrei überwintern können, da die Gefahr, daß sie in ihrem kleinen Gewässer einfrieren, doch recht groß ist, zumal die Überwinterung im Haus, im Teich oder Aquarium im Wohnraum recht reizvoll ist. Im Balkonarium können auch viele interessante Pflanzen gepflegt und zum Blühen gebracht werden, die für den Gartenteich nicht in Frage kommen. Mit der vorgeschlagenen Zusatzbeleuchtung gedeihen selbst viele als schwierig zu pflegen bekannte Arten.

11.2.
Der Teich im Wohnzimmer

Nicht nur als Überwinterungsquartier, sondern auch als zierender Schmuck, zu exotischem Ambiente, vor allem aber zur Verbesserung der Raumluft empfiehlt sich der Zierteich im Wohnzimmer oder auch im Wintergarten. Wie schon beschrieben, kann man viele Pflanzen und Fische im Sommer im Freien halten und im Winter im beheizten Raum. Gemeint sind dabei natürlich die »Exoten« unter den Pflanzen. Die Einheimischen ziehen im Spätherbst ja ein und halten Winterruhe. Ein kleiner Teich, der ebenso wie das Balkonarium in einem der Einrichtung angepaßten Holz- oder Kunststoffbett steht, ist für jedermann erschwinglich und läßt sich nahezu an jedem Platz aufstellen. Als Begleitpflanzen dienen die kaum in einem Haushalt fehlenden exotischen Zimmerpflanzen. Viele von ihnen gedeihen ohnedies in der feuchten Luft der Teichumgebung wesentlich besser als auf dem trockenen Fensterplatz über dem Heizkörper. Ein Zimmerteich kann auch sehr viel zur besseren Atmosphäre am Arbeitsplatz beitragen. So ein Minigewässer verbessert nachgewiesenermaßen jegliches Klima. Besonders vorteilhaft haben sich solche Anlagen in Großraumbüros erwiesen.

Die häufig vorhandenen Zimmerspringbrunnen und Wasserspeier lassen sich hervorragend in einen Zimmerteich integrieren. Besser noch, sie stellen einen wesentlichen Teil des Ganzen dar. In den Mittel-

1 Einheimische, aber auch tropische Seerosen lassen sich unter voller Sonne oder unter einer Duplasun-Spezialleuchte pflegen.

punkt des Miniteiches gesetzt, können sie auch für die Filterung und Wasserbewegung sorgen. Beinahe in jedem Haus bzw. jeder Wohnung findet sich ein geeigneter Platz für die grüne Kleinoase. Vom einfallenden Sonnenlicht ist man völlig unabhängig, denn die natürliche Sonneneinstrahlung wird durch den Sonnenersatz, die

Duplasun-Leuchte, völlig ersetzt. Als geeignete Behälter können wir auf alle Gefäße zurückgreifen, die schon beim Balkonarium Verwendung gefunden haben. Vor allem eignen sich im Zimmer offene Aquarien, in denen die Unterwasser- und Schwimmpflanzen ihren Platz finden. Tropische Seerosen gedeihen ebenfalls in einem solchen Becken (bei ausreichendem Licht). Ist der Behälter von der Seite einsehbar, gestalten wir den Bodengrund und die Dekoration wie ein normales Zimmeraquarium. Blickt man von oben in das Gefäß, müssen sich die Gestaltung und der Pflanzenbesatz danach richten. Die Zierfische fühlen sich im klaren, sauberen Wasser am wohlsten. Deshalb ist ein geeigneter Filter von Anfang an mit einzuplanen. Wenn wir Kaltwasserfische, zu denen die Gartenteichfische gehören, überwintern oder dauerhaft pflegen wollen, benötigen wir keine extra Heizung. Wer aber tropische Warmwasserfische pflegen will, der sollte auch für die Beheizung des Behälters Sorge tragen. Ein Thermometer ist immer empfehlenswert, um nötigenfalls Temperaturkorrekturen vornehmen zu können. Als Fischbesatz kommen besonders die Arten in Frage, die zwar als Kaltwasserfische gelten, aber in den warmen Tropengewässern Bangkoks, Hongkongs oder Singapurs gezüchtet wurden. Sie fühlen sich gerade im

zimmerwarmen Wasser besonders wohl. Die Fische, die wir zum Überwintern von draußen ins Haus geholt haben, fühlen sich bei Wassertemperaturen von 18–23° C im Zimmer am wohlsten. Bei diesen Temperaturen muß natürlich gefüttert werden, was zur Folge hat, daß auch das Wasser regelmäßig alle zwei Wochen zu etwa 40 % erneuert werden muß. Dem Wasser ist regelmäßig Duplagan zuzusetzen, um die gesunde Schleimhaut zu erhalten. Sollten die Fische wider Erwarten krank werden, so können die Heilmittel aus der Aquaristik Anwendung finden. Die Pflanzen können in geeigneten (gelochten) Pflanzkörben, die mit Aquarienkies der Körnung 0,5 mm und Duplarit-T gefüllt sind, gepflegt werden. Leider haben viele der so beliebten Goldfischvarianten die Angewohnheit, Unterwasserpflanzen zum »Fressen« gern zu haben. Deshalb müssen wir wohl oder übel auf jegliche Unterwasserpflanzen verzichten. Wir plazieren die Körbe so, daß die Blätter über den Wasserspiegel ragen und von den Fischmäulern nicht zu erreichen sind.

Für die Zimmerkultur eignen sich besonders die Zyperngräser, die *Eichhornia* (Wasserhyazinthe), die Muschelblume *(Pistia stratiotes)*, der Zwergkalmus *(Acorus gramineus)*, das Blumenohr *(Canna flaccida)*, die Papyrusstaude *(Cyperus papyrus)*, die jedoch sehr hoch (etwa 2 Meter) werden kann, und einige nordamerikanische Wasserwegerichgewächse *(Echinodorus cordifolius)*, die Kardinalslobelie *(Lobelia cardinalis)*, der Eidechsenschwanz *(Saururus cernuus)* und die häufig im Zoofachhandel angebotenen *Spathiphyllum*-Arten. Dort erhalten Sie sicherlich noch weitere geeignete Arten. Lassen Sie sich dazu noch eingehend beraten. Der Pflegeaufwand ist durchaus mit dem eines Aquariums – mit dem unser Wohnzimmerteich viel gemeinsam hat – zu vergleichen. Außer dem regelmäßigen Teilwasserwechsel, der gezielten Fütterung mit DuplaRin und der Wasserüberwachung fällt nur noch die Pflanzenpflege ins Gewicht. Abgestorbene, vergilbte Blätter müssen abgetrennt und entfernt werden, damit das Wasser nicht zu sehr belastet wird. Wird der Filter regelmäßig gesäubert und gewartet, so braucht man sich nur noch an seiner grünen Insel zu erfreuen, bis im Frühjahr wieder die erwachende Natur ruft.

1

12.1.

Was man über Wasser wissen muß

Normalerweise beurteilt man die Wasserqualität hauptsächlich mit den Augen, vielleicht noch nach dem Geschmack bzw. Geruch. Hin und wieder wundert man sich, daß, wenn man sich mit Seife wäscht, an einem Ort das Wasser schäumt (weiches Wasser) oder sich andernorts kaum Schaum bildet (hartes Wasser). Weil unser wichtigstes Lebensmittel – das Wasser – aber glasklar aus der Leitung fließt und es uns täglich wohlbekommt, glaubt man leicht, daß dies auch für das Leben im Teich

zutreffen muß. Die rein optische und sensitive Wasseranalyse kann bei der Beurteilung von Teichwasser zu gefährlichen Trugschlüssen führen. Denn keinem Wasser ist es anzusehen, welche Stoffe es enthält und welche nicht. Die Wasserqualität ist *so* ebenfalls nicht feststellbar. Übrigens ist kein Naturgewässer völlig rein. Es lohnt sich also immer, Genaueres über Wasser zu wissen: Das Wasser ist das Oxid des Wasserstoffs (H_2O), größte Dichte bei 4° C, spez. Gewicht 1 g/cm³, Siedepunkt 100° C,

---

1 Auch im Teich ist das Wasser manchen chemischen Einflüssen unterworfen. Sie durch regelmäßige Wasseranalysen zu kontrollieren, bewahrt Fische und Pflanzen vor Schäden.

bei 0° C flüssig, hervorragendes Lösungsmittel, eines der günstigsten Medien für chemische Reaktionen. Wer denkt bei diesen trockenen Daten schon daran, daß es von den Inhaltsstoffen des Teichwassers abhängt, ob die Kleinlebewesen, Fische und Pflanzen darin gut gedeihen. Es kommt nicht nur darauf an, welche Stoffe enthalten sind, sondern auch, in welcher Konzentration sie vorliegen. Hinzu kommt, daß im selben Maß, wie die unterschiedlichen geologischen Verhältnisse sind – egal, ob See, Fluß, Bach, Tümpel, Pfütze oder Brauchwasser –, das Wasser von Ort zu Ort unterschiedliche Meßwerte aufweist. Es wird ja geprägt von der Materie, mit der es in Berührung kommt. Wir gehen davon aus, daß unser Trinkwasser, das aus dem kommunalen Wassernetz kommt, hygienisch einwandfrei ist – es unterliegt der Trinkwasserverordnung vom 1. 9. 1985, mit der die Grenzwerte der chemischen Stoffe festgelegt sind.

Es vergeht kaum ein Tag, an dem nicht entweder über die Trinkwassergefährdung durch Schadstoffeinleitungen oder über unerklärliche Fischsterben geschrieben wird. Zum Glück lassen sich die wichtigsten Wasserwerte auch vom Teichbesitzer mühelos, einfach und preiswert ermitteln und überwachen. Mit dem Dupla-Analytik-System lassen sich spielend leicht auch die Werte ermitteln, die sonst nur mit komplizierten Laborgeräten zu messen sind. Wasseranalysen zu erstellen und die richtigen Schlüsse daraus zu ziehen, ist nicht nur lehr-, sondern auch aufschlußreich und besonders *wichtig* – ja *unentbehrlich* –, wenn sich im Teich Probleme abzeichnen.

12.2.1.
Das Ausgangswasser

Für die Füllung des Gartenteiches wird in der Regel entweder Leitungs-, Regen- oder Brunnenwasser benutzt.
Welche Stoffe diese Wässer beinhalten, richtet sich nach den geologischen Schichten, die das Wasser durchströmt.

1 Mit dem Dupla-Analytiksystem lassen sich leicht die Wasserwerte im Gartenteich messen.

114

12.2.2.
Die Inhaltsstoffe

Zuerst ermittelt man die Gesamthärte (dGH). 1 Grad deutscher Härte (1° dGH) entspricht 10,00 mg/l Calciumoxid (CaO). Sie wird durch Calcium- und Magnesiumsalze hervorgerufen. Wasser kann um so mehr Härtebildner enthalten, je kalkhaltiger der Bodengrund (Kalk, Kreide, Mergel, Gips) ist, den das Wasser durchfließt. Je kalkärmer die Erd- und Gesteinsschichten sind (Granit, Porphyr), desto salzärmer, also weicher, ist das Wasser. Sicher ist es Ihnen schon einmal aufgefallen, daß sich die Dosierung von Waschmitteln nach der Wasserhärte richtet. Nach dem deutschen Waschmittelgesetz vom 20. 8. 1975 wird die Wasserhärte in vier Bereiche eingeteilt:

1. bis 7° dH = weiches Wasser
2. 7–14° dH = mittelhartes Wasser
3. 14–21° dH = hartes Wasser
4. über 21° dH = sehr hartes Wasser

1

1 Sowohl die Gesamt- als auch die Karbonathärtemessung gibt Auskunft über einen der wichtigsten Parameter am Gartenteich. Hier: Gesamthärtemessung vor und nach dem Farbumschlag.

Unsere Zierfische und die meisten Pflanzen sind an mittelhartes Wasser – wie es bei uns am häufigsten vorkommt – bestens angepaßt. Für die Pflanzen sind das Calcium (Ca) und Magnesium (Mg) (sie bilden die GH), zudem wichtige Mineralstoffe (Nährstoffe). Für viele Lebewesen hat die GH einen großen Einfluß, bei Fischen auf die Zellfunktion, auf die Schleimhaut, die Kiemen und den Laich. Die Bakterien, die im Teich bei der Mineralisation von Abfallstoffen wichtig sind, sind auf Härtebildner als Nährstoff und Regulatoren des Stoffwechsels angewiesen. Ein günstiger Wert im Teich ist 7–15° dGH.

12.2.3.
Die Karbonathärte (KH)

Für das Gedeihen unserer Teichbewohner – auch Pflanzen – ist neben der dGH auch die Karbonathärte (KH) – besser und auch richtiger *Säurekapazität* (bis pH 4,3) genannt – wichtig.
Die Karbonathärte entsteht, wenn kohlen-dioxidhaltiges Wasser mit Kalk oder Kreide in Berührung kommt. Je mehr in Lösung geht, desto höher ist die KH. Wenn der Boden sodahaltig ist, kann die KH auch von Natriumhydrogenkarbonat ($NaHCO_3$) gebildet werden, das ebenfalls bei der KH-Messung erfaßt wird. Dann ist die KH meist größer als die dGH. Bemerkenswert ist auch, daß der Hydrogenkarbonatgehalt des Wassers nicht an die Gesamthärte gebunden ist. Die dGH und die KH haben im Teich eine unterschiedliche Bedeutung. So sind beide für das Leben im Teich wichtig. Die KH ist vor allem als Puffer (Säurekapazität), das heißt im steten Wechselspiel mit dem pH-Wert, zu sehen. Je höher die KH eines Wassers, desto stabiler – aber auch um so höher – ist der pH-Wert, und je weniger KH vorhanden ist, um so weniger ist das Wasser gepuffert. Die KH ist auch bei der Fischzucht wichtig, weil die Fische – obwohl sie an unterschiedliche Wasserverhältnisse angepaßt sind – zum Ablaichen und zur Laichentwicklung auf bestimmte Werte angewiesen sind. Für das Gedeihen der Wasserpflanzen spielt der unterschiedliche KH-Gehalt eine ebenso große Rolle.
Aus all diesen Gründen ist eine möglichst konstante KH von 5–15° anzustreben. Fazit: Das Regenwasser, das in der Regel weder eine meßbare dGH noch KH aufweist, ist aufzubereiten. Eine Ausnahme ist gegeben, wenn das Wasser zum Füllen eines Moorteiches oder -beetes oder zum Gießen von kalkfliehenden Pflanzen verwendet wird. Es kann aber vorkommen, daß auch das Regenwasser Härtebildner enthält, wenn die Dachziegel solche abgeben.
Zum »Aufhärten« von zu *weichem* Wasser kann man ein Gemisch aus Calcium-Magnesium-Sulfat im Mischungsverhältnis 2:1 verwenden. Oder – weit einfacher und sicherer: mit Dupla-GH-KH-Bildner, den es im Zoofachhandel gibt, aufhärten. Eine weitere Möglichkeit besteht im Verschneiden von Regenwasser, indem man das Regenwasser mit hartem Leitungswasser so lange mischt, bis der erwünschte Wert erreicht ist. Bei zu *hartem* Wasser kann man es mit *Regenwasser* bis zum angestrebten Wert verdünnen.
In jedem Fall ist sowohl das Ausgangswasser als auch das Teichwasser zu testen. Besonders wichtig wird der Test, wenn im Sommer – in Ermangelung von Regenwasser – das verdunstete Teichwasser immer wieder mit hartem Leitungswasser er-

gänzt wird und dabei sowohl die dGH als auch die KH zu stark ansteigt.

12.2.4.
Der pH-Wert

Ein weiterer wichtiger Wert, den es zu beachten gilt, ist der pH-Wert.

Der pH-Wert *(potentia hydrogenii)* ist die Summe aller im Wasser gelösten Säuren und basischen Stoffe, die das Wasser entweder ansäuern oder alkalisch werden lassen. Liegen in einem Wasser die ansäuernden Wasserstoffionen (H^+) und die alkalisch wirkenden Hydroxid-Ionen (OH^-) in gleicher Menge vor, so wird der pH-Wert auf der 14stelligen Skala mit 7 als neutral bezeichnet. Je mehr H^+-Ionen vorliegen, um so saurer wird das Wasser, und je mehr OH-Ionen vorliegen, desto mehr verschiebt sich der pH-Wert von 7 (neutral) in den alkalischen (basischen) Bereich.

Der pH-Wert bestimmt die Stoffwechselprozesse lebender Organismen. Die Ansprüche der an Wasser gebundenen Organismen an den pH-Wert sind ganz unterschiedlich. Fische reagieren auf pH-Schwankungen. Die Toleranzgrenze liegt bei Gartenteich-Zierfischen zwischen pH 6 und pH 9. Ein paar Beispiele sollen dies veranschaulichen. Goldfische, Kois und die Goldfischverwandten bekommen bei pH-Werten unter 6 leicht Haut-, Kiemen- und Flossenschäden (Säurekrankheit). Das gleiche gilt, wenn der pH-Wert über pH 9 steigt (Laugenkrankheit) und die Fische verenden. Das Schadbild verschlimmert sich sehr schnell, wenn die Wasserwerte die Toleranzgrenzen übersteigen. Von der Goldplötze – einer Farbspielart der Plötze *(Rutilus rutilus)*– ist bekannt, daß sie pH-Werte zwischen 6,5 und pH 8 benötigt, während Stichlinge *(Gasterosteus)* pH-Werte von 5,5 bis nahe 9,5 problemlos ertragen können. Mittlere pH-Werte sind im Teich anzustreben, wenn die Zucht gelingen soll.

Für Wasserpflanzen gilt ähnliches wie für Fische. Unter ihnen gibt es Arten, die an saures Wasser gut angepaßt sind, z. B. *Sparganium minimum, Hydrocharis morsus-ranae, Eleocharis acicularis* und *Utricularia vulgaris*. Sie leiden im harten, alkali-

schen Wasser. Andere wiederum sind an alkalisches Wasser angepaßt, z. B. *Myriophyllum spicatum, Hippuris vulgaris* und *Elodea canadensis*. Der pH-Wert kann im Teich auch schwanken. Das ist völlig normal. Man muß nur reagieren, wenn Grenzwerte überschritten werden. Saure Gewässer mit Werten unter 5° dKH sind oft gefährdet, da es in Ermangelung ausreichender Pufferung (durch Säurebildung, Fallaub, Gärungsvorgänge und Abbauprozesse) zu einem regelrechten Säuresturz kommen kann.

Schlußfolgerung: Wie in Naturteichen bestimmen auch im Gartenteich Säuren, vor allem Kohlendioxid und die Karbonate, den pH-Wert. Beobachtet man im Gartenteich – besonders wenn man Zierfische pflegt –, daß der pH-Wert unter 6 absinkt oder über 8,5 ansteigt, muß man sofort eingreifen. Ist das Wasser zu *sauer,* kann man als *Sofortmaßnahme* einen Teilwasserwechsel mit hartem Leitungswasser vornehmen und zur Stabilisierung Dupla-GH-KH-Bildner zugeben, bis der pH-Wert 7 erreicht ist. Höher sollte der pH-Wert dabei nicht steigen, weil sonst das vorhandene, ungefährliche Ammonium zu giftigem Ammoniak wird. Steigt der pH-Wert über pH 8,5, so empfiehlt es sich, das Wasser mit stark saurem Torf anzusäuern. Im Zoofachhandel gibt es ein speziell auf Teichwasser abgestimmtes düngerfreies Produkt, das die wirksame pH-Senkung ermöglicht. Außerdem muß man prüfen, ob der KH-Wert zu hoch ist. Gegebenenfalls kann man durch die Zugabe von einwandfreiem Regenwasser die Karbonathärte senken.

Größere pH-Sprünge sind grundsätzlich unerwünscht, weil die im Wasser lebenden Organismen empfindlich reagieren. Besonders gefährlich sind pH-Veränderungen nach starken Regenfällen. Dies wird verständlich, wenn man bedenkt, daß eine pH-Änderung um nur eine Stufe eine 10fache Veränderung, eine Verschiebung um zwei Stufen bereits eine 100fache Veränderung nach sich zieht. Deshalb ist neben der regelmäßigen pH-Kontrolle auch die Meßgenauigkeit der Dupla-pH-Reagenzien von großem Vorteil.

---

1 Die Duplatest-Farben erlauben einen leichten Vergleich der Farbindikatoren, um das Meßergebnis exakt zu bestimmen.

12.2.5.
Stickstoff im Gartenteich

Auch im Gartenteich spielt der Abbau von organischen Substanzen (Pflanzen, Futterreste, Kot u. a. m.) eine Rolle.

Der Stickstoffabbau erfolgt durch Bakterien, die dazu Sauerstoff benötigen. Der Abbau erfolgt stufenweise. Je nach pH-Wert entsteht das ungiftige Ammonium (NH_4), das als Pflanzennährstoff wichtig ist. Liegt der pH-Wert über pH 7, so nimmt der Ammoniumanteil ab, und es entsteht giftiges Ammoniak (NH_3). Manche Fische nehmen schon bei 0,3 mg/l Schaden. Über diesen Wert kann es schon zu Todesfällen kommen. Giftiges Ammoniak (NH_3) wird von Bakterien (Nitrosomonas) zu dem ebenfalls giftigen Nitrit (NO_2) umgewandelt. In unse-

rem gut eingefahrenen Gartenteich wird das Nitrit (NO_2) sofort durch die Nitrobacter-Bakterien zu Nitrat (NO_3) umgewandelt. Nitrat (NO_3) als letzte Abbaustufe ist für unsere Zierfische im Teich nicht weiter gefährlich. Wasserpflanzen können bei zu hohen Nitratwerten (über 100 mg/l) durch Ablagerungen im Blatt Schaden nehmen. Ein hoher Nitratgehalt kann aber auch zu starkem Algenwuchs führen, wenn noch ein erhöhter Phosphatgehalt dazukommt (eingeschwemmte Düngestoffe zeichnen dafür verantwortlich) (s. S. 124).

Schlußfolgerung: Ein reibungsloser Stickstoffabbau garantiert im Teich ein fisch- und pflanzenfreundliches Milieu. Wenn Ammoniak oder Nitrit nachweisbar sind, so liegt eine Störung im Stickstoffabbau vor (zuviel Schmutz, falscher Bodengrund, belastetes, sauerstoffzehrendes Milieu oder das Fehlen der notwendigen Bakterien), die es zu beseitigen gilt.

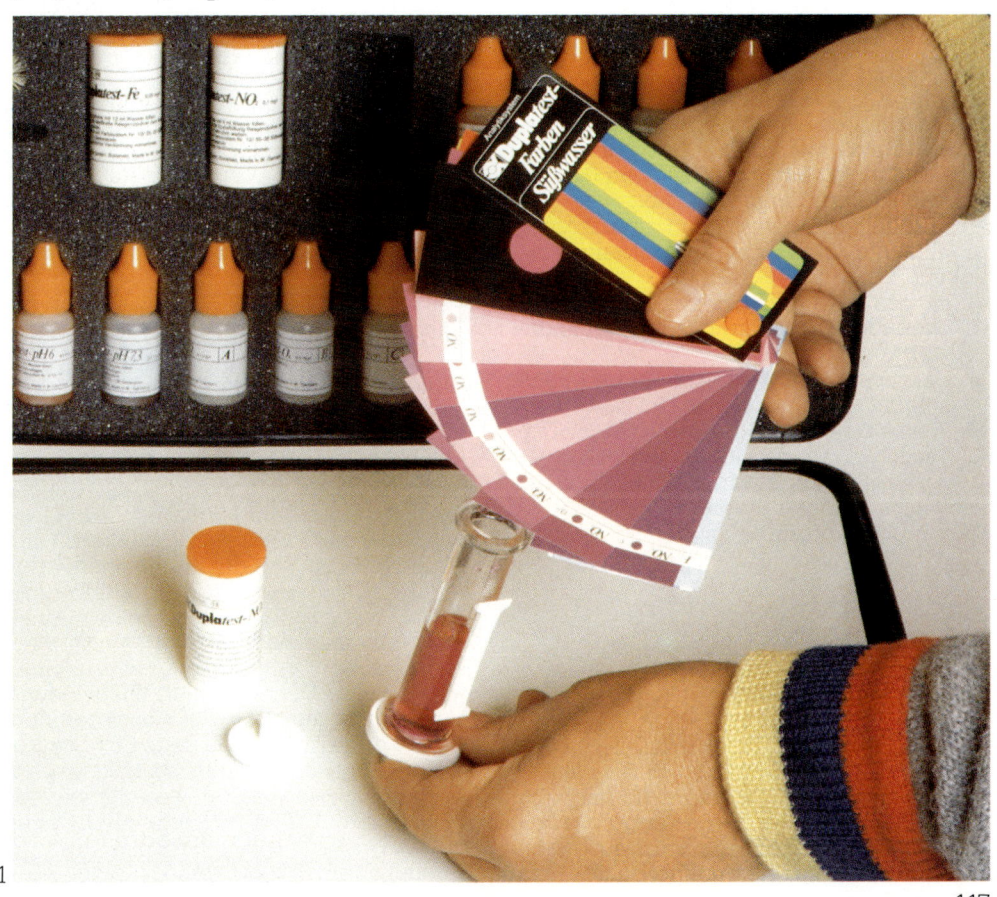

1

Der Nitrat- (NO_3) und Phosphatgehalt (PO_4) des Wassers ist ein sicherer Gradmesser entweder für verunreinigtes, überdüngtes oder aber für ein einwandfreies, gesundes Teichwasser. Der Nitratwert des Teichwassers sollte unter 80 mg/l und der Phosphatgehalt unter 5 mg/l liegen.

Wenn der Teich nicht mit Fischen überbesetzt ist, wenn nicht übermäßig gefüttert wird oder zuviel organische Substanzen eingeschwemmt werden, nimmt der Nitratgehalt sogar ab (bei gutem Pflanzenwuchs). Mit der Nitratmessung erlangt man einen guten Überblick über den Zustand des Teichwassers – oder man erkennt rechtzeitig, wenn die Belastung sehr hoch ist, weil bereits Nitrat (NO_3) aus der Brauchwasserleitung fließt.

12.3.
Wie wird richtig getestet?

Die Aussagekraft und der Wert einer Wasseranalyse hängen zum großen Teil von der Qualität des Meßreagenzes und von der exakten Handhabung des Produktes ab. Um zu aussagekräftigen Werten zu kommen, empfiehlt es sich, einige Kriterien zu beachten:

● Ist das Meßreagenz noch brauchbar? Oder ist es überlagert? (Packungshinweis)
● Wurden die Meßzylinder *vor* und *nach* einer Messung gesäubert?
● Wurde die Messung in der richtigen Reihenfolge und mit genau dosierten Reagenzien durchgeführt?

Die nachfolgenden Bilder sollen Ihnen das Wesentliche aufzeigen! (s. S. 119)

12.4.
Schwermetalle unerwünscht

Sowohl Leitungs- als auch Regenwasser kann mit schädlichen Schwermetallionen belastet sein. Bei der Verwendung von Leitungswasser zur Teichfüllung ist mit hohen Kupfer (Cu)-, Eisen (Fe)- und in Einzelfällen

auch Zink (Z)-, Blei (Pb)-Mengen zu rechnen, vor allem wenn die Leitungsrohre oder Boiler noch nicht oxidiert sind. Je nach Menge der Schwermetallionen können diese auf Fische und andere Organismen zell- und schleimhautschädigend oder auch tödlich wirken. Um die Schadstoffkonzentration so gering wie möglich zu halten, läßt man das sogenannte Standwasser aus den Rohren für etwa 5 Minuten ablaufen, bevor man den Teich damit füllt, und gibt als Schleimhautschutz und zur Wasseraufbereitung Duplagan zu. Das Regenwasser kann durch Zinkrinnen stark belastet sein. Entweder man tauscht die Metall- gegen PVC-Rinnen oder man filtert das Regenwasser, indem man es über Dupla-Carbon (Spezialfilterkohle) rieseln läßt und anschließend Duplagan zugibt. Mancherorts muß dem Leitungswasser aus hygienischen Gründen vom Wasserwerk Chlor (Cl) zugegeben werden. Dies kann für unsere Teichbewohner ebenfalls schlimme Folgen haben (Haut- und Kiemenschäden). In diesem Fall sollte man das Wasser abstehen lassen oder über einen Zerstäuber einsprühen, bzw. über den Bach oder Wasserfall einleiten, damit das Chlor sich verflüchtigt und die Teichbewohner keine Chlorschäden erleiden.

12.5.
Der Sauerstoff (O_2)

Nahezu alle Lebewesen brauchen ihn. Vom Sauerstoff (O_2) hängt unendlich vieles, z. B. das Wachstum, die Vitalität und Gesundheit der Teichbewohner, ab. Deshalb ist der Sauerstoffgehalt unseres Teichwassers auch von so großer Bedeutung. Das Wasser wird über die Gewässeroberfläche mit dem Sauerstoff (O_2) aus der Atmosphäre angereichert. In unserer Atemluft sind immerhin 21 % dieses Elements enthalten. Außerdem produzieren gesunde Wasserpflanzen, aber auch Algen tagsüber erhebliche Mengen O_2. Der O_2-Gehalt eines Gewässers ist u. a. auch von der Wassertemperatur abhängig (s. Tabelle Seite 65). Der Sauerstoffgehalt des Teichwassers kann auch starken Schwankungen unterliegen. Mit dem Dupla-O_2-Test ist leicht zu erkennen, ob das Wasser mit Sauerstoff (O_2) gesättigt ist oder ob ein Mangel vorliegt. Bei O_2-Man-

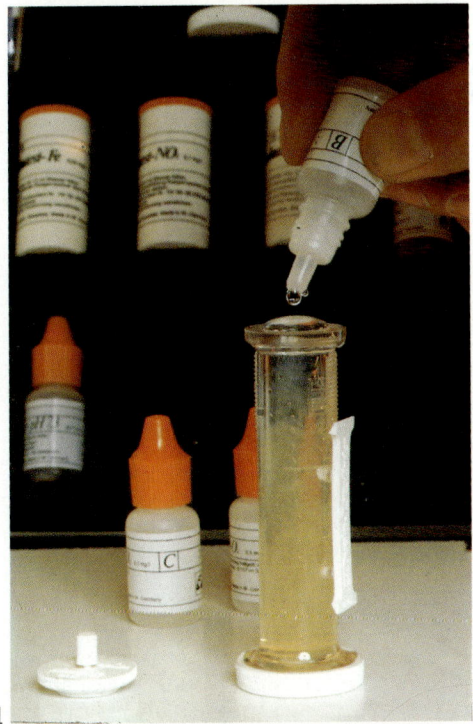

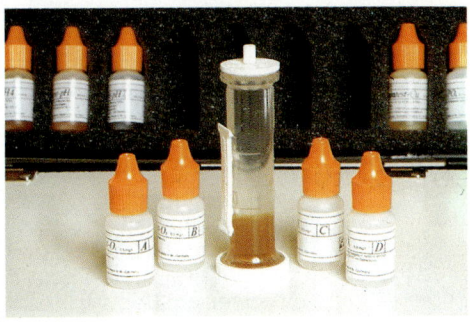

gel ist Gefahr im Anzug. Eine *Sauerstoffunterversorgung* kann verschiedene Ursachen haben:
- zu viele Fische im Teich (Überbesetzung)
- Abbau von organischem Material (Futter- und Pflanzenreste, Kot, abgestorbene Algen und andere Lebewesen)
- sauerstoffzehrende Einleitungen (chemische Reaktionen)
- Fäulnis (Bodengrund, Schlamm u. a.)
- Veratmung durch Fische und Pflanzen (in bereits belastetem Gewässer) (Pflanzen nehmen nachts ebenfalls O_2 auf).
- Dichte Pflanzenteppiche auf der Wasseroberfläche lassen einen ungestörten Pflanzenwuchs nicht mehr zu. (Das Absterben der Unterwasserpflanzen macht sich genauso bemerkbar wie die gestörte O_2-Produktion der Wasserpflanzen.)

Werden Sanierungsmaßnahmen im Teich nötig, so muß man damit rechnen, daß das Aufwühlen des Schlammes ebenfalls zu einem O_2-Mangel führen kann. Um ein Sauerstoffdefizit abzubauen, müssen zuerst die Ursachen abgestellt werden. Wenn der O_2-Gehalt eines Wassers unter 50 % des Sättigungswertes liegt, kann mit den folgenden Sofortmaßnahmen geholfen werden:
- ein 30 %iger Teilwasserwechsel. Dabei muß das Wasser aber sehr langsam zulaufen,
- den faulenden Bodengrund Stück für Stück entfernen und die Pflanzen in Körbe setzen,
- Blattschichten, Schlamm, abgestorbene Algen oder faulendes Dekorationsmaterial (Holz) entfernen,
- weniger füttern,
- die Besatzdichte verringern – wenn es zuviel Fischnachzucht gegeben hat,
- für Schatten sorgen (Teilschattierung),
- technische Hilfsmittel wie Pumpen, Filter oder Durchlüfter einsetzen.

In unserem optimalen Gartenteich dürfte es bei richtigem Besatz, minimalen, aber gezielten Pflegearbeiten zu keiner Zeit zu Sauerstoffmangel kommen.

Regelmäßige O_2-Messungen helfen uns, den Teich gesund zu erhalten.

---

1 Selbst eine chemisch so schwierige Messung wie die Ermittlung des Sauerstoffgehaltes im Wasser läßt sich mit dem Dupla-Analytiksystem leicht und exakt durchführen.

Das Foto oben zeigt, wie der bis oben hin mit Wasser gefüllte Testzylinder mit den O_2-Meßreagenzien gefüllt wird.

2 Hier hat sich der O_2-haltige Niederschlag gebildet, der anschließend ebenfalls im Testzylinder titriert wird.

1

13.1.
Wissen hilft
Probleme lösen

Der Inhalt dieses Buches vermittelt Ihnen ein solides Grundwissen über die Abläufe in Ihrem Gartenteich. Je besser ein Teich von Anfang an funktioniert, desto weniger werden ernste Probleme auftauchen. Oft sind es nur Kleinigkeiten, die selbst erfahrene Teichbesitzer vor Probleme stellen. Deshalb soll der folgende Buchteil Antworten auf die Fragen geben, die im Verlauf der Jahre beim Betrieb eines Gartenteiches auftreten können. Zuerst wollen wir uns den Zierfischkrankheiten zuwenden.

1 Ist ein Teich dicht mit Wasserlinsen bedeckt, so kann dies zu Problemen führen.

13.2.1.
Weiße Pünktchen

Problem: Weiße Pünktchen von 0,2–1 mm Größe treten auf dem Körper der Fische und auf den Flossen auf.
Ursache: ein Ektoparasit – *Ichthyophthirius multifiliis.*
– Bevorzugt werden geschwächte Tiere befallen.
– Erste typische Anzeichen sind neben den sichtbaren Pünktchen: Flossenklemmen, Scheuern an Gegenständen, Apathie und Appetitlosigkeit bis zur Abmagerung.
Maßnahme: Sorgen Sie dafür, daß das Teichwasser in Ordnung ist (Messungen s. S. 113). Setzen Sie dem Teichwasser die vorgeschriebene Menge des Heilmittels (aus dem Zoofachhandel) zu.
Wird nicht behandelt, so kann der gesamte Fischbestand verenden.

13.2.2.
Graue Stellen

Problem: samtartig-graue Beläge auf der Fischhaut (ähnlich dem Ichthyo, nur kleiner), die Fische scheuern sich, magern ab, Haut und Flossen lösen sich auf. Bei Kiemenbefall schnappen die Fische an der Wasseroberfläche heftig nach Luft.
Ursache: die Samtkrankheit *Oodinium pillularis.*
Maßnahme: wie bei dem vorhergenannten Erscheinungsbild.
Problem: graue, flächige Infektstellen auf der Fischhaut und den Flossen. Die Fische scheuern und winden sich, sind träge und die Haut sowie die Flossenränder lösen sich ab.
Ursache: Ektoparasiten, und zwar: Geißeltierchen/Flagellaten *(Costia necatrix),* Ciliaten/Wimpertierchen *(Chilodonella cyprinii, Trichodina, Tripartiella, Tetrahymena).* Diese kleinen Plagegeister können die Fische sehr stark schädigen. Ein Massenbefall kann auch zum Verenden der befallenen Tiere führen.
Maßnahme: Auch diese lästigen Plagegeister können mit einem guten Heilmittel aus dem Zoofachgeschäft bekämpft werden.

13.2.3.
Wunden und Verpilzungen

Problem: Die Fische zeigen wunde, verpilzte Stellen am Maul, auf dem Körper oder auf den Flossen. Dieses Erscheinungsbild kann im Frühjahr nach der Eisschmelze beobachtet werden.
Ursache: mit Saprolegnia (Pilz) infizierte Wunden. Diese Schimmelpilze sind auch in gesunden Teichen vorhanden und siedeln sich immer auf defekten Hautstellen an. Die Ursache sind meistens vorhergegangene Verletzungen.
Maßnahme: Bei gesunden, kräftigen Tieren heilt dieser Belag meist wieder ab. Wenn das Tier aber geschwächt ist, wird die Verpilzung immer weiter fortschreiten. Es können auch andere Fische angesteckt werden, wenn man nicht behandelt (Medikamente aus dem Zoofachhandel).

13.2.4.
Fische fressen nicht

Problem: Die Fische fressen nicht (mehr).
Ursache: Die Wassertemperatur ist unter 10° C abgesunken. Schlechtes Futter, Unpäßlichkeiten, schlechte Wasserverhältnisse
Maßnahme: Ursache ermitteln. Wasser testen (s. S. 113). Wenn nötig, hilft Ihnen Ihr Zoofachhändler.

13.2.5.
Fischsterben

Problem: Die Fische sterben ohne erkennbare äußere Schädigung. Sie atmen schnell (an der Oberfläche) und haben stark gerötete Kiemen.
Ursache: Einschwemmungen (Biozide), Wasserverschlechterung (Ammoniak, pH-Schaden), Sauerstoffmangel (O_2) (Temperatur ist zu hoch).
Maßnahme: Ursache ermitteln – in jedem Fall alle Wasserwerte überprüfen. Als So-

fortmaßnahme einen Teilwasserwechsel durchführen. Einen pH-Wert von 6,8–7,5 anstreben. Prüfen Sie auch, ob in Ihrem oder in Nachbars Garten Biozide zum Einsatz kamen.

Sollten Sie feststellen, daß der pH-Wert nicht in Ordnung ist, sollten Sie wie auf Seite 116 angegeben verfahren. Außerdem empfiehlt es sich, den Bodengrund – soweit vorhanden – zu überprüfen. Wenn beim Hineintupfen Blasen aufsteigen, ist die Gefahr einer Vergiftung durch Faulgase gegeben. Es ist höchste Zeit, um zu reagieren (s. S. 51).

13.2.6.
Glotzaugen

Problem: Es tritt bei mehreren Fischen eine Glotzaugenbildung auf.
Ursache: Wasserverschlechterung.
Maßnahme: Wasserwerte überprüfen und Teilwasserwechsel vornehmen.

13.2.7.
Rote Stellen

Problem: Auf den Fischen zeigen sich rote, blutunterlaufene Stellen und geschwürige Flecken. Häufig im Frühjahr zu beobachten (als Frühjahrsvirämie).
Ursache: Schaden (Verletzung), der durch Fremdeinwirkung, Wasserverschlechterung oder falsches, schlechtes Fischfutter entstanden ist.
Maßnahme: Ursache abstellen. Wasserwerte überprüfen. Das oder die geschädigten Fische herausfangen und in einem Aquarium mit einem Spezialmedikament aus dem Zoofachhandel heilen. Als Vorsichtsmaßnahme empfiehlt es sich, ein geeignetes Medikament direkt in den Teich zu geben, um weitere Ansteckungen zu vermeiden.

13.2.8.
Dicker Bauch

Problem: Ein Fisch zeigt einen stark aufgetriebenen Bauch, und die Schuppen stehen auffällig vom Körper ab. Dabei steht er nahezu regungslos an der Wasseroberfläche oder liegt in Seitenlage im Flachwasser (siehe Foto).
Ursache: Bauchwassersucht (Leberschaden), Schuppensträube.
Maßnahme: Medikamentös sind diese Schadbilder kaum zu behandeln. Damit andere Tiere nicht angesteckt werden, muß man ein so befallenes Tier sofort aus dem Teich entfernen.

In einem gesunden Teich treten kaum Schäden an den Fischen auf, außer man schleppt mit »Neuzugängen« (aus Naturgewässern) Krankheiten oder Ektoparasiten ein, zu denen auch die Karpfenlaus *(Argulus)* und Fischegel *(Piscicola geometra)* gehören. Diese Parasiten sind, nachdem man den befallenen Fisch herausgefangen hat, leicht auf dem Fisch zu erkennen und mit einer Pinzette zu entfernen. Tritt ein Massenbefall im Teich auf, kann der Tierarzt ein Medikament verschreiben, das neben den genannten Parasiten auch noch Kiemen- und Hautsaugwürmer bekämpft. Dieses Mittel ist aber mit besonderer Vorsicht zu dosieren und genau nach Gebrauchsanweisung anzuwenden.

13.2.9.
Löcher in Pflanzenblättern

1

Problem: Seerosenblätter, Froschbiß und die Schwimmblätter der Seekanne und Wasserähren zeigen – wie auf dem Bild zu sehen ist – halbkreisförmige Ausschälungen bis zur Größe eines halben Markstükkes. Einige Blätter wirken wie perforiert.

Ursache: der *Seerosenzünsler (Nausinoe nymphaeata)* – ein weißer, zart bräunlich bestäubter, kleiner Falter, der tagsüber zwischen Pflanzen verborgen ist und erst in der Dämmerung seine Eier in den obengenannten Pflanzenblättern ablegt. Die Raupen fressen von den Pflanzen und trennen halbkreisförmige Blattstücke aus der Pflanze heraus. Je zwei fügen sie zu einem schiffchenförmigen Kokon zusammen, um sich darin zu verpuppen. Bis zum Schlupf (nach 14–20 Tagen) kleben diese Gebilde unter Wasser am Pflanzenstiel.

Maßnahme: Als *natürliche* Feinde der Raupe gelten folgende Fische: Orfen, Plötze und die Rotfeder, aber auch räuberische Wasserinsekten (Gelbrandkäfer/Larven). Man kann die »Schiffchen« auch absam-

meln, soweit man an die Pflanzen heranreicht. Die Falter sind eine willkommene Beute für Frösche und Vögel.

Problem: Die Schwimmblätter von Seerosen, der Seekanne oder der Wasserähren zeigen Löcher und längliche, auch gebogene Fraßspuren (Minierfraß).

Ursache: Die braunschwarzen Larven des Seerosenblattkäfers *(Alerncella nymphaeae)* zerstören durch Fraß von unten her das Blatt, bis nur noch die Adern übrig bleiben. Der kleine, etwa 6–8 mm messende Käfer schädigt die Blätter ebenfalls. Dieses Schadinsekt wird häufig mit neugekauften Pflanzen, die nicht gesäubert in den Teich kommen, eingeschleppt. Darüber hinaus ist zu bemerken, daß die Zahl der Käfer groß ist, die an Sumpf- und Wasserpflanzen gebunden sind: So zum Beispiel dienen viele Gewächse den Larven der Insekten als Unterschlupf und Nahrung. An dieser Stelle sollen auch die Blattkäfer (Familie Chryso-

2

melidae) hervorgehoben werden: Aus zwei Gattungen dieser Familie, nämlich den eigentlichen Rohrkäfern *(Donacia)* und den Runddecken-Rohrkäfern *(Plateumaris)* kommen die Arten, die uns interessieren. Bei der kaum zu überblickenden Formenfülle seien hier noch der Dickschenkelige Rohrkäfer *(Donacia crassipes)*, der von Mai bis Juli auf den Blättern der See- und Teichrosen lebt, genannt wie auch der rotgestreifte Rohrkäfer *(Donacia aquatica)*, der auf Rohrkolben und einer Reihe von Sumpfpflanzen zur gleichen Jahreszeit vorkommt. Im Frühsommer kann man auf Sumpfpflanzen auch den Bunten Runddecken-Rohrkäfer *(Plateumaris sericea)* beobachten.

---

1 Durch den Seerosenzünsler (Nausinoe nymphaeata) werden viele Schwimmblätter zerstört. Die Raupe trennt halbkreisförmige Blattstücke, die zu einem Schiffchen zusammengeklebt werden, aus den Blättern heraus. Öffnet man solch einen Kokon, ist man überrascht, wie groß die Raupe ist.

2 Die Löcher in den Seerosenblättern werden durch den Seerosenblattkäfer (Alerncella nymphaeae) durch Minierfraß hervorgerufen.

Maßnahme: Die Käfer werden von Fischen und Vögeln gefressen, die Larven von Fischen und von Wasserinsekten.

Grundsätzlich sollte auf jegliche chemische Schädlingsvernichtungsmittel verzichtet werden, wenn sich Fische im Teich befinden. Die Erfahrung hat gezeigt, daß selbst Produkte, die pflanzliche Wirkstoffe wie Pyrethrum oder Rotenoide enthalten, giftig auf Fische wirken.

Problem: kleine Löcher und Fraßstellen an Unterwasserpflanzen und Seerosenblättern.

Ursache: Schneckenfraß, z. B. durch die Spitzschlammschnecke *(Limnaea stagnalis)*.

Maßnahme: Wenn die Schnecken überhandnehmen, muß man sie absammeln. Bei der obengenannten Art ist dies keine Schwierigkeit, denn sie atmen atmosphärische Luft und müssen deshalb regelmäßig zur Wasseroberfläche kommen.

Problem: Tiere – besonders Frösche, Kröten, Molche – wandern wieder ab.

Ursache: zuviel Störungen, zuwenig Versteckplätze, zuviel oder zuwenig Schatten, keine Überwinterungsmöglichkeiten, tierfeindliche Anschlußbepflanzung (kahle Flächen), zuwenig Nahrung (zuviel Fische), zu saures oder alkalisches Wasser.

Maßnahme: Ursache genau ermitteln. Einen tiergerechten Lebensraum schaffen. Wasser überprüfen und richtig reagieren (s. S. 113), Zusatznahrung bieten (aus dem Zoofachgeschäft).

13.2.10.
Blattläuse

Problem: Die Überwasserblätter der Seerosen aber auch anderer Teichpflanzen sind dicht an dicht mit schwarzen Blattläusen übersät. Die befallenen Pflanzen kümmern und sehen welk aus.

Ursache: Blattläuse *(Rhopalosiphum nymphaeae)*, umgangssprachlich auch schwarze Seerosenblattlaus genannt. Diese Blattläuse sind übrigens weltweit verbreitet.

Maßnahme: stark befallene Überwasserblätter (die über den Wasserspiegel hinausragen) vorsichtig abschneiden und entfernen.

Für andere Pflanzen kann das Absprühen mit dem Gartenschlauch vorübergehend

1

Linderung verschaffen. Die abgespülten Blattläuse gehen aber nicht unter, sondern triften nur ab – meist nur bis zur nächsten Pflanze. Hier muß man wirklich auf die natürlichen Feinde der Blattlaus hoffen. Dazu gehören: Vögel, Flor- und Schwebefliegen sowie Marienkäfer, soweit diese an die Pflanzen herankommen.

13.2.11.
Algen im Teich

Problem: Dichte, watteartige Zusammenballungen und lange grüne Fäden überziehen wie ein Gespinst die Unterwasserblätter und Stiele der Teichpflanzen. Gelbgrüne, schleimige (watteartige) Polster treiben an der Wasseroberfläche, und sie werden von Tag zu Tag mehr. Blaugrüne schmierige Teppiche überziehen den Bodengrund, die Wände sowie Steine und Dekorationsmaterial (Holz) im Gartenteich.

Ursache: *Algen* (Faden-, Grün- und Blaualgen) sind die Ursache. Algen sind niedere Pflanzen, die wie diese leben und sich stark vermehren können. In einem frisch angelegten Teich sind Algen ganz normal und

---

1 Nur wenn die natürlichen Freßfeinde der Blattläuse fehlen, können sie sich explosionsartig vermehren.

kaum zu vermeiden. Nach einiger Zeit, wenn sich im Teich ein normales Gleichgewicht eingestellt hat, verschwinden sie wieder. Meistens reicht es schon aus, wenn man der Natur etwas nachhilft und sie regelmäßig abfischt. Bedenklich wird es allerdings, wenn der Algenwuchs nicht von allein zurückgehen will. Dann können chemische Mittel zwar kurzfristig die Symptome bekämpfen – auch das Wasser klären, aber nicht die Ursache(n) beseitigen. Sporen von Algen findet man in jedem Gartenteich, das ist völlig natürlich, zumal beim Kauf von Wasserpflanzen immer wieder Algen eingeschleppt werden können. In erster Linie vermehren sie sich aber, wenn eine Milieuverschlechterung eintritt. Zum Beispiel:

- wenn sich das Teichwasser zu stark erwärmt (auf über 27° C),
- durch Überdüngung (Nitrat und Phosphat),
- Fischfutter, überdüngter Bodengrund und Einschwemmungen können auch die Ursache sein.
- Eine zu hohe Karbonathärte des Wassers ist auch algenwuchsfördernd (über 15° KH).
- Das gleiche gilt für einen zu hohen pH-Wert (über pH 8).

1 Wenn das biologische Gleichgewicht des Teiches gestört ist, stellen sich automatisch vielerlei Algen ein.

Um die genaue Ursache zu ermitteln, muß man das Wasser einer genauen Analyse unterziehen. Wenn Sie dies nicht alleine schaffen, hilft Ihnen Ihr Zoofachhändler sicherlich. Ein *Diagnosebogen* hilft Ihnen ebenfalls dabei. (Im Zoofachhandel erhältlich.)

Maßnahmen: Mit den folgenden Maßnahmen gelingt es, Algen zu bekämpfen und sie in erträglichen Mengen zu halten:

- Wenn die Wassertemperatur zu hoch ist, wird der Teich teilweise oder für Stunden abschattiert (mit Netzen, Matten oder natürlichen Schattenspendern).
- Wenn zuviel Nährstoffe die Ursache sind, muß die »Nährstoffquelle« zum Versiegen gebracht werden (weniger füttern, auf Dünger – auch Rasendünger zählt dazu – verzichten und, wenn nötig, den Bodengrund austauschen (s. S. 51).
- Als unterstützende Maßnahme empfiehlt es sich, den Teich noch dichter zu bepflanzen. Wasserpflanzen sind die besten Nahrungskonkurrenten der Algen. Als starke Nährstoffzehrer gelten z. B. *Binsen (Juncus spp.) Rohrkolben (Typha spp.) Wasserminze (Mentha aquatica) Nadelsimse (Eleocharis acicularis) Gemeine Teichsimse (Schoenoplectus lacustris) Wasserähren (Potamogeton spp.)*

Die genannten Arten können auch im Bachlauf oder Klärbeet viel zur Wasserklärung – auch Algenbekämpfung – beitragen.

Außer den genannten Arten entziehen das *Hornkraut (Ceratophyllum demersum)* und die *Wasserpest (Elodea canadensis)* dem Wasser viele Nährstoffe. Beim Einsatz der Wasserpest ist aber zu bedenken, daß diese Pflanze, wenn man sie ungehemmt wachsen läßt, leicht zur Plage werden kann. Von den Schwimm- und Schwimmblattpflanzen eignen sich der *Froschbiß (Hydrocharis morsus-ranae)* und die *Seekanne (Nymphoides peltata)*.

Auf keinen Fall sollten Sie dem »guten Rat« folgen und *Wasserlinsen* zum Abschattieren und zur Algenbekämpfung einbringen. Diese Schwimmpflanzen (auch Entenflott genannt) entziehen dem Wasser zwar erhebliche Mengen an Schadstoffen, aber sie vermehren sich auch – explosionsartig – und bedecken dann den Teich lückenlos.

Dabei entziehen sie den Unterwasserpflanzen das benötigte Licht (die Folgen sind bekannt). Wasserlinsen schaden mehr, als sie nützen.

● Weiter ist es wichtig, daß soviel wie möglich abgestorbene Algen und belastendes Material (auch Laub und abgestorbene Pflanzenteile) aus dem Teich entfernt werden. Es empfiehlt sich, die abgefischte Algenmasse vor dem Wegwerfen in einem Eimer mit Teichwasser auszuspülen, damit nicht zuviel Kleinlebewesen auf dem Kompost landen. Zum Entfernen von Fadenalgen eignet sich eine Bürste (die man an einen langen Stiel bindet). Damit kann man die Algenfäden wie Spaghetti aufwickeln und aus dem Wasser ziehen, ohne die anderen Pflanzen zu gefährden. Ist ein Zierfischteich sehr stark veralgt, kann man Graskarpfen zur Algenbekämpfung einsetzen. Diese Fische lassen sich mit anderen Arten gut vergesellschaften. Auch Bitterlinge naschen gerne von den Algen (auch von Blaualgen) – große Mengen schaffen sie natürlich nicht. Ihr Stoffumsatz ist zu gering.

Wenn wir es mit Schwebealgen *(Volvox)* zu tun haben – dabei ist das ganze Wasser grün gefärbt – können auch die Silberkarpfen zur Bekämpfung eingesetzt werden.

● Ist die Karbonathärte zu hoch, kann man die Wasserhärte durch einen Teilwasserwechsel, der mit aufbereitetem *Regenwasser* vorgenommen wird, senken. Weiter hilft auch stark saurer Schwarztorf (er ist reich an Huminsäuren), den pH-Wert zu senken. Er wird mit dem Netzbeutel einfach in den Teich gehängt. Am besten in die Strömung vor den Wasserauslauf des Filters. Die Wasserreaktion ist mit dem Dupla-KH- und pH-Test gut zu überwachen.

● Als eine weitere positiv wirkende Maßnahme hat sich eine gute Wasserbewegung (Bachlauf, Wasserfall oder ein starker Filter) bewährt.

Zusammenfassend ist zu sagen:
Ein »schwimmbadklares« Wasser ist weder in natürlichen Gewässern noch im Gartenteich zu finden. Etwas Algenwuchs ist durchaus normal und schadet auch nicht. Es hängt ausschließlich von der Algenmenge – noch mehr aber von der Wasserqualität – ab, ob man eingreifen muß oder aber mit Geduld und Gelassenheit abwarten kann, bis die Selbstreinigungskraft des »optimalen Gartenteiches« die Oberhand gewinnt.

---

1 Algen im Teich lassen sich hervorragend durch den Einsatz von Pflanzen, z. B. auch durch Nymphoides peltata, vermeiden.

1

13.2.12.
Trübes Wasser

Problem: Das Wasser ist nahezu undurchsichtig und grün gefärbt. Kundige sprechen von einer »Wasserblüte«.

Ursache: *Überdüngung*. Dadurch kommt es oft zum Auftreten der grünen Schwebe- oder Kugelalge *(Volvox)*. Unter dem Mikroskop kann man sie durch ihre kugelrunde Gestalt, ihre grüne Färbung, die Geißeln und durch ihre Größe (0,5–2 mm) identifizieren.

Maßnahme: Überdüngung vermeiden! Silberkarpfen *(Hypophthalmichthys molitrix)* fressen dieses »Plankton«.

Mit einem leistungsstarken Filter bzw. mit einer starken Wasserbewegung bringt man sie ebenfalls zum Verschwinden. Der Einsatz von Spezialschwarztorf hat sich auch gut bewährt.

Weniger empfehlenswert ist es (obwohl man dies häufig lesen kann), eine »Wasserblüte« mit Wasserflöhen zu bekämpfen, weil bei schlechten Wasserbedingungen die Wasserflöhe sehr schnell absterben können und dabei das Wasser zusätzlich belasten.

Problem: Das Wasser ist milchig grau – oft sind Zusammenballungen wie graue Wolken zu beobachten. Die Fische können in ihrer Atmung behindert sein und an der Wasseroberfläche stark atmend nach »Luft schnappen«.

Ursache: Infusorien – das sind mikroskopisch kleine Lebewesen – auch Aufgußtierchen genannt (Wimpern- und Pantoffeltierchen gehören zu ihnen). Zuviel organische Substanz im Wasser.

Maßnahme: für kräftige Wasserbewegung (durch Filter) sorgen. Durch Nährstoffentzug (weniger füttern und totes Material entfernen) und unter gleichzeitigem Absenken des pH-Wertes (auf pH 6,8–7,5) verschwindet diese Ansammlung (Massenvermehrung) wieder.

Auf keinen Fall das Wasser auswechseln. Dies würde eine noch größere Vermehrung dieser Lebewesen zur Folge haben!

Problem: Das Wasser im Zierfischteich ist graugrün und trübe. Man kann die Fische kaum erkennen – auch wenn sie im oberen Bereich des Teiches schwimmen. Die Sicht beträgt kaum zehn Zentimeter.

Ursache: aufgewirbelter Mulm und Bodengrund und -schlamm, der durch das »Gründeln« der Fische immer wieder aufgewirbelt wird.

Maßnahme: Starken Filter einsetzen. Notfalls ist der Bodengrund auszutauschen (s. S. 50).

13.3.
Weitere Probleme

Problem: Im Frühjahr nach der Schneeschmelze verenden Fische, und es steigen bei genauerem Hinsehen Blasen aus dem Bodengrund auf.

Ursache: Sauerstoffmangel und Vergiftung durch Faulgase.

Maßnahme: Teilwasserwechsel, gut filtern bzw. belüften und, so gut es geht, den Bodengrund entfernen (s. S. 50).

Problem: Die meisten Fische schwimmen an der Wasseroberfläche und »japsen« nach Luft. Dabei kann der Kopf sogar aus dem Wasser ragen.

Ursache: akuter Sauerstoffmangel oder ungünstige pH-Werte.

Maßnahme: Ursache ermitteln – Wasser testen und sofort reagieren. Ein Teilwasserwechsel kann schon eine Verbesserung bringen. Bei Sauerstoffmangel auch die Wassertemperatur überprüfen.

Problem: Die Wassertemperatur steigt über 30° C. Als Sofortmaßnahme muß ein Teilwasserwechsel für Linderung sorgen. Oder es muß aus gegebenen Gründen (Notfall) sogar die gesamte Wassermenge ausgewechselt werden.

Ursache: siehe Kapitel »Wissen hilft Probleme lösen« (s. S. 120).

Maßnahme: Wenn Wasser erneuert oder ausgetauscht wird, *muß* jeglicher Schock für Fische und Pflanzen vermieden werden. Dazu gleichen wir die Wassertemperatur etwas an (wir lassen es ganz langsam zulaufen und nicht mehr als 30 % der Gesamtwassermenge) und bereiten es mit Duplagan auf. Um einen chemischen Schock zu vermeiden, mischen wir das Teichwasser mit dem Frischwasser (Regenwasser muß man ebenfalls aufbereiten, s. S. 46) und lassen es ebenfalls langsam zulaufen.

Problem: Das Wasser riecht muffig oder

faulig. Die Wasseroberfläche ist mit Mükkenlarven bedeckt.

Ursache: *verdorbenes Wasser*. Der Grund kann vielschichtig sein. Man muß das Wasser (NO_3, PO_4, pH, O_2) testen. Vor allem aber den Bodengrund eingehend untersuchen. (Mit einem Besenstiel in den Bodengrund tupfen und beobachten, ob Blasen aufsteigen.) Wenn es nach faulen Eiern riecht, die Steine an der Unterseite blauschwarz sind und Blasen aufsteigen oder sich zuviel Mulm und totes Material am Teichgrund angesammelt hat, kann es dazu kommen.

Maßnahme: Ursache ermitteln und sofort reagieren. Teich säubern und Teilwasserwechsel mit aufbereitetem Wasser vornehmen (s. S. 46).

Problem: Die Pflanzen wollen in der Vegetationszeit nicht wachsen. Sie kümmern, bleiben kurz und mager, die Blätter bleiben klein und glasig.

Ursache: ungeeignetes Wasser. Wasserschock durch Zuleitung von »eiskaltem« Leitungswasser.

Die Ursache kann aber auch ein falscher Standort sein (zu tiefer Wasserstand, zu trocken, zu feucht, zu hell oder zu dunkel).

Maßnahme: alle Möglichkeiten nach den obengenannten Vorgaben überprüfen und sofort reagieren.

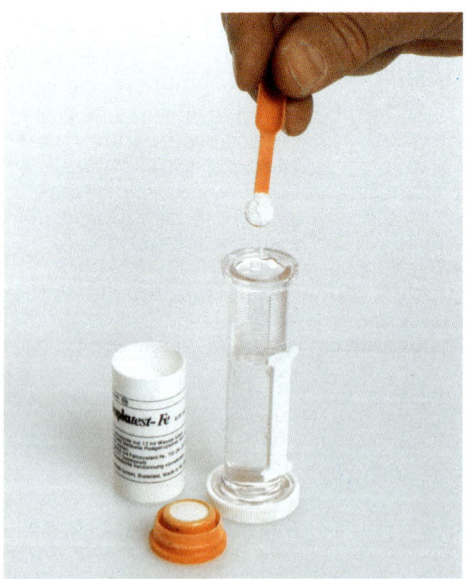

1

Problem: Die Pflanzen haben in der Vegetationsphase gelbe, oft glasig wirkende Blätter.

Ursache: ungünstige Wasserverhältnisse, zu hohe Nitrat- und Phosphatwerte oder Eisenmangel.

Maßnahme: Wasser überprüfen, vor allem Eisentest durchführen. Das Wasser stabilisieren (KH senken oder anheben, pH-Werte zwischen 6,8 und 7,5 einstellen oder, wenn nötig, einen Teilwasserwechsel vornehmen), gegebenenfalls mit Duplarit-K nachdüngen.

Problem: Die Seerosenblätter bleiben klein oder zeigen gelbe Stellen, und die Pflanze blüht nicht.

Ursache: Knollenfäule (Pilzerkrankung) oder Wasserschock (z. B. zu kaltes Leitungswasser). Faulender Bodengrund?

Maßnahme: Die Knolle überprüfen, ob sie hart und sauber ist bzw. nicht faulig riecht. Wenn nötig, die Faulstelle ausschneiden, mit Holzkohle (Aquarienfilterkohle) bestäuben, antrocknen lassen und wieder in neues Substrat einsetzen, so daß das Rhizom im oberen Drittel unbedeckt bleibt. Wasserschock vermeiden!

Problem: Die Seerosenblätter werden nach einigen Jahren immer kleiner, die Blühwilligkeit ist eingeschränkt, und die Blätter werden auch im Hochsommer gelb.

Ursache: Die Seerose steht zu mager, der Bodengrund im Pflanzkorb ist verdorben oder zu mager.

Maßnahme: Die Pflanze herausnehmen, säubern, wenn nötig zurückschneiden und wieder in neues Substrat mit Duplarit-T setzen.

Problem: Im Herbst – oft schon Mitte Oktober – fangen viele Pflanzen an, gelb zu werden, andere stagnieren im Wuchs oder kümmern bzw. sie ziehen ein.

Ursache: Umstellung und Vorbereitung der Pflanzen auf die Winterruhe.

Maßnahme: siehe Seite 132 über die Vorbereitung des Teiches auf den Winter!

Problem: Im Frühjahr, wenn alle anderen Pflanzen austreiben, bleibt eine oder mehrere Arten aus. Sie sind verschwunden.

Ursache: Die Pflanze war nicht winterhart (Exoten), oder es handelt sich um eine einjährige Pflanze, die sich nicht aussäen konnte.

1 Ein Eisentest (Fe-Test) ist angeraten, wenn der Verdacht von Eisenmangel vorliegt. Mit dem Dupla-Analytiksystem wird eine einfache und bequeme Möglichkeit dazu geboten.

Maßnahme: Auf Exoten verzichten oder im frostfreien Raum überwintern. Einjährige erst im Frühjahr zurückschneiden, damit sie sich im Spätsommer oder Herbst auch aussäen. (Oft werden samentragende Pflanzen einfach abgeschnitten.)

Problem: Der Pflanzenwuchs kommt auffällig zum Stehen, es kommt zu Mißbildungen (verkrüppelte Blätter) und zum Abfaulen von Blüten oder Knospen (häufig bei Seerosen zu beobachten). Manche Blätter vergilben und sterben ab.

Ursache: lang anhaltende Schlechtwetterperioden (viel Nässe und kalter Wind), Kälte und Regeneinbrüche nach Schönwetterperioden.

Maßnahme: Abgestorbene Pflanzen und Pflanzenteile sind zu entfernen, damit das Wasser nicht zu sehr belastet wird. Diese Schadbilder verschwinden wieder, wenn sich das Wetter bessert.

Problem: Bei großen Teichen ist auch mit dem Zufliegen von Wassergeflügel (Wildenten, Bläßhühnern u. a. m.) zu rechnen. Da Wassergeflügel die Wasser- und anderen Teichpflanzen zum »Fressen« gern hat, kann es zu beachtlichen Schädigungen der Teichflora kommen.

An Teichen mit gutem Zierfischbesatz können sich auch Fischreiher einstellen.

Maßnahme: Sämtliche einheimische Vögel sind streng geschützt, sie dürfen weder eingefangen noch vom Teichbesitzer bejagt werden.

Will man solche Tiere von seinem Teich fernhalten, nützen aufgespannte Netze.

Oder einige bunte Folienstreifen, die auf einen Stock im Wind flattern. – Ist der Teich groß genug, kann ein Enten- oder Bläßhuhnpärchen durchaus eine Bereicherung darstellen.

Man kann einen Teich natürlich auch für Wassergeflügel anlegen.

Solch ein Teich sollte aber mindestens 100 Quadratmeter oder mehr an Fläche haben. Es versteht sich von selbst, daß sich die Bepflanzung dann auf robuste Pflanzenarten beschränken muß (Schilf, Rohrkolben, Binsen, Kalmus und große Seerosen usw.).

13.3.1.
Auch Einschwemmungen sind gefährlich

Ebenso gefährlich wie Schwermetalle oder Chlor sind Einschwemmungen von Insekten- oder Pflanzengiften sowie Unkrautvernichtungsmitteln. Auch einige Pflanzendünger (Rasendünger!) reagieren im Teich äußerst giftig. Weder Wind noch Regen machen vor einem Gartenzaun oder Gartenteich halt.

Viele *unerklärliche Fischsterben* sind das Resultat solcher Einschwemmungen. Wie sehr die Natur unter dem Einsatz von Bioziden leidet, wird einem erst klar, wenn man von den riesigen Mengen der genannten giftigen Chemikalien Kenntnis erhält, die von Gartenbaubetrieben und Heimgärtnern – oft unnötig – *verbraucht* werden, und die Folgen – eine an Lebensgemeinschaften arme Gartenlandschaft – sieht.

Jeder umweltbewußte Teichbesitzer und Heimgärtner sollte auf den Einsatz jeglicher Biozide verzichten und, wenn möglich, auch auf seine Nachbarn einwirken, es ihm nachzutun. Es ist den wenigsten Verbrauchern bewußt, daß, je mehr »Gift« ausgebracht wird, sich die Schädlinge um so schneller und zahlreicher wieder vermehren, weil ihre *Freßfeinde* abgetötet oder aus dem Garten vertrieben werden. Fürwahr ein Teufelskreis, den es zu durchbrechen gilt!

1 Enten können besser wirken als jeder Rasenmäher.

13.3.2.
Der Teich leckt

Problem: Der Teich leckt.
Ursache: Gewalteinwirkung oder mangelhafte Verarbeitung.

Maßnahme: Ist bei *Betonteichen* die Schadstelle ermittelt, muß man sie gründlich säubern. Am besten von innen und außen. Dann mischt man wasserfesten Zement und Sand im Verhältnis 1:2 und gibt mit dem Wasser noch Dichtmittel in den Mörtel. Diese Masse wird anschließend in den angefeuchteten Riß gestrichen. Nach dem Trocknen empfiehlt es sich, die reparierte Stelle mit einem Schutzanstrich (Kunstharz) zu versehen.

Wiederholen sich nach jedem Winter die Schäden oder verliert der Teich gar größere Wassermengen, so kann man die Teichschale mit einer Folie (0,5 mm Stärke reichen aus) auskleiden. Sollte eine Folie lecken (weit seltener), so ist dies meistens auf Gewalteinwirkung zurückzuführen (z. B. durch die Zinken eines Rechens oder einer Gabel). Die Schadstelle wird, wenn möglich, von *beiden* Seiten gesäubert, etwas mit Schmirgelpapier aufgerauht und mit Folienflicken (übriggebliebene Ränder oder solche aus dem Reparaturset), die gut mit Kleber (Kaltschweißmittel) eingestrichen wurden, geflickt. Anschließend müssen die Flicken gut angepreßt werden (mit flachen Steinen oder kleinen Sandsäcken). Zum Schluß, wenn alles trocken ist, werden die Ränder mit Kaltschweißmittel oder Silikon versiegelt. Diese Arbeiten sollten am besten bei trockenem und warmem Wetter (über 15° C) und mit Schutzhandschuhen und Brille durchgeführt werden.

Grundsätzlich ist unser »optimaler Gartenteich« sehr pflegeleicht. Wenn keine gravierenden Fehler bei der Anlage, beim Bepflanzen oder beim Betrieb des Teiches gemacht wurden, sorgt das natürliche Gleichgewicht dafür, daß die Arbeiten im und am Teich nur auf routinemäßige Pflegetätigkeiten beschränkt bleiben.

Damit der optimale Zustand auch erhalten bleibt, müssen wir die Natur etwas unterstützen. Die folgende Checkliste hilft Ihnen dabei.

---

1 Selbst die stärkste Folie hält eine unsachgemäße Befestigung nicht aus.
2 Betonteiche sind besonders in strengen Wintern durch Frost gefährdet.

14.1.

Kontrolle und Pflege

Tägliche Kontrolle und Pflege
- Wasserstand kontrollieren.
- Den Lauf der technischen Geräte beobachten.
- Nur so viel füttern, wie sofort gefressen wird.
- Bei der Fütterung den Gesundheitszustand der Fische überwachen.

Wöchentliche Kontrolle und Pflege
- Wasser testen – O_2, pH-Wert und Temperatur.
- Eventuell Algen oder Wasserlinsen sowie schwimmende Blätter, Blüten und Pollen abfischen.
- Abgebrochene oder vergilbte Pflanzenteile entfernen.

Monatliche Kontrolle und Pflege
- Neben der wöchentlichen Tests werden die Karbonathärte, der Nitrat- und Phosphatgehalt überprüft.
- Der Filter und das Filtermaterial sind zu säubern. Während des Sommers empfiehlt es sich, diese Arbeiten alle drei Wochen durchzuführen.
- Eventuell Teilwasserwechsel bei zu starker Erwärmung.
- Ufer und Randzone kontrollieren (Graswuchs) und Wasserabfluß (Kapillarwirkung) verhindern.
- In der Vegetationszeit unerwünschte Gräser (Quecken) und Sämlinge entfernen.

14.2.

Pflegearbeiten im Wechsel der Jahreszeiten

Checkliste:

Frühling

- Bereits während der Schneeschmelze wird die Wasserqualität überprüft (KH, pH, O_2, NO_3 und PO_4).
- Sollten wider Erwarten doch einige Tiere den Winter nicht überlebt haben, so muß man sie sofort entfernen.
- Wenn nötig, wird die Wasserqualität mit aufbereitetem *Frischwasser* verbessert.
- Eisschollen, in denen Blätter und andere Dinge eingeschlossen sind, werden abgefischt und verworfen.
  Nach der Schneeschmelze kann man darangehen, alle abgestorbenen Pflanzenteile zu entfernen. Bevor man das Pflanzenmaterial wegwirft, spült man dieses nochmals im Teich aus, um eventuell anhaftende Kleintiere (Insektenlarven) nicht zu schädigen.
- Wenn die Pflanzen wieder ausgetrieben haben, kann man sie zurückschneiden, versetzen, auslichten oder umgruppieren. Man hat in dieser Zeit die Möglichkeit, früher (vorher) gemachte Fehler zu korrigieren, eventuell ganze Bereiche neu zu bepflanzen.
- Nun ist auch die beste Zeit, die Seerosen mit Duplarit-K zu versorgen, um möglichst viele Blüten zu erzielen.
- Alle technischen Geräte müssen nach dem Winterbetrieb gründlich gesäubert und überholt werden.
- Wenn die Wassertemperatur wieder auf über 10° C angestiegen ist, darf man die Zierfische auch wieder füttern. Dabei beobachtet man sie genau, um sofort reagieren zu können, wenn sich Erkrankungen zeigen' (nach der Schneeschmelze und nach der Winterruhe sind die Zierfische besonders anfällig).

- Um den Teich möglichst sauber, vor allem aber den Stickstoffgehalt gering zu halten, wird der Mulm vom Bodengrund abgesaugt. (Mit einer starken Filterpumpe ist dies kein Problem.)
- Sind die Arbeiten im Teich abgeschlossen, ist auch die Teichumgebung zu sanieren.
  Es versteht sich von selbst, daß alle Arbeiten mit der nötigen Sorgfalt und so zeitig durchgeführt werden, daß Tiere, die schon sehr früh im Teich laichen wollen, nicht gestört werden und das Gleichgewicht des Teiches erhalten bleibt.

Sommer

- Algen, Wasserlinsen, Blüten und Blätter werden den Sommer über regelmäßig abgefischt, damit der Teich möglichst sauber bleibt.
- Bei großer Trockenheit muß die Rand- und Uferzone regelmäßig durchfeuchtet werden.
- In dieser Zeit gilt der Wassertemperatur und dem Sauerstoffgehalt unsere besondere Aufmerksamkeit.
- Die Samen der Frühjahrsblüher kann man jetzt ernten und gezielt wieder aussäen.
- Absterbende Blätter und Pflanzenteile schneidet man regelmäßig ab und entfernt sie aus dem Teich.
- Sollten die Zierfische abgelaicht haben, kann es nötig werden, daß man sie mit feinstem Jungfischfutter, z. B. DuplaRin Micro, aufzieht (das natürliche Teichfutter reicht nicht aus).
- Wenn man feststellt, daß sich einige Pflanzenarten zu sehr vermehren und der Teich zu verlanden droht, kann man sie unbesorgt auch im Sommer zurückschneiden.
- Keimlinge von Weiden, Birken, Ahorn und anderen unerwünschten Pflanzen (auch Weidenröschen können sich schnell vermehren) kann man nun gut erkennen und entfernen.

Herbst

Wenn die Vegetationszeit zu Ende geht und sich im Garten alles noch einmal in seiner ganzen Pracht zeigt (Laubfärbung), beschäftigen wir uns etwas mehr mit unserem Teich.

1

• Wir verhindern (mit einem Netz), daß
  große Laubmengen in unseren Teich
  geweht werden.
• Wer kein Netz hat, der muß eingewehtes Laub häufiger abfischen.
• Man entfernt außerdem möglichst viel
  der gelben Blätter (auch Seerosenblätter).

---

*1 Bei Teichen, die schon länger bestehen,
muß man darauf achten, daß sie nicht
verlanden und die Pflanzen der Teichumgebung nicht zu üppig wuchern und sich
dabei das Licht wegnehmen.*
*2 Ein einfaches Netz, über den Teich
gespannt, hält das Fallaub fern.*

• Die Unterwassertriebe vom Zungenhahnenfuß *(Ranunculus lingua)* sollte
  man nicht abschneiden, da die Unterwasserblätter auch unter dem Eis
  Sauerstoff spenden.
• Samenstände läßt man ausreifen, um
  die Samen abzusammeln oder das Aussäen der Natur zu überlassen. Erst wenn
  sie leer sind, werden sie kurz über dem
  Wasserspiegel abgeschnitten. Im Zoofachhandel gibt es Pflanzzangen, mit
  denen dies machbar ist.
• Röhricht und Pflanzenstiele läßt man
  aber stehen, denn in ihnen überwintern
  viele Insektenlarven. Außerdem sehen
  sie bei Rauhreif oder nach Schneefall besonders schön aus. Sie schützen den
  Teich auch vor dichten Verwehungen
  und fördern den Gasaustausch im Winter.
• Die Wasserqualität wird noch mehrmals
  überprüft und, wenn nötig, verbessert.
• Wenn Sie feststellen, daß der Teich sehr
  verschlammt ist, sollte noch zeitig vor
  dem ersten Frost der Teich gesäubert
  werden.
• Filterpumpen und -anlagen sowie eine
  vorhandene Belüftung werden überholt, gereinigt und so hoch angebracht
  (im oberen Drittel), daß das Tiefenwasser, das im Winter ja + 4°C hat, nicht verwirbelt wird.

- Zum Überwintern der Tiere werden einige Tonröhren (Dachreiter usw.) in den Teich gelegt.
- Noch vor dem ersten Frost muß man die Wasserzuleitung entleeren (leerlaufen lassen). Wenn das Wasserreservoir nicht isoliert ist, muß es auch leergemacht werden, damit der Eisdruck es nicht zum Platzen bringt.
- Wenn der Teich flach ist und weniger als 80 cm Tiefe aufweist, muß der Fischbestand herausgefangen und zur Überwinterung in einen frostfreien Raum gebracht werden (s. S. 107). Man braucht nicht mehr zu füttern, Teichfische fressen nicht mehr, wenn die Wassertemperatur unter 10° C absinkt.
- Exotische Teich- und Wasserpflanzen oder frostempfindliche Seerosen müssen noch vor den ersten Frösten in das Haus und in den Zimmerteich!
- Das Wasser soll auch im flachen Teich bleiben, damit die Pflanzen nicht austrocknen und die Kleinlebewelt überleben kann.

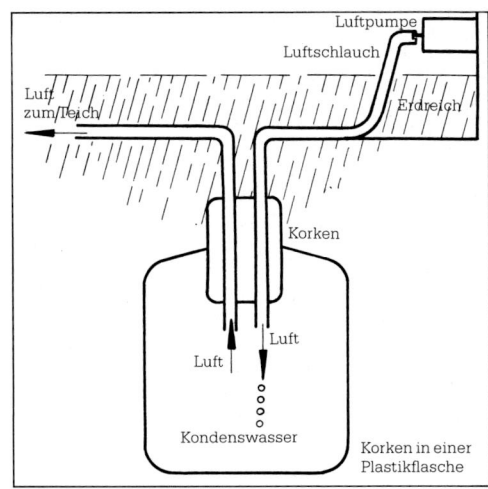

Korken in einer Plastikflasche

Winter

Die meisten Befürchtungen zum Thema »der Teich im Winter« sind weitgehend unbegründet. Da unser Teich tief genug ist, der Bodengrund und das Wasser in Ordnung sind und der Fischbesatz sich in Grenzen hält, müssen die Fische weder unter einer geschlossenen Eisdecke erstikken, noch gehen Frösche und andere Tiere zugrunde, nur weil es kalt wird.

Dennoch sind einige Regeln zu beachten, damit alle unsere Freunde den Winter schadlos überstehen – vor allem aber nicht an falschen Maßnahmen (Ratschlägen) zugrunde gehen.

- Unser Überlebensrezept greift nur so lange die Tiere nicht unnötig gestört oder aufgeschreckt werden (ihr Stoffwechsel ist auf Winterruhe eingestellt).
- Mancher Teichfreund hat seine überwinternden Tiere schon zu Tode »gelärmt« bei dem Versuch, in dickes Eis mit einer Spitzhacke oder Axt ein Loch zu hacken (das nach wenigen Stunden bereits wieder zufriert).
- Jegliches Lärmen auf dem Teich wie Schlittschuhlaufen oder gar Eisstockschießen oder Schlittern sollte tunlichst unterbleiben.

- Ebenso nutzlos wie unsinnig ist der Ratschlag, Strohbündel in den Teich zu stellen, damit der Gasaustausch stattfinden kann. Mit dem Stroh gelangt sauerstoffzehrende Biomasse in den Teich, die das Wasser stark belastet und es vergiften kann. Außerdem gelangen Biozide aus dem Stroh ins Wasser.
- Teichausströmer sind durchaus sinnvoll, wenn sie nicht zu tief angebracht sind. Sie halten eine mehr oder weniger große Fläche eisfrei, was bei starkem Fischbesatz von Vorteil sein kann. (In 20–30 cm Tiefe fixieren.)
- Das gleiche gilt für einen guten Teichfilter, dessen Wasserauslauf am besten mit der Wasseroberfläche abschließt.
- In jedem Fall muß während des Winters die Pumpe gewartet und gepflegt werden.
- Damit sich von der Luftpumpe zum Teichausströmer kein Kondenswasser im Luftschlauch bildet, verfährt man, wie auf der Zeichnung zu sehen ist.
- Ist man gezwungen, weil das Eis fast bis zum Boden reicht oder der Winter schon sehr lange dauert, für einen guten Gasaustausch zu sorgen, kann man entweder mit heißem Wasser oder mit einem Wasserstrahl (auf eine Stelle) das Eis auftauen. Wenn man dann einige Eimer Wasser aus dem Teich schöpft, entsteht eine Luftblase unter dem Eis (die dem Gasaustausch dient).
- Man kann auch einen Teichausströmer oder eine Filterpumpe nachträglich installieren.

- Elektrisch betriebene Stabheizer aus Stahl können, wenn es nicht zu kalt ist, ebenfalls eine kleine Stelle eisfrei halten. Der hohe Stromverbrauch steht aber in keinem Verhältnis zum Nutzen.
- Im Fachhandel werden auch Styroporringe mit Lüftungsschlitzen angeboten, die das völlige Zufrieren des Teiches verhindern und einen natürlichen Gasaustausch ermöglichen.
- Man kann sich aber auch einen solchen Kasten aus Holz und Styropor selbst basteln.
- Eine weitere Möglichkeit (bei kleineren Teichen mit zu geringer Tiefe zu empfehlen) besteht darin, den Teich mit einem Überbau abzudecken. Aus Latten wird dazu ein Rahmen (mehrere ist besser, sie lassen sich im Frühjahr problemloser verstauen) gebaut, der mit lichtdurchlässigem frostfestem Material, wie es die sogenannte »Noppenfolie« darstellt, bespannt wird. Eine solche Abdeckung baut man zweckmäßig in

Dachform oder mit einer deutlichen Schräglage, damit das Schnee- und Regenwasser gut ablaufen kann. Um auch größeren Schneemengen standzuhalten, baut man den Lattenrost mit möglichst kleinen Quadraten. Wichtig ist es auch, daß der fertige Überbau gut mit Steinen beschwert und verankert wird, damit die Winterstürme die Abdeckung nicht wegwehen können. Solch eine Abdeckung eignet sich auch hervorragend, um ein Balkonarium winterfest zu machen.

So gerüstet, kann der Winter mit aller Kraft wirken. Nun ist auch die stille Zeit für den Teich und seine Bewohner gekommen. Unsere Aktivitäten beschränken sich auf einige Kontrollgänge. Darüber hinaus lassen wir alles in Ruhe und erfreuen uns an dem reizvollen Bild, das ein Teich auch im Winter darstellt. Wem es Spaß macht, der sollte auch ein kleines »Teichtagebuch« führen, in das alles Erwähnenswerte (Erfahrungen und Erlebnisse) eingetragen wird. Besonders interessant ist es, wenn alles Gedeihen und Werden von Anfang an im Foto festgehalten wird. Gerade der Vergleich ist besonders aufschlußreich.

---

1 Still ruht im Winter das Leben im Teich, bis es im Frühjahr wieder erwacht.

8.4.2.
Schwimmpflanzen und Pflanzen für die Tiefwasserzone

Name	Größe	Wassertiefe (Wasserstand)	Empf. Stückzahl je 0,5 m²	Blütezeit	Blütenfarbe	Standort	Bemerkungen
1* Froschbiß *Hydrocharis morsus-ranae*	5 cm	schwimmend	5–10	V–VII	weiß	○–●	Sehr vermehrungsfreudig. Auch für saures Wasser.
2* Hornkraut *Ceratophyllum demersum*	50–80 cm lange Ranken	schwimmend	10–20 Stück	–	–	○–●	Hervorragender Sauerstoffspender, wasserreinigend, algenhemmend.
3* Krebsschere *Stratiotes aloides*	Rosette Ø bis 50 cm	schwimmend	2	V–VII	weiß	○–●	Für jeden Teich geeignet! Wasserklärend, algenhemmend.
4 Weiße Seerose *Nymphaea alba*	Blüten 15 cm	80–150 cm	1 Stück auf 2 m²	VI–IX	weiß	○–●	Einheimische Wildform, starkwüchsig, sehr ausdauernd, viele Hybriden, die der Wildart ähneln.
5 Weiße Seerose *Nymphaea* »Gladstonia«	Blüten 15–20 cm	80–150 cm und tiefer	1 Stück auf 2 m²	VI–VIII	weiß	○	Sehr wuchsfreudig, nur für große Teiche geeignet.
6 Weiße Seerose *Nymphaea* »Hermine«	Blüten 15 cm	80–120 cm	1 Stück auf 2 m²	V–VIII	weiß	○	Starkwüchsig und robust, tulpenförmige Blüten.
7 Weiße Seerose *Nymphaea* »Marliacea Albida«	Blüte 15 cm	40–100 cm	1 auf 2 m²	VI–VIII	weiß mit hellgelben Staubblättern	○–●	Starkwüchsige und robuste Sorte.
8 Weiße Seerose *Nymphaea pygmaea* »Alba«	Blüte Ø 4 cm	15–35 cm	1–2 Stück	VI–IX	weiß	○	Die kleinste Seerose, eignet sich auch für das Balkonarium und den Zimmerteich.
9 Rosa Seerose *Nymphaea* »Laydeckeri Liliacina«	Blüte 8–10 cm	30–40 cm	1–2 Stück	VI–VIII	rosa – lilarosa	○	Für kleinere Teiche, Balkonarium und Zimmerteich geeignet.

Nr. & Name	Blüte	Höhe	Pflanzdichte	Blütezeit	Farbe		Beschreibung
10* Rosa Seerose *Nymphaea* »Marliacea Rosea«	Blüte 18 cm	50–100 cm	1 Stück auf 2 m²	VI–IX	rosa (weiß-rosa)	○–◐	Häufig angebotene, robuste und gutwüchsige Sorte, die aber Platz braucht, Dauerblüher.
11 Rosa Seerose *Nymphaea odorata* »Rosennymphe«	Blüte 12–14 cm	30–80 cm	1 Stück auf 2 m²	VI–VIII	hellrosa	○	Eine duftende Sorte.
12 Rosa Seerose *Nymphaea tuberosa* »Rosea«	Blüte 12 cm	30–50 cm	1 Stück auf 1 m²	VI–VIII	rosa (zartrosa bis fleischfarben)	○	Empfehlenswerte Sorte auch für kleinere Teiche und sonnige Balkonarien.
13* Gelbe Seerose *Nymphaea* »Chromatella«	Blüte 15–18 cm	40–80 cm	1 je m²	VI–VIII	gelb	○	Wie alle gelben Sorten sind die Blätter im Jugendstadium gefleckt. Frostempfindlich! Am besten im Haus überwintern.
14 Gelbe Seerose *Nymphaea* »Colonel A. J. Welch«	Blüte 10–15 cm	40–100 cm	1 je 2 m²	VI–VIII	gelb (goldgelb)	◐	Die sternförmigen Blüten stehen gerne über dem Wasserspiegel.
15 Gelbe Seerose *Nymphaea* »Sioux«	Blüte 12–15 cm	40–60 cm	1–2 je 2 m²	VI–VII	gelb (gelb bis kupferrosa)	○	Weit verbreitet. Liebt warmes Wasser. Man sollte sie nicht in zu kaltes Wasser pflanzen (ab 23° C). Evtl. auch im Haus überwintern.
16 Gelbe Seerose *Nymphaea odorata* »Sulphurea«	Blüte 14–16 cm	40–100 cm	1 je 2 m²	VI–VIII	gelb (schwefelgelb)	○	Sie liebt tiefen Wasserstand und warmes Wasser. Bildet reichlich Blätter. Blüht oft erst im 3. Jahr.
17 Gelbe Seerose *Nymphaea pygmaea* »Helvola«	Blüte 4 cm	10–30 cm	1 je m²	VI–VII	gelb	○	Wie N. alba kleinblütig. Wärmeliebend und frostempfindlich, deshalb ist Winterschutz nötig. Für Balkonarium und Zimmerteich geeignet.
18 Rote Seerose *Nymphaea* »Attraction«	Blüte 15 cm	40–80 cm	1 auf 2 m²	VI–VIII	rot (granatrot)	○	Eine gutwüchsige Art mit kreisrunden Blättern.

Name	Größe	Wassertiefe (Wasserstand)	Empf. Stückzahl je 0,5 m²	Blütezeit	Blütenfarbe	Standort	Bemerkungen
19 Rote Seerose *Nymphaea* »Charles de Meurville«	Blüte 15 cm Ø und mehr	40–60 cm	1 auf 2 m²	VI–IX	rot (weinrot, außen heller)	◯	Eine wüchsige Sorte, deren Blüten lange geöffnet bleiben.
20 Rote Seerose *Nymphaea* »Escarboucle«	Blüte 15–18 cm	40–80 cm	1 auf 2 m²	VI–IX	rot (rubinrot)	◯	Duftend und reich bzw. lange blühend. Auch für das Balkonarium geeignet.
21 Rote Seerose *Nymphaea* »Froebeli«	Blüte 10 cm	30–40 cm	1 auf 1 m²	VI–VIII	rot (dunkelrot)	◯	Blüht bis in den Abend hinein. Sehr blühfreudig, Blüten stehen auch einige cm über dem Wasserspiegel. Auch für das Balkonarium.
22 Rote Seerose *Nymphaea* »James Brydon«	Blüte 14 cm	40–80 cm	1 auf 2 m²	VI–VIII	rot (kirschrot)	◯	Die Blüten wirken, als seien sie gefüllt. Sehr gutwüchsig und robust. Sie sollte in keinem Teich fehlen.
23 Rote Seerose *Nymphaea* »René Gérard«	Blüte 15–18 cm	40–80 cm	1 auf 2 m²	VI–VIII	rot (dunkelkarminrot)	◯	Reich blühend und lange geöffnete Blüten. Eine sehr empfehlenswerte Sorte.
24* Schwimmfarn *Salvinia natans*	Blattgröße 1 cm Ø, 8–10 cm lang	schwimmend	10 Stück	–	–	◯	Hübscher Schwimmfarn, der früher u. a. in den Rheinauen zu finden war. Natürliches Vorkommen nicht mehr gesichert. Die angebotenen Pflanzen sind sub- oder tropischer Herkunft. Im Haus überwintern! Für Zimmerteich geeignet.
25 Krauses Laichkraut *Potamogeton crispus*	meterlange Unterwasserpflanze	30–150 cm und tiefer	15–20 Stück	VI–VIII	unscheinbar grünlich	◯–◖	Guter Sauerstoffspender und Laichsubstrat. Algenwuchshemmend.

Nr.	Name	Wuchs	Tiefe	Menge	Blütezeit	Blüte	Licht	Bemerkungen
26	Glänzendes Laichkraut *Potamogeton lucens*	meterlange Unterwasserpflanze	30–150 cm und tiefer	15–20 Stück	VI–VII	unscheinbare grünliche Blütenähre	○	Guter Sauerstoffspender. Algenwuchshemmend.
27*	Schwimmendes Laichkraut *Potamogeton natans*	Typ. Schwimmblattpflanze	30–150 cm	5 Stück	V–VIII	rötlich/grüne Blütenähre	○	Häufig angebotene, hübsche Schwimmblattpflanze, die stark wuchern kann.
28	Durchwachsenes Laichkraut *Potamogeton perfoliatus*	Unterwasserpflanze	30–150 cm	5 Stück	VI–VIII	grünliche Blütenähre	○	Sattgrüne, leider selten angebotene Pflanze. Algenwuchshemmend.
29	Kammförmiges Laichkraut *Potamogeton pectinatus*	Unterwasserpflanze	30–150 cm	20 Stück	VI–VII	unscheinbar grünlich	○	Häufige, äußerst zarte Pflanze. Guter Sauerstoffspender und Laichsubstrat. Nicht zu großen Fischen setzen.
30*	Ähriges Tausendblatt *Myriophyllum spicatum*	Unterwasserpflanze	ab 30 cm	20 Stück	VI–VIII	rosa Blütenähre	○	Wichtiger Sauerstoffspender. Algenwuchshemmend, wasserreinigend.
31	Quirlblütiges Tausendblatt *Myriophyllum verticillatum*	Unterwasserpflanze	ab 30 cm	20 Stück	VI–IX	rötlich	○	Wichtiger Sauerstoffspender. Algenwuchshemmend, wasserreinigend.
32*	Gelbe Teichrose (Teichmummel) *Nuphar luteum*	Blüte 4–6 cm	40–150 cm	1 Stück auf 2 m²	VI–VII	gelb	○–●	Starkwüchsige Teichrose, die durch ihr Unterwasserlaub sehr nützlich ist. Für große Teiche sehr zu empfehlen.
33	Kleine Teichrose *Nuphar pumilum*	Blüte 1–3 cm	23–80 cm	1 Stück	VII–VIII	gelb	○–●	Für kleine, aber auch für Moorteiche sehr geeignet. Leider sehr selten angeboten. Herrliche Unterwasserblätter.
34	Wasserlebermoos *Riccia fluitans*	5 cm lang (Polster bildend)	schwimmend	2–3 Portionen	–	–	○	Dieses blaßgrüne Moos wird in der einheimischen Natur immer seltener. Für das Balkonarium und den Zimmerteich geeignet.

Name	Größe	Wassertiefe (Wasserstand)	Empf. Stückzahl je 0,5 m²	Blütezeit	Blütenfarbe	Standort	Bemerkungen
35 Teichlinse *Spirodela polyrhiza*	Ø 1–2 cm	Schwimmpflanze	wird eingeschleppt	V–IX	–	○	Stark wuchernde Schwimmpflanze, die in überdüngten Teichen sehr schnell die Oberfläche bedeckt. Kurzhalten!
36 Zwerglinse *Wolffia arrhiza*	1–1,5 mm ohne Würzelchen	Schwimmpflanze	wird eingeschleppt	–	–	○	Sehr selten. Liebt nährstoffreiches Wasser. Kurzhalten!
37 Kleine Wasserlinse *Lemna minor*	2–3 mm	Schwimmpflanze	wird häufig eingeschleppt	V–VI	–	○	Weit verbreitet. In überdüngten Teichen vermehrt sie sich sehr schnell. Abfischen u. kurzhalten!
38 Bucklige Wasserlinse *Lemna gibba*	4–5 mm	Schwimmpflanze	wird häufig eingeschleppt	V–VI	–	○	Ähnlich der vorigen Art. Laubglied unterseits bauchig gewölbt. Vermehrt sich in überdüngtem Wasser sehr schnell. Abfischen und kurzhalten!
39 Dreifurchige Wasserlinse *Lemna trisulca*	1 cm lange lanzettliche Sprosse, die zusammenhängend ca. 5 cm groß sind	Schwimmpflanze oft untergetaucht	1–2 Portionen	V–VI	–	○	Diese Pflanze wird kaum zur Plage. Liebt saures Wasser und ist algenwuchshemmend. Sauerstoffspender, wasserreinigend.
40* Wasserpest *Elodea canadensis*	Unterwasserpflanze	30–100 cm	20 Stück	V–IX	weiß	○–●	Seit 1840 in Europa. Stark wuchernder Sauerstoffspender. Aber wertvolle Unterwasserpflanze. Wenn nötig auslichten.

Nr.	Name	Größe		Stück	Blütezeit	Blütenfarbe		Beschreibung
41 *	Wasserschlauch *Utricularia vulgaris*	bis 2 m lange Ranken	frei-schwimmend	10 Stück	VI–VIII	goldgelb über Wasser	○–◐	Diese fleischfressende (Plankton) Pflanze gedeiht in Teichen mit neutralem bis saurem Wasser am besten.
42	Kleiner Wasserschlauch *Utricularia minor*	15–30 cm lange Ranken	frei-schwimmend	10 Stück	VI–VIII	gelb	○–◐	Fleischfressende (Plankton) Pflanze der Flachmoore (auch kalkhaltiges Wasser). Sehr selten angeboten.
43 *	Wassernuß *Trapa natans*	Blatt-rosette Ø 20 cm	1–2 m	1 Stück	VI–VII	un-schein-bar	○	Diese Pflanze liebt warmes, kalkarmes Wasser. Nußähnliche Früchte reifen unter Wasser. Wurden früher gegessen. In der Natur nahezu ausgestorben. Bei Angebot im Fachhandel oft Asien-Importe! Fragen, ob winterhart. Tropisch, bei genügendem Licht für den Zimmerteich und das Balkonarium geeignet.

* Die Pflanzen sind im nachfolgenden Fototeil abgebildet.

8.4.3.
Pflanzen des Flach- und Seichtwasserbereiches

Name	Größe	Wassertiefe (Wasserstand)	Empf. Stückzahl je 0,5 m²	Blütezeit	Blütenfarbe	Standort	Bemerkungen
44 Fieber-Quellmoos *Fontinalis antipyretica*	30–50 cm	40–60 cm	5 Bund	–	–	○●	Moosähnlich. Sauerstoffspender, wasserreinigend. Für kühles Wasser geeignet, auch für tiefere Bachzonen.
45* Frühlingswasserstern *Callitriche palustris*	35 cm	20–60 cm	5 Bund	V–IX	unscheinbar	○	Sehr attraktiver Sauerstoffspender. Bei flacherem Wasserstand auch kleine Schwimmblätter. Wintergrün.
46* Pfeilkraut *Sagittaria sagittifolia*	60–80 cm	20–40 cm	3 Stück	V–VII	weiß	○	Attraktive, ausdauernde Pflanze. Erst bandförmige Unterwasserblätter, später langgestielt und pfeilförmig.
47 Wasserfeder *Hottonia palustris*	bis 25 cm	10–40 cm	20 Stück	V–VII	zartrosa	○●	Wunderschöne, gefiederte Pflanze. Liebt kalkarmes Wasser. Auch für Moorteiche geeignet.
48* Wasserhahnenfuß *Ranunculus aquatilis*	bis 2 m lange Stengel	40–150 cm	20 Stück	V–VIII	weiß	○◐	Guter Sauerstoffspender, der sehr attraktiv aussieht (Laichkraut). Auch für Tiefwasserzone.
49 Flutender Hahnenfuß *Ranunculus fluitans*	bis 2 m lange Ranken	ab 40 cm, auch tiefer	20 Stück	VI–VIII	weiß	○	Keine Schwimmblätter. Liebt fließendes Wasser. Für tiefere Stellen des Baches geeignet.
50* Froschlöffel *Alisma plantago-aquatica*	40–100 cm	5–30 cm	1 Stück	VI–VIII	weiß-rosa	○◐	Hübsche Pflanze, die frei stehen sollte. Sät sich selbst aus. Vermehrt sich stark.
51 Kalmus *Acorus calamus*	80–100 cm	10–30 cm	2 Stück	VI–VII	grünlich-gelblich	○◐	Altbekannte Heilpflanze. Sehr wuchsfreudig. Aromatisch riechend. Seiten und Hintergrund.

Nr.	Pflanze	Größe/Höhe	Menge	Blütezeit	Farbe	Licht	Beschreibung
52	Seekanne *Nymphoides peltata*	Schwimmblätter ⌀ 8 cm, 30–60 cm	1 Stück	VI–VII	gelb	○–●	Seerosenähnliche Blätter. Pflanzen können wuchern. Auch für Balkonarium geeignet.
53	Tannenwedel *Hippuris vulgaris*	anpassungsfähig, 10–60 cm	5 Stück	VI–VIII	un-scheinbar	○–●	Anpassungsfähige hübsche Pflanze, deren Unterwasserblätter schmal und linearisch sind. Die Überwassertriebe sind nadelartig und etwas bizarr. Kann sich durch Ausläufer stark vermehren. Liebt hartes Wasser.
54	Wasserknöterich *Polygonum amphibium*	oft meterlang kriechend, 20–50 cm	3 Stück	VI–VIII	rosarote Kerzen	○–●	Hübsche Vordergrundpflanze, anpassungsfähig. Im Frühjahr einsetzen.
55*	Zungenhahnenfuß *Ranunculus lingua*	60–120 cm bis 20 cm	2 Stück	VI–VIII	gelb	○–●	Starkwüchsige Pflanze für den Hintergrund. Wertvolle Unterwasserblätter (wintergrüner Sauerstoffspender). Wuchert stark, deshalb kurzhalten. Blattform variierend.

8.4.4.
Pflanzen der Sumpfzone

Name	Größe	Wassertiefe (Wasserstand)	Empf. Stückzahl je 0,5 m²	Blütezeit	Blütenfarbe	Standort	Bemerkungen
56* Bachbunge *Veronica beccabunga*	30 cm	bis 20 cm	10 Stück	V–VIII	blau	○–●	Hübsche kriechende Pflanze für den Vordergrund (Sichtseite).
57 Fieberklee *Menyanthes trifoliata*	20–25 cm	bis 20 cm	2 Stück	V–VI	weiß bis zartrosa	○–●	Alte Arzneipflanze, die kriechend wächst und deshalb für den Vordergrund (Sichtseite) geeignet ist. Sie liebt weiches Wasser.
58 Kleefarn *Marsilea quadrifolia*	10–15 cm	bis 10 cm	1 kl. Tuff	–	–	○–●	Hübsche Vordergrundpflanze, die seit 1965 als Wildpflanze als verschollen gilt. Weiterzucht in spez. Gärtnereien. Braucht Winterschutz (Reisigabdeckung).
59* Sumpfdotterblume *Caltha palustris*	30 cm	bis 20 cm	3 Stück	IV–VI	gelb	●	Beliebte und weit verbreitete Sumpfpflanze. Blüht sehr früh. Es gibt auch sehr schöne gärtnerische Sorten. Vordergrund.
60* Sumpfwolfsmilch *Euphorbia palustris*	bis 100 cm	bis 10 cm	5 Stück	V–VI	grünlich-gelb	○	Eine empfehlenswerte Pflanze mit herrlicher Herbstfärbung. Für die sonnige Teichseite.
61 Wasserschwertlilie *Iris pseudacorus*	bis 100 cm	bis 30 cm	1 Stück	V–VII	gelb	●	Dankbare, weitverbreitete Pflanze. Wirkt am besten als Gruppe. Samenkapseln reifen lassen. Seiten- und Hintergrundbepflanzung.
62* Wollgras *Eriophorum angustifolium*	50 cm	bis 10 cm	5 Stück	IV–V	silbrig-wolliger Schopf	○–●	Sehr hübsche Moorpflanze, die nur im sauren Boden gut gedeiht. Vermehrung auch durch Ausläufer.

Nr.	Name	Höhe	Stück	Blütezeit	Farbe		Beschreibung
63	Breitblättriges Wollgras *Eriophorum latifolium*	60 cm	bis 10 cm	5 Stück	IV–VI	silbrig-wolliger Schopf	O–◐	Hübsche breitblättrige Art. Ohne Ausläufer. Liebt Moorboden.
64	Scheiden-Wollgras *Eriophorum vaginatum*	40 cm	bis 5 cm, mehr bodenfeucht	5 Stück	IV–V	silbrig-wolliger Schopf	O–◐	Ein hübsches Wollgras, das wie die anderen für das Moorbett oder den Moorteich geeignet ist.
65	Bittersüßer Nachtschatten *Solanum dulcamara*	bis 200 cm	bis 15 cm	1 Stück	VI–IX	violett	O–●	Hübsche Pflanze, die sich für den Teichhintergrund eignet. Früchte sind giftig!
66*	Blumenbinse *Butomus umbellatus*	100 cm	10–40 cm	2 Stück	VI–VIII	rötlich-weiß	O–◐	Attraktive Pflanze. Braucht aber etwas Windschutz, damit die Blüten nicht knicken. Für den Teichhintergrund und die Seiten.
67	Sumpfkalla (Schlangenwurz) *Calla palustris*	30 cm	bis 20 cm	3 Stück	VI–IX	weiß (rote Beeren-kolben)	O–●	Diese beliebte Vordergrund-pflanze liebt weiches Wasser. Die roten Beeren sind giftig! Wächst kriechend.
68	Wasserfenchel *Oenanthe aquatica*	100–150 cm	bis 30 cm	2–3 Stück	VI–VIII	weiß	O–◐	Als Seiten- und Hintergrund-bepflanzung zu empfehlen. Gute Insekten- und Bienenweide.
69*	Aufrechter Igelkolben *Sparganium erectum*	50–80 cm und höher	bis 30 cm	2 Stück	VI–IX	gelblich-grünweiß (igelför-miger Frucht-stand)	O–◐	Eine starkwüchsige Pflanze für die Seitenbepflanzung. Treibt Ausläufer.
70	Zwerg-Igelkolben *Sparganium minimum*	30–40 cm, meist im Wasser flutend	50 cm	5 Stück	VI–VIII	gelb-grün	O–◐	Eine häufig untergetaucht lebende Pflanze für den Vorder-grund. Kann auch tiefer als in der Sumpfzone stehen. Auch für den Moorteich.
71	Einfacher Igelkolben *Sparganium emersum* (simplex)	30–50 cm	bis 30 cm	2–3 Stück	VI–VII	grünlich	O–◐	Die igelförmigen Fruchtkörper sitzen auf unverzweigten Stengeln. Für die Seitenbe-pflanzung zu empfehlen.

Name	Größe	Wassertiefe (Wasserstand)	Empf. Stückzahl je 0,5 m²	Blütezeit	Blütenfarbe	Standort	Bemerkungen
72 Schilf (Ried) *Phragmites australis*	bis 300 cm	bis 30 cm	3 Stück	VII–IX	grau-grün	○–●	Das Schilf ist stark wuchernd. Nur für große Anlagen und für das Klärbeet geeignet. Kurzhalten. Wasserreinigend.
73 Nadelsimse *Eleocharis acicularis*	10–20 cm	bis 20 cm	2–3 Container	VI–VII	kl. Ähre	○–●	Zwergrasen, der sehr algenhemmend wirkt. Ideal für den flachen Vordergrund.
74 Gewöhnliche Nadelsimse *Eleocharis palustris*	15–50 cm	bis 30 cm	2–3 Container	VI–VII	braune, kleine Blütenähre	○–●	Wie vorige Art. Rasenbildend und algenhemmend. Ideale Vordergrundpflanze.
75 Breitblättriger Rohrkolben *Typha latifolia*	2–3 cm breites Laub 100–250 cm hoch	bis 50 cm	1–2 Stück	VI–X	schwarz-braune Fruchtkolben 10–30 cm	○	Weitverbreitete Uferpflanze mit aparten Fruchtkolben. Wuchert. Kurzhalten. Für den Hintergrund.
76* Kleiner Rohrkolben *Typha minima*	bis 60 cm hoch	bis 15 cm	2–3 Stück	V–IX	Fruchtkolben schwarzbraun, 3–4 cm lang	○	Dieser kleine Zwergkolben ist hervorragend für unseren Teich geeignet. Alle Bereiche. Auch für das Balkonarium.
77 Schmalblättriger Rohrkolben *Typha angustifolia*	100–200 cm bis 2 cm br. Laub	bis 40 cm	1 Stück	VI–IX	Fruchtkolben braunschwarz 15–25 cm	○	Dieser Rohrkolben bevorzugt weiches Wasser. Wuchert stark. Kurzhalten. Für den Hintergrund großer Teiche und das Klärbeet.
78 Strauß-Goldfelberich *Lysimachia thyrsiflora*	40 cm	bis 10 cm	5 Stück	VI–VIII	gelb	○–●	Eine hübsche Pflanze, die für die Seitenbereiche geeignet ist. Ausläufer bildend (unterirdisch).

Nr. / Name	Höhe	Pflanztiefe	Menge	Blütezeit	Blüte		Beschreibung
79 Teichbinse, Seebinse *Schoenoplectus (Scirpus) lacustris*	250 cm	bis 80 cm	1 Stück	VI–VII	grüne Ähren	O–●	Sehr große Pflanze für den Hintergrund großer Teiche und für das Klärbeet.
80 Graue Seebinse (Zebrabinse) *Schoenoplectus tabernaemontani* »Zebrinus«	120–150 cm	bis 30 cm	1–2 Stück	VI–VIII	grau-grüne Ähren	O–●	Sehr hübsche gestreifte Form, die nicht so hoch wie die Wildform wird. Für den Hintergrund großer Teiche und das Klärbeet.
81* Wasserminze *Mentha aquatica*	40 cm	bis 15 cm	5 Stück	VII–X	hell-violette Blüten	O–●	Diese intensiv duftende Minze sollte nirgendwo fehlen. Auch zur Teezubereitung geeignet.
82 Wassernabel *Hydrocotyle vulgaris*	bis 15 cm	bis 20 cm	20 Stück	VII–VIII	weiß–leicht rosa	O–●	Für den Vordergrund von Moor- oder Weichwasserteichen geeignet.
83 Wasserschwaden *Glyceria maxima*	80–150 cm	–20 cm	5 Stück	VII–VIII	grünliche Rispe	O–●	Starkwüchsige grasartige Pflanze für die Seitenbepflanzung und für den Hintergrund. Es gibt auch eine sehr schöne grün-weiß gestreifte Form, die als »variegata« gehandelt wird.
84 Zwergbinse *Juncus ensifolius*	30 cm	bis 10 cm	2–3 Container	VII–IX	bräunliche Ähren	O–●	Starkwüchsige Vordergrundpflanze, die dichten Rasen bildet.
85 Flatterbinse *Juncus effusus*	bis 100 cm	bis 10 cm	1–2 Stück	VII–VIII	bräunliche Ähren	O–●	Diese große Binse eignet sich für die Seitenbepflanzung. Kann aber wuchern.
86 Blaubinse *Juncus inflexus* (glaucus)	bis 60 cm	bis 10 cm	1–2 Stück	VII–VIII	bräunliche Ähren	O–●	Sehr schöne blaugrüne (wintergrüne) Horste. Für die Seiten- und Hintergrundbepflanzung.
87 Brunnenkresse *Nasturtium officinale*	15–50 cm	bis 10 cm	5 Stück	IV–V	weiß	O–●	Alte Heilpflanze, die kühles, leicht strömendes Wasser liebt. Für den Bach geeignet. Kann zu Salat verarbeitet werden.
88 Ufer-Wolfstrapp *Lycopus europaeus*	bis 100 cm	bis 10 cm	5 Stück	VII–VIII	weiß	O–●	Gute Uferpflanze (Seitenbepflanzung). Auch für den Graben oder Bachlauf geeignet.

8.4.5.
Pflanzen für die feuchte Randzone (Röhrichtzone) und die Feuchtwiese

Name	Größe	Wassertiefe (Wasserstand)	Empf. Stückzahl je 0,5 m²	Blütezeit	Blütenfarbe	Standort	Bemerkungen
89 Rote Pestwurz *Petasites hybridus (officinalis)*	bis 80 cm	feucht	1 Stück	III–V	rötlich	○●	Attraktive Pflanze, die etwas Platz braucht. Große Blätter, bis 60 cm Ø.
90 Weiße Pestwurz *Petasites albus*	30–50 cm	feucht	1 Stück	III–V	weißlich	○●	Wie die vorige Art. Liebt etwas steinigen Boden.
91 Wiesenschaumkraut *Cardamine pratensis*	bis 30 cm	feucht	5 Stück	IV–V	weiß bis blaßlila	○◐	Hübsche früh blühende Randpflanze für den Vordergrund. Auch für den Bachlauf geeignet.
92* Sumpf-Vergißmeinnicht *Myosotis palustris*	30–50 cm	feucht, 10 cm Wasserstand	10 Stück	V–IX	blau	○◐	Problemlose Pflanze, die gerne im weichen Wasser steht. Auch für das Balkonarium geeignet.
93* Bachnelkenwurz *Geum rivale*	30–50 cm	feucht	5 Stück	V–VI	rötlich	○◐	Eher etwas unscheinbare Blüte. Hübsches Laub. Auch für den Bach und die Feuchtwiese.
94 Beinwell *Symphytum officinale*	30–100 cm	feucht	1 Stück	V–IX	rosa-lila, auch weißlich	○◐	Alte Heilpflanze, die für den Beckenrand ideal ist. Auch für den Bach und das Balkonarium geeignet.
95 Sumpfblasenbinse *Scheuchzeria palustris*	10–30 cm	feucht, bis 5 cm Wasserstand	5 Stück	V–VII	grünlich	○◐	Für den Vordergrund und Bachrand geeignet.
96* Trollblume *Trollius europaeus*	bis 50 cm	feucht	5 Stück	V–VI	gelb	○◐	Diese hübsche Pflanze sollte an keinem Teichrand fehlen. Auch für Bach und Balkonarium geeignet. Es gibt auch im Handel hübsche gefüllte Sorten.

Nr. / Name	Höhe	Boden	Menge	Blüte	Farbe		Beschreibung
97* Sibirische Schwertlilie *Iris sibirica*	bis 90 cm	feucht (kalkreicher Boden)	3 Stück	V–VII	blau	○–●	Diese herrliche Wildiris wird von spez. Gartenbetrieben vermehrt und angeboten.
98 Japanische Sumpfschwertlilie *Iris kaempferi*	bis 100 cm	feucht (kalkarmer Boden)	3 Stück	VI–VII	Es gibt viele Sorten mit versch.-farbigen Blüten	○	Obwohl keine Wildpflanze (alte japanische Gartenpflanze), ist diese Pflanze sehr zu empfehlen. Sie sorgt für Farbe im Grün der Teichumgebung. Das gilt für alle angebotenen Iris-Sorten und -Arten.
99 Bunter Schachtelhalm *Equisetum variegatum*	15 cm	feucht, 5 cm Wassertiefe	1 Container	V–VII	–	○–●	Dieser rasenbildende Schachtelhalm wuchert wie alle Schachtelhalme sehr stark. Kurzhalten!
100* Gilbweiderich *Lysimachia vulgaris*	80–100 cm	feucht	10 Stück	VI–VII	gelb	○–●	Eine hübsche Pflanze für die Seiten und den Hintergrund des Teiches, auch für den Bachlauf geeignet (Rand).
101 Kleines Mädesüß *Filipendula vulgaris*	bis 60 cm	feucht–trocken	5 Stück	VI–VII	weiß	○–●	Eine hübsche Pflanze, die für den Teichrand und das Bachufer geeignet ist.
102* Echtes Mädesüß *Filipendula ulmaria*	bis 150 cm	feucht	1 Stück	VI–VIII	weiß	○–●	Sehr schöne Art, die für Alleinstellung und Hintergrundbepflanzung geeignet ist. Duftet.
103* Pfennigkraut (Gilbweiderich) *Lysimachia nummularia*	bis 30 cm lange Ranken	feucht–naß	10 Stück	VI–VIII	gelb	○–●	Herrlicher Bodendecker für Vordergrund, Bachlauf, Wasserfall und Feuchtwiese. Auch für das Balkonarium. Wuchert stark.
104 Sumpf-Schachtelhalm *Equisetum palustre*	20–50 cm	feucht	5 Stück	VII–VIII	–	○–●	Wie alle Schachtelhalme wuchernd. Kurzhalten (Viehgift).
105* Brennender Hahnenfuß *Ranunculus flammula*	bis 40 cm	feucht–naß	10 Stück	VI–VIII	gelb	○–●	Wuchernde Pflanze, die ausdauernd blüht. Für Vordergrund, Bachufer sowie Wasserfall geeignet. Pflanzenteile giftig.

Name	Größe	Wassertiefe (Wasserstand)	Empf. Stückzahl je 0,5 m²	Blütezeit	Blütenfarbe	Standort	Bemerkungen
106 Rispensegge *Carex paniculata*	80 cm	feucht	1 Stück	VI–VII	bräunlich	◐	Eine schöne Segge für die Alleinstellung. Vermehrt sich wie alle Seggen sehr stark.
107 Schlanke Sumpfsegge *Carex acuta* (gracilis)	80–150 cm	feucht	1 Stück	V–VI	bräunlich	◐	Eine wunderschöne Solitärpflanze.
108 Sumpfblutauge *Comarum palustre* (Potentilla palustris)	bis 50 cm	feucht–naß	3 Stück	VI–VII	dunkelrot	◐	Hübsche Uferpflanze. Auch für den Bachlauf geeignet.
109 Sumpfjohanniskraut *Hypericum tetrapterum*	40 cm	feucht	5 Stück	VI–VIII	gelb	○	Hübsche Pflanze für die Seitenbepflanzung und den Bachrand.
110 Zypersegge (Schein-Zypergras) *Carex pseudocyperus*	bis 80 cm	feucht–naß	1 Stück	VI–VII	bräunlich	◐	Sehr schöne Solitärpflanze für den Teichrand.
111 Blutweiderich *Lythrum salicaria*	50–160 cm	feucht	3 Stück	VII–IX	violettrote Blütenkerzen	◐	Für den Teichhintergrund, das Bachufer und Klärbecken.
112 Echter Baldrian *Valeriana officinalis*	30–170 cm	feucht	3 Stück	VII–IX	weiß-rosa bis rosa	◐	Für den Hintergrund und das Bachufer. Alte Heilpflanze.
113 Kleiner Baldrian *Valeriana dioica*	10–30 cm	feucht	5 Stück	V–VII	rosa bis fleischrot	◐	Für kleine Teiche, den Seitenbereich und das Bachufer bzw. die Feuchtwiese geeignet.
114* Gemeiner Wasserdost *Eupatorium cannabinum*	70–150 cm	feucht	3 Stück	VII–IX	rosa	◐	Für den Teichhintergrund und das Bachufer. Wertvolle Insektenweide.
115 Gottes Gnadenkraut *Gratiola officinalis*	15–40 cm	feucht bis naß	10 Stück	VII–VIII	weiß bis leicht rötlich	◐	Hübsche kleine Pflanze für die Teichseitenbepflanzung, das Bachufer und die Feuchtwiese.

Nr.	Name	Höhe	Boden	Menge	Blüte	Farbe	Licht	Beschreibung
116	Poleiminze *Mentha pulegium*	25–30 cm	feucht	5 Stück	VII–IX	hell-violett	○–◖	Wohlduftende alte Heilpflanze für den Teich, das Balkonarium und den Bach. Auf keinen Fall als Tee verwenden, da giftig!
117	Rundblättrige Minze *Mentha suaveolens* (rotundifolia)	30–60 cm	feucht	5 Stück	VII–IX	hellila bis weißlich	○–◖	Für den Teich, das Balkonarium und den Bachlauf geeignet.
118	Sumpf-Kratzdistel *Cirsium palustre*	90–200 cm	feucht	1 Stück	VII–IX	violettrot	○–◖	Wertvolle Insektenweide. Für den Teichrand oder das Bachufer. Vermehrt sich wie alle Disteln stark. Kurzhalten. Pflanze ist zweijährig. Liebt sauren Boden.
119	Sumpf-Farn *Thelypteris palustris*	40–70 cm	feucht	1 Stück	–	–	○–◖	Ein hübscher Farn, der am schattigen Ufer des Wald- oder Moorteiches auf saurem Boden gut gedeiht. Vermehrt sich durch Ausläufer.
120	Waldgeißbart *Aruncus dioicus*	bis 180 cm	feuchter humoser Boden	1 Stück auf 2 m²	VI–VIII	weißlich bis cremefarbig	○–●	Für schattige Ufer, das Moorbeet und den Waldteich geeignet.

* Die Pflanzen sind im nachfolgenden Fototeil abgebildet.

1

2

3

10

13

24

27

30

32

40

41

43

45

46

48

50

55

56

59

60

62

66

69

76

81

92

93

96

97

100

102

103

105

114

123

124

130

135

142

146

149

152

154

155

165

181

195/ 253

267

Pflanzen für Teichumgebung bzw. -rand

Wuchshöhe 50 cm – für den Vordergrund

Name		Lateinischer Name	Blütenfarbe	Blütezeit	Standort	
121	Blaustern	*Scilla* spp.	blauviolett	V	○ – ◐
122	Brunelle	*Prunella vulgaris*	weiß bis blauviolett	VI–IX	○ – ◐
123*	Buschwindröschen	*Anemone nemorosa*	weiß	IV–V	○ – ◐
124*	Frauenmantel	*Alchemilla mollis*	gelb	VI–VIII	◐ – ●
125	Funkia	*Hosta* spp.	lila	VII–VIII	○ – ◐
126	Günsel	*Ajuga reptans*	blau	IV–V	◐
127	Knöterich	*Polygonum affine*	rot	VI–X	○ – ◐
128	Lerchensporn	*Corydalis cava*	rot-weiß	IV–V	○ – ◐
129	Märzenbecher	*Leucojum vernum*	weiß	II–III	○ – ◐
130*	Morgenstern-Segge	*Carex grayi*	bräunlich	VII–VIII	○ – ◐
131	Primel	*Primula* spp.	vielfarbig	VI–VII	○ – ◐
132	Schachbrettblume	*Fritillaria meleagris*	weiß bis purpur	IV–V	○ – ◐
133	Steinbrech	*Bergenia* spp.	rosa bis dunkelrot	IV–VI	○ – ◐

Wuchshöhe 50–100 cm – für die Seiten bzw. Mittelgrund

Name		Lateinischer Name	Blütenfarbe	Blütezeit	Standort	
134	Glockenblume	*Campanula* spp.	blau	VII–IX	○ – ◐
135*	Goldfelberich	*Lysimachia punctata*	gelb	VI–VIII	○ – ◐
136	Hängesegge	*Carex pendula*	bräunlich	VI–VII	○ – ◐
137	Lungenkraut	*Pulmonaria* spp.	rot bis blauviolett	III–IV	○ – ◐
138	Weiderich-Sorten	*Lythrum* spp.	rosarot bis dunkelrot	VII–VIII	○ – ◐
139	Pfeifengras	*Molina caerulea*	bräunlich	VII–IX	○ – ◐
140	Pestwurz	*Petasites hybridus*	rosa	III–V	○ – ◐
141	Silberährengras	*Lasiagrostis splendens*	silbrig	VII–IX	○ – ◐
142*	Spierstauden	*Astilbe* spp.	weiß, rosa, rot	VI–VIII	○ – ◐
143	Trollblumen	*Trollius* spp.	gelb	IV–VI	○ – ◐
144	Waldhainsimse	*Luzula sylvatica*	bräunlich	VI–VIII	○ – ◐
145	Waldschmiele (Rasenschmiele)	*Deschampsia cespitosa*	goldbraun	VI–VIII	● – ◐
146*	Wiesensalbei	*Salvia pratensis*	blau	V–VIII	○ – ◐
147	Ziest	*Stachys* spp.	rot, violett	VI–VIII	○ – ◐

Wuchshöhe über 100 cm

Name		Lateinischer Name	Blütenfarbe	Blütezeit	Standort	
148	Blutweiderich	*Lythrum salicaria*	rot	VII–IX	○ – ◐
149*	Engelwurz	*Angelica archangelica*	weiß	VII–IX	○ – ◐
150	Gilbweiderich	*Lysimachia vulgaris*	gelb	VI–VIII	○ – ◐
151	Greiskraut	*Ligularia* spp.	gelb	VII–IX	● – ◐
152*	Rainfarn	*Tanacetum vulgare*	gelb	VII–IX	○ – ◐
153	Spierstaude	*Astilbe* in Sorten	weiß, rosa, rot	VI–VIII	◐
154*	Türkenbund-Lilie	*Lilium martagon*	rosa	VI–VIII	○ – ◐

8.4.7.
Farne für die Teichumgebung

In Teichnähe gedeihen *Farne* besonders gut. Sie eignen sich hervorragend für Bereiche, die im Schatten liegen. Folgende Arten werden häufig angeboten (in Spezialgärtnereien gezüchtet):

Name		Lat. Name
155*	Becherfarn	*Matteuccia struthiopteris*
156	Borstiger Schildfarn (Filigranfarn)	*Ploystichum setiferum*
157	Breitblättriger Dornfarn	*Dryopteris dilatata*
158	Frauenfarn	*Athyrium filix-femina*
159	Gelappter Schildfarn	*Polystichum lobeatum (aculeatum)*
160	Hirschzunge	*Phyllitis scolopendrium*
161	Kammfarn	*Dryopteris cristata*
162	Königsfarn	*Osmunda regalis*
163	Perlfarn	*Onoclea sensibilis*
164	Rippenfarn	*Blechnum spicant*
165*	Sumpffarn	*Thelypteris palustris*
166	Tüpfelfarn	*Polypodium vulgare*
167	Wurmfarn	*Dryopteris filix-mas*

Farne brauchen lockeren Boden, der am besten aus einer Mischung Rindenmulch, Lauberde und Sand bestehen soll.

8.4.8.
Pflanzen für den Moorteich bzw. das Moorbeet

Wasserteil

168	Wasserschlauch	*Utricularia vulgaris* und *minor*
169	Igelkolben	*Sparganium emersum* und *minimum*
170	Torfmoos	*Sphagnum cuspidatum*

Ufer und Umgebung

171	Sumpf-Bärlapp	*Lycopodiella inundata*
172	Wollgras	*Eriophorum angustifolium*
		Eriophorum latifolium
		Eriophorum vaginatum
173	Flutende Binse	*Isolepis fluitans*
174	Schlamm-Segge	*Carex limosa*
175	Blaues Pfeifengras	*Molinia caerulea*
176	Sumpfcalla	*Calla palustris*
177	Sumpfdotterblume	*Caltha palustris*
178	Sumpf-Vergißmeinnicht	*Myosotis palustris*
179	Herzblatt	*Parnassia palustris*
180	Mehlprimel	*Primula farinosa*
181*	Sonnentau	*Drosera rotundifolia*
		Drosera anglica
		Drosera intermedia
182	Fettkraut	*Pinguicula vulgaris*
183	Wassernabel	*Hydrocotyle vulgaris*
184	Fieberklee	*Menyanthes trifoliata*

Randbereich — etwas trockener

185	Wasser-Schwertlilie	*Iris pseudacorus*
186	Trollblumen in Arten und Sorten	*Trollius spp.*
187	Blutauge	*Comarum palustre (Potentilla palustris)*
188	Moorbinse	*Juncus stygius*
189	Moosbeere	*Oxycoccus palustris (Vaccinium oxycoccos)*
190	Preiselbeere	*Vaccinium vitis-idaea*
191	Rosmarinheide	*Andromeda polifolia*
192	Glockenheide (Moorheide)	*Erica tetralix*
193*	Heidekraut	*Calluna vulgaris in Sorten*
194	Aufrechtes Fingerkraut	*Potentilla erecta (Tormentilla-erecta)*

Laubgehölze

195*	Gagelstrauch	*Myrica gale*
196	Sumpf-Porst	*Ledum palustre*
197	Kriechweide	*Salix repens*

Farne siehe Seite 161.

8.4.9.
Geeignete Pflanzen als Insektenweide

Schmetterlinge und Nachtfalter stellen sich im Garten erst ein, wenn sich ihre Nahrungspflanzen dort in Blüte befinden. Solche empfehlenswerte Arten sind:

	Name	Lateinischer Name	Blütezeit
198	Beinwell	*Symphytum officinale*	V–VII
199	Disteln – alle Arten und Sorten		VI–IX
200	Gemeiner Wasserdost	*Eupatorium cannabinum*	VII–IX
201	Ginster	*Genista germanica*	V–VI
202	Goldrute	*Solidago virgaurea*	VII–IX
203	Große Fetthenne	*Sedum telephium*	VI–IX
204	Lungenkraut	*Pulmonaria officinalis*	III–IV
205	Salbei	*Salvia pratensis*	V–VII
206	Schafgarbe	*Achillea millefolium*	VI–X
207	Scharbockskraut	*Ranunculus ficaria*	III–IV
208	Sumpfjohanniskraut	*Hypericum tetrapterum*	VI–VIII
209	Weidenröschen	*Epilobium angustifolium*	VII–VIII
210	Wiesenschaumkraut	*Cardamine pratensis*	IV–V
211	Wiesen Bärenklau	*Heracleum sphondylium*	VI–IX

Diese Empfehlung hat keinen Anspruch auf Vollzähligkeit. Sie enthält Pflanzen, die sich bei mir im Garten und bei Freunden bestens bewährt haben. Darüber hinaus sind auch einige Exoten zu erwähnen, die sich ebenfalls gut eignen: der Sommerflieder *(Buddleya davidii)* –, der etwas Winterschutz braucht, und die verschiedenen Sonnenhutarten (*Rudbeckia* spp.). Für den Teichrand bieten sich die hübschen Gauklerblumen *Mimulus ringens, cupreus, lutens* und *tigrinus – Grandiflorus –* an. Wenn ein Teil des Gartens noch von einer Wildblumenwiese bedeckt ist, so stellen sich viele Insekten ein, die wiederum zum Aufbau stabiler Lebensgemeinschaften notwendig sind.

Einen ganz besonderen Reiz für das Auge und den Geruchssinn bieten *aromatische* Pflanzen. An den Teich anschließend, in Richtung Sitzplatz angeordnet, kann man sich dem Wohlgeruch solcher Pflanzen hingeben. Als Insektenweide sind diese auch sehr begehrt.

8.4.10.
Duftende Pflanzen

Duftende Gebüsche bzw. Sträucher:

212	Seidelbast	*Daphne* spp.
213	Traubenkirsche	*Prunus padus*
214	Falscher Jasmin	*Philadelphus coronarius*
215	Flieder in Sorten	
216	Jelängerjelieber (Geißblatt) (Kletterpflanze)	*Lonicera caprifolium*
217	Waldgeißblatt (Kletterpflanze für Halbschatten)	*Lonicera periclymenum*

Duftende Stauden:

218	Veilchen in Sorten	*Viola* spp.
219	Maiglöckchen	*Convallaria majalis*
220	Waldmeister	*Galium odoratum*
221	Diptam	*Dictamnus albus*
222	Minzen	*Mentha* spp.
223	Nelken in Arten und Sorten	
224	Salbei	*Salvia* spp.
225	Thymian	*Thymus vulgaris*
		Thymus pannonicus
		Thymus pulegioides
226	Lavendel (benötigt Winterschutz)	*Lavendula angustifolia (officinalis)*
227	Indianernessel	*Monarda didyma*

Auch Küchenkräuter gehören zu den stark duftenden Pflanzen.
Als Grenz- und Windschutzhecke bieten sich natürlich alle Wildrosensorten an.

Pflanzenempfehlungen für den Zimmerteich

	Name	Lat. Name	Standort
228	Eidechsenschwanz	Saururus cernuus	Vordergrund-Mittelgrund
229	Hechtkraut	Pontederia cordata	Seiten-Hintergrund Das Hechtkraut wird auch in milden Lagen in den Sumpfteil des Teiches gepflanzt, und mit Winterschutz versehen, im Teich belassen.
230	Kardinalslobelie	Lobelia cardinalis	Mittelgrund- und Seitenbepflanzung
231	Muschelblume	Pistia stratiotes	Schwimmpflanze, sie kann in heißen Sommern im Gartenteich gepflegt werden. Nicht winterhart.
232	Schwimmfarn	Salvinia natans	Schwimmpflanze
233	Seerosen	Nymphaea spp.	Aquarien- und Zwergsorten (z. B. N. stellata)
234	Wasserhyazinthe	Eichhornia crassipes	Schwimmpflanze, sie kann in heißen Sommern im Gartenteich gepflegt werden. Nicht winterhart.
235	Wassermohn	Hydrocleys nymphoides	Beliebte Pflanze, die aber nur im Haus überwintern kann.
236	Wasserwegerich	Echinodorus cordifolius	Nur für den Zimmerteich geeignet.
237	Zwergkalmus	Acorus gramineus	Für den Vordergrund geeignet.
238	Zwergpapyrus	Cyperus haspan	Für die Seiten oder den Hintergrund. Zwei Drittel der Pflanze müssen aus dem Wasser ragen.
239	Zyperngras	Cyperus alternifolius	Für die Seiten oder den Hintergrund geeignet. Zwei Drittel der Pflanze müssen aus dem Wasser ragen.

Wenn es sich bei dem Zimmerteich um ein Aquarium handelt, so können auch verschiedene Aquarienpflanzen verwendet werden! Lassen Sie sich in diesem Fall von Ihrem Zoofachhändler beraten, oder schlagen Sie in der aquaristischen Spezialliteratur nach.

Zu 8.4.12: Giftpflanzen

In Teichnähe werden oft der Bärenklau Heracleum sphondylium, der Riesenbärenklau Heracleum mantegazzeanum und der Diptam Dictamnus albus angepflanzt. Wenn man mit dem Pflanzensaft dieser Arten in Berührung kommt und diese Hautstellen der Sonne aussetzt, so können verbrennungsähnliche Schadbilder auftreten (durch Photosensibilisierung). Deshalb werden diese Pflanzen ebenfalls hier besonders erwähnt.

Leider reicht der zur Verfügung stehende Platz nicht aus, um noch ausführlicher auf diesen Problembereich einzugehen. Für Interessierte möchte ich auf die weiterführende Literatur hinweisen.

Folgende *Giftpflanzen* sollten so gepflanzt werden, daß sie für Kinder (auch für Junghunde oder Katzen) nicht erreichbar sind, oder man verzichtet auf sie, bis die Kinder groß bzw. vernünftig genug sind, die Gefahren, die von den Pflanzen ausgehen, zu erkennen:

	Name	Lateinischer Name	Giftige Teile	Für Kinder unerreich- bar pflanzen
240	Adonisröschen	*Adonis* spp.	alle	
241	Akelei	*Aquilegia* spp.	alle	
242	Aronstab	*Arum maculatum*	Beeren	×
243	Berglorbeer	*Kalmia* spp.	alle	×
244	Besenginster	*Sarothamnus scoparius*	alle	×
245	Bilsenkraut	*Hyoscyamus niger*	alle	×
246	Calla (Schlangenwurz)	*Calla palustris*	alle	×
247	Christrosen	*Helleborus* spp.	Wurzelstock	
248	Efeu	*Hedera helix*	alle	×
249	Eibe	*Taxus baccata*	alle	×
250	Eisenhut	*Aconitum* spp.	alle	×
251	Fingerhut	*Digitalis* spp.	alle	×
252	Froschlöffel	*Alisma plantago aquatica*	alle	
253*	Gagelstrauch	*Myrica gale*	alle	
254	Gefleckter Schierling	*Conium maculatum*	alle	×
255	Geißblatt	*Lonicera* spp.	alle	×
256	Ginster	*Genista* spp.	alle	×
257	Gnadenkraut	*Gratiola officinalis*	alle	
258	Goldlack	*Erysimum cheiri*	alle	×
259	Goldregen	*Laburnum* spp.	alle	×
260	Hahnenfuß	*Ranunculus* spp.	alle	
261	Herbstzeitlose	*Colchicum autumnale*	alle	×
262	Kalmus	*Acorus calamus*	Wurzelstock	
263	Kirschlorbeer	*Prunus laurocerasus*	Blätter, Samen	×
264	Lavendelheide	*Pieris* spp.	alle	×
265	Lupine	*Lupinus* spp.	alle	
266	Maiglöckchen	*Convallaria majalis*	alle	×
267*	Nachtschatten	*Solanum* spp.	alle	×
268	Pfaffenhütchen	*Euonymus* spp.	alle	×
269	Poleiminze	*Mentha pulegium*	alle	
270	Rittersporn	*Consolida* spp. *Delphinium* spp.	alle	×
271	Rosmarinheide	*Andromeda polifolia*	alle	×
272	Salomonssiegel	*Polygonatum* spp.	alle	
273	Seerosen	*Nymphaea* spp.	alle	
274	Seidelbast	*Daphne* spp.	alle	×
275	Teichrose	*Nuphar luteum*	alle	
276	Waldmeister	*Galium odoratum*	alle	
277	Wasserfenchel	*Oenanthe* spp.	alle	
278	Wasserschierling	*Cicuta virosa*	alle	×
279	Wolfsmilcharten	*Euphorbia* spp.	alle	

Die 10 Erfolgspunkte für einen optimalen Gartenteich

① Gestalterische und umweltgeprägte Möglichkeiten nutzen

② Richtige Planung und optimale Maße

③ Kritische Auswahl der Teichbau-Materialien

④ Sicherheit für Mensch und Tier

⑤ Besondere Sorgfalt beim Bau

⑥ Der optimale Bodengrund mit Duplarit

⑦ Die optimale Bepflanzung im und am Teich

⑧ Auf bestes Wasser achten und notwendige Technik einsetzen

⑨ Richtige Zierfischauswahl – bestes Futter und kontinuierliche Teichpflege

⑩ Regelmäßig kontrollieren, analysieren und richtig reagieren

15.1.
Literaturverzeichnis

Wolfgang Engelhardt, Was lebt in Tümpel, Bach und Weiher?, Kosmos.

D. Aichele/M. Golte-Bechtle, Was blüht denn da?, Kosmos.

Erich Oberdorfer, Pflanzensoziologische Exkursions-Flora, Ulmer.

Wolgang Hörster, Der Heidegarten, BLV.

Michael Lohmann, Öko-Gärten als Lebensraum, BLV.

Violet Stevenson, Der schöne wilde Garten, Mosaik.

Urs Schwarz, Der Naturgarten. Herausgeben von WWF, Krüger.

K. Horst/Horst E. Kipper, Die optimale Aquarienkontrolle, aquadocumenta.

K. Horst/Horst E. Kipper, Das optimale Aquarium, aquadocumenta.

K. Horst, Pflanzen im Aquarium, Ulmer.

Buff/von der Dunk, Giftpflanzen in Natur und Garten, Augsburger Bücher.

15.2.
Sachregister

15.3.
Fotonachweis

Titelseite: Peter Beck 3 Fotos
    Dr. R. König o. re.
Vorsatz: Peter Beck

Seite	Nummer	Autor
5	1	Peter Beck
8	1	Peter Beck
10	1	Kaspar Horst
11	1	Peter Beck jr.
11	2 + 3	Peter Beck
12	1 + 2	Peter Beck
13	1	Peter Beck
14	1	Peter Beck
15	1–3	Peter Beck
17	1–3	Peter Beck
18	1	Aquadocumenta Archiv
20	1	Michael Prasuhn
23	1	Peter Beck
24	1	H. Weltermann
24	2–4	Peter Beck
25	1	Peter Beck
27	1	Peter Beck
28	1	Peter Beck
31	1	Peter Beck
33	1	Peter Beck
35	1	Peter Beck
36	1	Peter Beck
39	1	Peter Beck
41	1–2	Peter Beck
43	1	Helmut Debelius/ IKAN Bildarchiv
32	2	Peter Beck
44	1–2	Michael Prasuhn
47	1–2	Peter Beck
48	1	Peter Beck
49	1	Peter Beck
50	1	Peter Beck
51	1	M. u. E. Stengel
52	1	Peter Beck
53	1	Peter Beck
54	1	Peter Beck
55	1	Peter Beck
56	1	Peter Beck
59	1–2	Peter Beck
61	1	Michael Prasuhn
61	2 + 3	Peter Beck
62	1	Peter Beck
64	1	Peter Beck
67	1	Peter Beck
68	1–2	Peter Beck
70	1	Dr. R. König

4 Zeichnungen nach Vorlagen des Autors von Bärbel Fleischer.